# 明治前期の
# 教育・教化・仏教

谷川　穣　*Tanigawa Yutaka*

思文閣出版

# 明治前期の教育・教化・仏教　目次

## 第二部　仏教と教育──明治一〇～二〇年代──

# 明治前期の教育・教化・仏教

# 序章

近代日本における学校教育制度の定着過程で、宗教は教育といかなる関わりを持ったのか、その結果学校教育の「非宗教」性がどのように醸成されたのか。とりわけ、神官や僧侶を総動員した明治政府の民衆教化政策や、前近代の日本社会に根付いていた仏教との関係は、いかなるものであったのか。本書は、その様相を明治前期を中心に明らかにしようとするものである。この点で、本書は教育史、宗教史、仏教史、あるいは日本近代史といったジャンルのいずれにも分類されうる。だが、どの領域でも実は本格的に取り組まれてこなかったテーマと言える。それゆえ、以下六つの章に分けられた一連の論考は、それらの領域に架橋する試みでもある。

## （1）「国民」形成と学校教育制度

本書が対象とする明治前期は、維新以後、近代国家としての諸制度が試行錯誤を繰り返しながら形成されてゆく時代である。学校教育は「文明」国を目指す明治政府にとって不可欠の制度であると同時に、日本列島に住む人々を「客分」的存在から「国民」（臣民）[1]へと仕立て上げてゆく、その最も重要な回路であったといってよい。一般に、近代社会の人々は、その少年期に国家権力が設定した学校という閉ざされた空間のなかで集団生活を経験する。その濃密な空間で日々形成・蓄積された知識、あるいは規範内在的な身体的リズムは、その後の社会生活で応用され、また次世代へ継承すべき「国民」の規範として社会に浸透する。もちろん、そうしたイデオロギーの注入はそう単純に果たされるものではない。[2]だが、学校教育の機能はたんに就学時にのみではなく、人生の後々にもよみがえる。「国民」としての主義や規範が、この装置を通して何世代にもわたって再生産されてゆくことは否定できないであろう。たとえば、近代日本における天皇崇拝の観念も、「教育勅語体制」とも呼ばれる国家主義的教育——教育勅語、御真影、日の丸などのシンボルと、それらを用いた儀式の体系を含めた——の試行錯誤のなかで時間をかけて培われていったのである。

すなわち、学校教育はその制度創設の当初から、右に述べたような「国民」形成の回路として決定的な位置を占めたわけではない。「学制」反対一揆の発生や、公式の就学率の数字に比してかなり低い実際の就学状況[3]などは、つとに指摘されている。基本的な学校教育法制に限ってみても、明治五年(一八七二)、最初の体系的法制である「学制」が発布された後、一八七九(明治一二)年の教育令、翌年の改正教育令、一八八六年の学校令といった改革が続き、その間に関連諸法令の制定やいくつかの訓示(幼学綱要、文部省示諭など)、国家の教育方針をめぐる論議(「教育議」論争、徳育論争)が繰り返された。そして一八九〇年には教育勅語が発布され、戦前日本の徳育に一つの規範らしきものが示されることになったが、それとてほどなく改定論が提出されたように[4]、必ずしも安定した、絶対的拘束力を具備したものであったとはいえない。要するに学校教育制度の足取りも、やはり(そしてこの明治前期は特に)試行錯誤の積み重ねであったと理解すべきであろう。

もとより、その歩みを狭義の学校教育史の領域で自己完結的に論じる研究には、すでに膨大な蓄積がある。本書ではそれらの成果を踏まえつつも、教育史に宗教社会史を重ね合わせる複眼的な視角を提示したい。それが冒頭に述べたような、神官・僧侶の総動員を目指した明治初期(明治ゼロ年代、一八七二〜七五年)の民衆教化政策と学校教育、そして明治一〇年代以降（一八七〇年代後半から一八九〇年頃）の仏教と学校教育、という二つの局面である。言い換えれば、学校教育が他の類似した「国民」形成の回路とどう差異化され、独立した社会的機能を期待されてゆくのかであり、さらには新たに導入された学校教育が旧来の有力な民衆教化・教育の主体とどのような関係性を形成しつつ社会的に定着してゆくのか、という分析視角である。

### （2）宗教・ナショナリズム・学校教育

学校教育と宗教の関係は、近代国民国家形成のあり方を規定する一つの重大な要素である。たとえば、ヨーロッパで近代国家が成立し「国民」形成がなされる際、キリスト教的世界観の多様化・相対化という事態が同時進行していた。人々にその存在理由を提示してきた中世までのキリスト教が、宗教改革や異教徒の「発見」によって揺らぐ。そのとき、その競合・補完・代替物としての役割を果たしたのがナショナリズムである。ナショナリズムの想像力と宗教的なそれとは強い親和性を持ち、あたかも前者が後者にとってかわったかのように、人々を魅了するようになった。これに関してベネディクト・アンダーソンは、「一八世紀がナショナリズムの時代であるばかりか、宗教的思考様式の黄昏でもあった」と指摘しているが、[5]ヨーロッパにおいてこの変容は、一九世紀後半から世紀転換期にかけてより顕著になったものである。アントニー・D・スミスも言うように、[6]近代以前から醸成されてきた郷土意識ともあいまって、「国民」形成の主たる拠りどころとなっていったわけである。

そして人々を「国民」として仕立てる際、ナショナリズムを鼓吹する学校教育が一つの決定的な役割を果たしたことは言うまでもない。近代国家において、学校はまさに〈新たな教会〉のごとく全国土へ布置されてゆく。その機能の重要性は、共和政府と教会権力とが学校教育をめぐって長らくヘゲモニー争いを展開した近代フランスの歩みや、カトリック聖職者の強固な学校監督体制に対する「文化闘争」が展開されたビスマルク期のプロイセンなどに、端的に表れている。ナショナリズムの高まりは近代国家を成立させるとともに、学校教育による「国民」形成をめぐり宗教との葛藤を惹起した。この厄介な問題を解消すべく、いくつかの国では教育の世俗化、もしくは政教分離という理念が生み出されることになった。この過程は実のところ、日本列島でも同時に進行していたのである。

とはいえ、問題はこれで解消されたわけではない。イスラームをはじめ、今日の世界を広く見渡せばまた別の説明が必要になろう。近代化と厳密な世俗化が実態として併走しない事例は数多く指摘できる。(7) またヨーロッパの教育現場でも依然としてそれは未解決の、論争のある事柄である。たとえば、フランスでムスリムの日常的慣習である女子のスカーフ着用を公立学校の現場で許すか否かが取り沙汰され、二〇〇四年の「公立学校における宗教的シンボル禁止法」によってその解決が図られたことはよく知られている。要するに、政教分離の理念と実践の程度は当然のことながら各国の歴史的・社会的な背景によって、多様で複雑な様相を呈するのであり、ここに近代日本の事例を学校教育の草創期、明治初期に戻って検証してゆく一つの理由が存する。

### (3)「教」の時代の捉え方

明治初期、それは教育と教化、あるいは宗教との「交錯」に満ち満ちていた時代であった。本論の内容をいささか先取りしつつ、その大まかな様相に触れておきたい。

文部省によって「学制」が発布された明治五年(一八七二)、政府は同時期に壮大な民衆教化のプロジェクトを開始していた。すなわち、同年三月一四日、新たに宗教者を管轄する教部省を設置し、全ての神官(8)・僧侶を一斉に動員して教導職に任命すること、そして彼らに「敬神愛国」などの徳目を民衆向けに説教させ、天皇を基軸とする国家の正当性を示し、そのイデオロギーを浸透させるという政策を打ち出したのである。これに先立つ明治三年（一八七〇）一月、大教宣布の詔によって神道国教化政策にもとづく民衆教化の指針が示された。しかしその活動が一部の神官・国学者（宣教使）によるごくわずかな範囲にとどまったのに対し、この教導職制の企図はその規模の大きさや動員体制などの点でそれまでとは一線を画しており、本格的な教化政策の開始と位置づけられよう。

そこでは、文部省と教部省の合併、「学制」へ教化活動を組み込む制度改正、などの「交錯」が見られたが、事態はそうした中央政府のレベルにとどまらなかった。全国の教育現場では、学校教員と教導職の兼務や、説教会場となる寺社の学校校舎利用などをめぐって、さまざまなトラブルが生じたのである。学校教育と宗教者を動員した教化活動という、「国民」形成の二つの回路が「交錯」し葛藤を引き起こす局面が、多様に現出したわけである。

そうした神仏合同の教化路線が頓挫する一八七五（明治八）年ごろから、仏教各宗派は新たな時代に即した教団組織の再編・強化に乗り出す。その際、各宗派では僧侶養成学校を整備してゆくが、一般学校の教員を兼務する僧侶は依然として多く、政府は実態として進行する教導職の教員兼務を追認し、地方官の中にも兼務による徳育の効果に期待を寄せる者もあった。学校校舎の新築により「場」の分離が進む一方で、「人」の重なりは少なくなかったのである。この現場での状況とある程度重なるかたちで、僧侶ないし仏教界に学校教育の担い手として期待する議論も一八八〇年代（明治一〇年代後半から二〇年代前半）に高まりを見せてゆく。それはキリスト教への対抗意識もあいまって仏教界内部をも刺激し、必ずしも僧侶養成のみを目的としない宗派立学校や、貧民子弟を対象とする小学簡易科などを設置する動きへとつながってゆくのである。

さて、こうした「教」の時代の〈未分化〉な様相は、いかに描いてゆくべきであろうか。近代仏教史研究の第一人者・吉田久一は、民衆教化政策、および明治前期の仏教界の動向について検討している[9]。仏教者の手になる教育施設も、列挙的ではあるが紹介しており、目配りのよさは今日でも特筆すべきものがある。吉田の業績は一九五〇年代後半から六〇年代前半に出され、長らくそれを基礎として明治前期の仏教史が叙述されてきた。すなわち、廃仏毀釈で打撃を受け、ついで教部省の民衆教化政策に参加させられ、その後少しずつ立ち直る仏教界、という基本パターンであり、それを数人の僧侶の思想史的事績が彩る叙述である[10]。そこには、教育と教化そして仏教が相渉り、ときに葛藤をも引き起こすような、「交錯」する相貌は描かれず、別ジャンルの事柄として切り離されてきた観がある。それらをもう少し広い地平に意識的に置いてみれば、いかなる歴史的事実が浮かび上がるのか。本書の分析視角は、仏教史の領域でも、採られてこなかったのである。

それでは、なぜ従来論じられてこなかったのだろうか。今度は教育史の領域に即して考えてみよう。

おそらくその理由は、①一九世紀西欧で見られたような、宗教と世俗権力による教育をめぐる葛藤は同時代の日本では希薄で、前代において解決済みだった、という見方の定着。そして、②日本教育史をもっぱら、世俗的学校教育制度の発展過程を軸として描くことに力点がおかれたこと。この二点にあると考えられる。

まず①についてである。すでに日本教育史の領域では、その代表的研究者である久木幸男によって、次のような説明がなされている[11]。「宗派や教会による学校教育一般の支配を排除するという意味での教育世俗化は、わが国では徳川時代にほぼ完了」した事柄であった。宗教家が経営する寺子屋は全体の四分の一にすぎず、そこで教義学習が行われることもほとんどなかった。そして近代において「宗教団体が一般の学校を直接支配するなどということもなく」、教育と宗教の分離や両者の関係の明確化が求められたのは、ヨーロッパなどとはまた別の事情によったのだ、と。

久木が重視するのは、私立学校での宗教教育である。一八九九（明治三二）年八月三日の文部省訓令第一二号によって、日本では官公立のみならず私立学校でも宗教教育が全面的に禁止されるという、厳しい「教育と宗教の分離」方針が打ち出された。そこから久木は、近代日本における教育と宗教との関係を「公教育―私学―宗教教育」という三者のからみあいの中でとらえるべきであると主張する。この訓令一二号は、政教分離の学校教育版ともいうべき「教育と宗教の分離」理念が、きわめて強い形で制度化されたものと言える（実際にはまた揺り戻しも生じるが）。そこには言うまでもなく、大日本帝国憲法第二八条が定めた「信教の自由」条項に関わる大きな問題があり、戦後の日本国憲法下でも、学校教育の場において内面の自由がどう保証されるかという問題として関心を持たれてきた。したがって、その矛盾が集約的に顕れる私立学校、とりわけキリスト教系学校での宗教教育や宗教的行事の実施といったトピックに、焦点が当てられることになったのである[12]。

ここで、「宗派や教会による学校教育一般の支配」が不在であるからといって、前近代の宗教と教育の関係性が希薄であったことは意味しないであろう。確かに、東西本願寺が学校教育のヘゲモニーをめぐって幕藩権力と争うような状況は、近世日本には見い出し難い。ただ、近世の民衆教育における宗教との関係を軽視してよいわけではあるまい。そして、近代日本の学校教育においても、宗教界の動向が問題にならないほどスムーズに「教育と宗教の分離」が定着した、と見なす前に、「教」の時代の様相を仔細に探ってみる余地もあるのではないか。

## （4）寺子屋と仏教の関係史――近世史研究の問題――

こうした疑問を、従来の研究者も抱かなかったわけではない。

近世の民衆教育における宗教との関係を示唆する事例は、教育史の領域で無数に見出され、寺子屋（手習塾）研究を中心に興味深い指摘を行っている論者も少なくない。籠谷次郎は、幕末期の大坂・北河内の寺子屋入門について分析した論考のなかで、「寺子の就学は明治「学制」期の通学とは異なり、すべて居住村の寺子屋に通ったとは限らない。特に経営母体が寺院であるような場合は、その檀家関係によって結ばれることが多く、当地域〔大坂・北河内―注筆者〕のような平坦地村の多いところではしばしばみられる現象であった」と論じている。[13] 寺子屋で仏教書が用いられていないとしても、こうした寺院―檀家という関係が就学に影響を及ぼしており、それが教育内容に何らかの影響を与えていることは十分に想定できるであろう。また、信州をフィールドにした高見沢領一郎も同様の指摘を行っている。高見沢は、「大寺院よりは、むしろ中以下の小寺院、堂寮庵と呼ばれるような処の持住が、絶えず研鑽を積んでいて教化力が旺盛である」「経済的には恵まれないことが多いので、筆子をとって家計を補うようにする」「住民との結びつきが緊密なので、気軽に「和尚さん」と対話でき、願い事を申出ることができる」[14] と述べる。

寺子屋研究には、戦前期からの分厚い蓄積が存在する。[15] ところが意外にも、籠谷や高見沢らの視点を継承して検討するような研究は現れておらず、僧侶が経営する寺子屋に焦点を当てたまとまった事例研究すら、ほとんど皆無なのである。[16] いわば、興味深いエピソードとして折々に触れられるにとどまってきた。そこには、史料上の制約という問題も横たわっている。末寺レベルの寺院は近代になって移転・縮小・廃寺に至るケースも多く、大寺院に比べまとまった史料が残存しにくいことは想像に難くない。

だがその最大の理由は、前述の②、近代日本教育史を世俗的教育制度の発展過程として描くことに力点がおかれたことにあると考えられる。

これについて、寺子屋に関する全国的な統計史料たる『日本教育史資料』をめぐる問題を述べておこう。全九巻と学校図などの附録からなるこの史料は、主として一八八〇年代に文部省が実施した調査に基づき、藩校や私塾など「学制」以前の教育機関の所在や概要を網羅している。その統計に記載された寺子屋数は約一万五千余、そのうち経営者身分と設立時期が判明する寺子屋が約一万一千、そこから算出される僧侶経営のものの割合は二割弱にとどまる。そして寺子屋が爆発的に増加するのは文政年間以降であり、とりわけ平民経営のものが最大の推進役となっていることがわかる。

問題は、『日本教育史資料』によって導き出されたこの事象を民衆の教育要求拡大によるものと把握し、それを基盤とした近代学校教育が他国に類を見ないほど普及した証左とする見方が、長らく主流でありつづけてきた点にある。したがって、世俗的な学校教育の進展を西洋近代教育の典型と規定し、そこから近代日本の教育の普及を「世俗性」の故であると把握する場合、僧侶経営の寺子屋などは前近代的・封建的な残滓にすぎなくなる。

これは戦前期から活躍した教育史家で、元お茶の水女子大学教授石川謙に代表される見方である。一九二六年から二七年にかけて、石川は高橋俊乗と「寺子屋起源論争」を繰り広げた。高橋は京都帝国大学文学部教育学講座卒、のち龍谷大学教授を務めた教育史家である。この論争においては、高橋が中世寺院の俗人教育に寺子屋の起源を求めたのに対して、石川はそれを全面的に否定して「多源説」をとり、近世の学問・教育における世俗化傾向重視を唱えた。それらの見解は直接の論争終了後も堅持され、ともに実証研究を重ねていった(17)。しかし戦後、石川が教育史学会（一九五六年創設、日本最大の会員数を持つ教育史関連学会）の初代代表理事を務め、近世教育史の大家として影響力を持つことになる一方で、高橋の見解は戦後の寺子屋研究ではあまり顧みられなくなっていった。[18]

このような傾向にはおそらく、「国家神道」を総力戦期の皇民化政策の（さらに戦前期の国家主義的教育を通じての）イデオロギーとして忌避する感情が介在していた。戦前の教育に対する反省を大きな共通基盤として出発した戦後の教育学では、教育と宗教の関係を云々することはタブー視されがちであり、その歴史的事実の追究自体を避ける傾向があったように思われる。ゆえに、寺子屋を近代学校の世俗性に接続する形で捉える見解が当該分野の基礎となり、僧侶経営の寺子屋はその「本筋」から外れるケースとして、主題に据えられることなく今日に至っているのではないだろうか。ましてや、近代学校制度発足後の仏教と教育の関係などは、寺子屋自体が消滅してゆく過程を辿る以上、関心を持たれることがきわめて稀であったとしても不思議はない。

ところが、『日本教育史資料』における統計には、調査段階での精粗が地域によってかなり顕著にみられる。その点は石川自身も指摘しており[19]、戦後の寺子屋研究が、特定の府県ないし地域につき調査結果を加えて統計数字を補正し、遺漏のあった寺子屋をデータに追加してきた。その結果、現在では全国で七万五千に及ぶ寺子屋が存在したと推定されている[20]。さらに注目すべき研究として、川崎喜久男らによる筆子塚の調査・分析が挙げられる[21]。川崎は、寺子屋生徒が師匠を顕彰する墓碑（筆子塚）を千葉県全域にわたって悉皆調査し、『日本教育史資料』の統計が描く全体像のうち、寺子屋の開業年代や師匠の階層について修正を迫っている。そこでは、同県で存在が確認できる三三一〇か所の寺子屋において、僧侶経営のものが全体の半分を超えていると指摘されている。もちろん、墓碑を残すという行為自体の性格や、調査対象が寺院や墓地であることからすれば、僧侶師匠に対する顕彰事例の割合は高くなるかもしれない。だが、従来の統計では僧侶師匠が経営する寺子屋が表れにくく、低く見積もられてきたということは、ほぼ明らかにされたと言ってよい。単なる世俗化論のもとに僧侶の寺子屋経営を軽視することは、近世期の民衆教育の総体を捉える場合、いささかバランスを失しているというべきであろう。この点に関して梅村佳代も近年の著書において、近世民衆の文字習得が、寺院教育から自立して村役人や農民相互の自主学習へと進展した点を「近世的変化」と認めつつも、「民衆の生活圏には各地の旦那寺の僧侶による村の宗旨人別帳作成と共に寺院の僧侶による読み書きの手ほどきと教導活動は存在していた」と論じている。(22)

このように、近世教育史の寺子屋研究は、近代学校の本質を「世俗性」に求める視線によって仏教との関わりという問題を（認識はしつつも本格的に取り組むことなく）遠ざけてきたなかで、近年その見直しが少しずつなされているようである。戦前の仏教史家・辻善之助以来の「近世仏教堕落論」的な把握の問い直しが一層進展している昨今、(23)近世社会において仏教が民衆教育に果たした役割と、近代まで持ち越した影響とを探ることが、近世教育史で今後取り組まれるべき課題となるであろうが、ここではその指摘にとどめたい。

### （5）学校教育と宗教の関係史——近代史研究の問題——

むしろ本書の目的に即して確認すべきは、そうした近世教育史の研究の偏向が、近代史のそれにおいても持ち込まれているという点である。

近代学校教育と宗教との相互の関わりあいを把握する作業は、歴史研究においても脆弱であった。確かに、その視角自体は無視されてきたわけではない。羽賀祥二は、一九世紀を神殿創建と「国民教化の時代」ととらえ、後者について教部省の教化政策のみならず、各地における紀念碑の建立などを通じた無言の教化や、「以心伝心」のシステムとしての神道、といった論点を示したことは、本書の「「教」の時代」という把握との関連で注目すべきである。[24] 特に「教化活動と教則や兼題の学習活動について、このことがその後の社会の展開にどのような影響を及ぼしたのかは、これまでの研究においてほとんど評価されていない」との指摘、また教導職の説教を「公教育以前の、またそれと並行して進められた教化という名の、教導職が担った一種の啓蒙運動」とする把握は[25]、(1)で挙げた第一の局面を論じる際に念頭に置くべきであろう。また山口輝臣は、立憲政治の機軸たりえない宗教の代わりを教育が担うという日本的側面を、教育勅語の発布に関わって指摘している。[26] それらの問題意識や指摘を継承しつつ、具体的な諸相を浮き彫りにすることが、残された大きな課題となっている。

一方、宗教学の領域では、島薗進の議論が傾聴に値する。島薗は、「国家神道」の研究史をまとめた論考において、戦後「国家神道」研究の起点となった宗教学者・村上重良が主張した「国家神道」の捉え方に一定の賛意を示し、その可能性をすくい取ろうとするなかで、「国家神道」と学校との関係を重視すべきと主張した。[27] 島薗は、天皇の聖性、国土・神々・精神伝統への高い価値づけ、天皇崇敬や国民道徳の実践を国民に促す国家の主導性、といった「内容」面への検討に比して、それを国家が社会に広める「形式」に力点をおく研究は稀で、その重要なエージェントである学校教育から「国家神道」を見るという課題にほとんど取り組んでこなかった、とする。いわば「国家神道」の公的な教会としての学校教育に注目したわけである。もっとも、島薗の論には戦前日本における「国家神道」形成の史的変容が明示されておらず、一つのモデル、試論の提示という側面が強いようにも思われる。[28]

島薗と並んで、戦前天皇制下の国家主義的教育のありようを追究した教育史家・佐藤秀夫の指摘も注目される。佐藤は、教育勅語奉読と聖書・教義書の朗読、および奉読の際の校長訓話と司祭の説教が類似しているとした上で、「学校儀式は欧米において普遍的と考えられていたキリスト教礼拝儀式の方式を、大枠としてモデルにしつつ形成された〔中略〕「教育と宗教の衝突」を惹起させた公教育学校の天皇制崇拝儀式は、その実、対抗者のキリスト教の礼拝儀式を模倣していたのである。この奇妙に見える矛盾とコンプレックスこそが、まさに近現代天皇制の実体そのものに他ならなかった。その意味では、定型化された学校儀式はまさに「近現代天皇制のまつり」に他ならなかったといってよい」と述べている。[29] きわめて重要な指摘であろう。島薗同様、学校を「天皇制」布教の教会として把握する視点を要請しているからである。佐藤はまた、教育勅語と並ぶ学校儀式のアイテムである「御真影」（天皇の肖像画写真）が、「元来仏教界において、仏舎利・仏像と並ぶ仏陀の画像または宗派・本山などの開祖・始祖等の公的肖像画」の意であり、特定の期間のみ一定の信者に限定公開される「秘宝」でもあったと述べ、仏教での伝統的な慣用例に準拠したのではないかと推測してもいる。[30]

こうした佐藤の議論は、「伝統的」な神道のみに依拠できなかった近代天皇制の矛盾・脆弱さを指摘する、という彼のスタンスが強く投影されたものとも言える。だが、島薗の言う広義の「国家神道」のありよう――民心安定や国家の富強に有用である限り、諸宗教を好意的に迎えることが多い――と考え合わせれば、「国家神道」がキリスト教や仏教が持っていた力量やアイデアを吸収して弥縫・補強してゆくものであり、学校教育の場ではそれがとりわけ集約される、と言い換えられよう。いずれにせよ、「国家神道」は神道それ自体の資源（人材・場所・内容など）だけで「君臨」したわけではなく、諸宗教との関わりと、学校教育という重要な場での展開があってはじめて成立するものであった。そして(3)での問いに立ち返れば、近代日本の学校教育は私立のみならず官公立の学校であっても、宗教との関連を考えないままの把握は不十分であり、「教育と宗教の分離」史という単線的な歴史像では語れないのではないか、という見方が浮かび上がってこよう。

とはいえ、こうした島薗や佐藤の視点、羽賀・山口に見られるような指摘を肉付けするような、具体相を探る作業はまだまだ不足している。近代日本の教育史において宗教の問題がクローズアップされるのは、一九世紀末における一連の過程――教育勅語の発布、「教育と宗教の衝突」論争、そして訓令一二号の発布へ――に偏っていると言わざるを得ない。[31]要するに、先述したような概括的な説明にとどまっており、その内実を精査してゆこうとする歴史的研究は近世史同様進展していないのである。

## (6) 明治前期「教育と宗教」関係史像とその問題点

ここで改めて、右の世紀転換期に至るまでの通説的な歴史を確認しておこう。[32]

まず一八七〇年代末(明治一〇年代初頭)、採るべき「国民」教育の方針をめぐって、伊藤博文と元田永孚による「教育議」論争が起こる。伊藤は西洋科学を軸にした「学制」以来の教育路線の継続を表明し、それを知育偏重と批判した元田は、儒教道徳に基づく徳育を教育の中心に据えることを主張したのである。結果として儒教中心主義の修身科、幼学綱要の公布という方策が採られたものの、それは政府部内の話であって、徳育の「混迷」は内外で常に叫ばれていた。

その象徴が、一八八七(明治二〇)年頃に起こる徳育論争である。そこでは加藤弘之、杉浦重剛、西村茂樹、能勢栄ら、文教政策担当者やそれに近い立場の知識人らが持論を繰り広げ、徳育の中心として儒教以外に、仏教、神道、キリスト教、あるいはそれらの徳目を抽出・融合したような道徳の可能性などが論じられた。何らの結論が出たわけではなかったが、宗教を徳育の軸に据えるという方向性が提起された点、徳育の「混迷」が無視できぬほど声高に叫ばれるようになった点では、小さからぬ意味を持った。そうした機運がやがて、一八九〇(明治二三)年の地方長官会議における徳育強化の要求につながり、同年一〇月三〇日の教育勅語制定・公布に結びつくからである。

教育勅語には、「万世一系」の天皇・皇室を崇拝することが謳われるが、その際特定の宗教に偏していると受け取られかねないような文言は、慎重に排された。国家体制のプランナー・井上毅の意図は、「国民」に「恩沢」を与える、および崇拝さるべき、超越的存在として天皇を位置づけることにあった。天皇が超越的存在であるためには、政治や思想界の動向に左右されてはならない。また、帝国憲法で個人の内面における「信教の自由」を保証しつつ、他の宗教を超越する特権性を付与する必要もあった。これらを同時に実現すべく、天皇崇拝の思想的源泉となる神社神道は「非宗教」と位置づけられ、原理的に両立しないはずの他の宗教を一定程度容認しつつも、その上位に君臨する構造が形成された。かくして一九世紀末までに、神社神道の特別な位置づけを含んだ「日本型政教分離」[33]の学校教育ヴァージョン、すなわち教育勅語の至当性を含んだ「教育と宗教の分離」が提示されたのである。ごくおおざっぱに言えば、神道は日本列島のローカルな宗教という性質を持っていながらも、為政者や知識人によって「非宗教」として位置づけられることで近代天皇制国家のナショナルな統合原理の源泉となる。神社神道は近代天皇制の「国教」的な位置を与えられつつ、学校教育を拠点として伝道されてゆく。神社神道という宗教がナショナリズム鼓吹の拠点たる学校を通じて「布教」された、とも言える。

この教育勅語を擁した天皇崇拝の儀式体系は、一八九一年の内村鑑三「不敬」事件でいきなり威力を「発揮」する。同年一月、キリスト者・内村が第一高等中学校での勅語奉読式における最敬礼拒否で社会的非難を浴び、翌月同校教員の職を辞したのである。[34]そして、この事件についての井上哲次郎の談話をきっかけに、「教育と宗教の衝突」論争へと発展した。そこでは、キリスト教を教育勅語に反する、天皇崇拝の対立者と位置づける論調が主流を占め、守勢に回ったキリスト教は学校教育から排除すべき対象と見なされてゆく。[35]そして一八九九（明治三二）年の文部省訓令第一二号公布へと至り、官・公・私立学校からの宗教教育の完全排除が定められる。キリスト教系学校は宗教教育を捨てて一般の学校として認可されるか、あくまで宗教教育を堅持して各種学校となる道を選ぶか、という苦渋の決断を迫られたのである。前者を選ぶ学校は宗教的な特徴を希薄にすることで、後者も入学者を減らし経営不振に陥ることで、社会的に「無力化」させられてゆくことになった[36]。かかる過程を経て、教育勅語や御真影などを装備した天皇崇拝の儀礼体系は、その後も脆弱性や論理的矛盾を指摘されつつも、そのたびに弥縫を繰り返し[37]、結果として教育現場を覆っていったのである。

しかし以上の説明は、あくまで当時の政府の構想や政策、それをとりまく知識人の言説から導き出されてきた一つの歴史にすぎない。確かに政府の国家形成方針や知識人の論争が、学校教育の現場の動向を方向づける一要因とみるのは至極当然ではあろう。だがそうした議論からは、その現場でいかなる事態が生起していたのか、政策・言説は果たしてそれをうけて提示されたものなのか、あるいは現場の実態を置き去りにして展開していったとみるべきなのか、といった吟味が抜け落ちている。つまり、もう一方の当事者ともいうべき、現場の事情をすくいあげようとする視点が弱いのである。教育勅語制定から訓令一二号に至る、いわば表舞台のアクターのみを取り上げて論じる視角からは、そこに至るまでの葛藤が見えてこなかったのも無理はない。今日では、政策・言説を念頭に置きつつも、実際の現場、地方の舞台でアクターとなった官吏や宗教者に光を当てて、近代日本の教育と宗教の関係史を捉えなおすことが必要であろう。（1）で挙げた二つの局面は、そうした人びとの動向を照らし出す点で意味のある検討対象だと考える。また（3）で触れた明治前期という「教」の時代――教育、教化、宗教（仏教）の「交錯」する時代――の再考察は、従来の概説的な説明で隠されていたもう一方の側面を明るみに出すはずである。

## (7) 教育史研究における民衆教化政策と仏教

(1)の二局面のうち、前者の神仏合同による民衆教化政策は実質三年ほどで頓挫した。それゆえ「国家神道」の形成過程、あるいは近代天皇制の確立過程の解明という大きな課題の前ではあまり重要な意味をもって論じられてこなかった。ましてや学校教育との関係という視角からの探究は乏しく、それももっぱら教育学・教育思想史の領域のみで扱われてきた。

小松周吉は一九五〇年代の論考において、明治初期には学校教育と教導職の民衆教化が併行して行われたために、主知主義的な「学制」への不満が軽減されたと論じた。小松によれば、その両輪が教育勅語によって「絶対主義の統一的教育施策」へ一本化されるまで、「国民教育の一半」としてその前期的役割を果たすのが民衆教化である、と捉えられている[38]。興味深い指摘だが、理念的な説明に終始しており、「絶対主義」的教育制度の形成、中央集権的画一主義・主知主義的側面の偏重から教育勅語へ至る道筋を強調することに終わっている。次に山口和孝は、論考「訓導と教導職」(一九八二年)で、「欧米でみられる如く激烈ではないにせよ、学校と、国民精神統合のための宗教、との間には屈折した複雑な関係が存在した」と述べ[39]、学校教育と民衆教化政策の重なり合う部分が現場で摩擦を起こして分離してゆく、という展開の一側面を描く点では、本書の目的に近い研究である。ただ、新出史料の発掘と再構成といった点では物足らず、政府、地域、個々の教導職といった重層的な追究の点でも、検討の余地は少なくない。

その弱点は、最もまとまった研究成果を出したと思われる大林正昭の場合も、例外ではない。大林は近世から明治初期に至るまでの民衆教化の理念や、教導職が説教で用いる教化テキストに見られる論理などを、一九八〇年代の一連の論考で検討した。そして、明治初期には師匠の徳による近世的「教化から」近代的な「啓蒙への転回」が見られると論じ、その教導職の説教に見出される公民教育的要素を、学校でなされる普通教育を成人に対して行う新たな「主知主義的教化」と位置づけた(40)。しかしその考察方法は、思想家の言説や教化本の分析のみによっており、実際に説教が行われた現場との関連を明らかにしえないという点が残念である。宗教史や神道史の研究で論じられてきた地域事例や、宗教政策の推移などと有機的に接合する視点が望まれる。

そこには、教部省の民衆教化政策を挫折に導いた真宗僧・島地黙雷への評価が、密接に関わっているように思われる。島地は、神官・僧侶合同でありながら神道的徳目を中心に鼓吹する教化のありようを、統治の具と化した「治教」と呼び、教部省がそこに僧侶を従事させることを非難した。それはヨーロッパ諸国で承認されている「信教の自由」に反する行為であるから、仏教は教化政策から離脱すべきだ、と訴えたのである。島地の主導により、まもなく神仏合同の教化体制は崩れ、教部省も一八七七（明治一〇）年に消滅することになった。この点で島地は、天皇制支持という「弱点」こそあれ、個の内面の信仰にもとづく信教の自由論、そして政教分離を唱えた近代的宗教論者として高く評価されることが多く(41)、大林の研究でもその先駆性が強調されている。だが島地の言説に注目するあまり、この時期の仏教を捉える際の視野が狭くなっていることもまた事実である。大林を含む数ある先行研究も、島地が実際の教化の現場にどれほど通暁していたかを問うこともないまま、彼にこの時期の仏教者を代表させ、近代への「手引き役」という位置を与える点で共通している。それは、島地が展開する教化政策批判の裏で、学校教育と仏教との交錯がいかに現象していたかを見失うことにつながらないだろうか。

同様の傾向は島地ひとりに限らず、学校教育と仏教の関係一般についても当てはまる。たとえば、「教育と宗教の衝突」論争において、仏教側から示される言説はほとんど内村やその擁護者を糾弾するものであり、国家主義的教育の支持表明そのものであった(42)。学校教育の場における天皇崇拝という踏み絵は、キリスト教のみならず仏教にも等しくふりかかる深刻な抑圧であったはずである。しかし仏教界の側では、のちに高山樗牛が「教育宗教衝突論に際し、本来非国家的たるに於て基督教に譲らざる仏教の信徒が、非国家的教義を痛駁せる井上〔哲次郎〕氏に左袒して却て基督教を攻撃した」ことは「甚だ笑ふべき矛盾」であると憤慨したように、その問題性の自覚を欠いていた。[43] そうした「矛盾」に目を向ければ、明治前期における仏教界の動向は、訓令一二号へ至る道を開く一要因でしかなく、天皇制支持を含む「信教の自由」・政教分離論という島地の見解を維持してきた存在であるかのように映る。

だが、ことはそう単純ではない。島地の言説の推移を辿るだけでも、その点は十分に検討の余地がある。仏教の「治教」からの脱却に力を注いでいた明治初年の島地は、僧侶が学校教育に関わることも否定していた。ところが一八八八（明治二一）年には一転して、僧侶が教員として学校教育に参与することを強く推奨するようになるのである。従来の研究ではほとんど看過されてきた島地のこの「転換」は、明治前期（初年から二〇年代前半）における教育と仏教の関係が、決して没交渉ではなかったことを示唆している。近代日本の「教育と宗教の分離」の特色が訓令一二号の発布に求められるとしても、直接抑圧にさらされたキリスト教だけではなく、それを結果的に促す役割を果たしたとされる当該期の仏教の動向を跡づけることは、不可避の作業となるはずである。

### （8）「宗教」の語と学校教育の社会的定着

ここまで述べてきた問題関心に加え、さらに念頭に置くべき論点について、視点を変えて若干触れておく。

一つは、近代日本における「宗教」概念の受容過程である。これについては、すでに多くの論者、とりわけ宗教学者が明らかにしている。[44] 明治初年の啓蒙的知識人によって religion の語に様々な訳語が充てられるが、キリスト教の受容にともない森有礼や福沢諭吉(『文明論之概略』)らが「宗教」の語を用いはじめ、明治一〇年代にはその訳語が主として用いられるようになる。彼らは「宗教」の語に、非言語的な慣習行為(プラクティス)よりも、むしろ概念化された信念体系(ビリーフ)という意味合いを込めようとした。しかしそれは到底当時の民衆の信仰世界で共有されたものではなく、(45)宗教的なものと倫理的なものとが一体をなす近世的な「教」の理解も生きており、「宗教」の語にも色濃く含まれていた。この未分化状態から脱してゆくのは世紀転換期のこととされ、二〇世紀に入ると姉崎正治らによる「宗教学」設立の主張が叫ばれるようになるが、やはり第一義的には知識人のタームの問題に過ぎなかった。もっとも市井の人々とて、「宗教」の語・概念に込められたものと、全く無縁の生活を送っていたわけではない。たとえその同時代にははっきりと意識していないとしても、無意識のうちに受容する基盤を日々の生活のなかで醸成していったと見るほうが、実態としてはおそらく正しいであろう。ただ少なくともそうした実態に迫る検討を試みずに、ただ知識人やアカデミズムに問題を局限して、「宗教」そして「宗教学」成立の過程を辿るだけではあまり有益ではあるまい。

ならば、その際何に着目すべきであろうか。筆者は、まさしく同じ「教」という語を含む学校「教育」の場でこそ、その醸成されゆく意識——「教育」と「宗教」とが次第に峻別され、やがて全く別領域のものと考えられる認識のありよう——が、先鋭的に顕れたと考える。未分化かつ包括的な「教」の語を付した、教育、教化、そして宗教という峻別しがたい三者が、具体的にいかなる葛藤を経て、峻別されていったのか。あるいはそれに反して相互に依存、未分離の態様を示したのか。それらを明治前期の多様な場に即して考察・展望することが、重要な課題として浮上する。したがって、本書での考察対象は著名な政治家・官僚・知識人の言説に限るものではない(これは同時に、容易に峻別されがたい問題がどうこぼれ落ち、近代日本社会の中に潜在してゆくのかを逆照射する営みでもある)。むしろそれ以外の局面において醸成される基盤こそが、近代日本における「宗教」の登場、そして学校教育の定着を、多様な意味で準備・推進することになるであろう。

さらにもう一つ、近代日本の「国民」形成において学校教育が重要な役割を果たした、という常識の定着である。その常識はなぜ今日、「常識」たりえているのか。言い換えれば、学校教育はいかにして近代日本に定着し、[46]「国民」形成の装置として、あるいは人間形成の場として、その存在が当然視されるに至ったのだろうか。直接的ではないにせよ、本書の考察はそうした素朴かつ根底的な問題にもつながりうるものと言える。

## (9) 本書の構成

以上のような多岐にわたる問題群は、従来の日本近世史・近代史、あるいは仏教史、宗教史、教育史といった諸分野が互いにとりこぼしてきた問題の重層性・複雑性を、はからずも示している。「教育」「教化」「宗教」という「教」の分化を前提とする「近代的」な視点のみにとらわれず、まずは問題の欠片を拾い集めて具体的な像を再構成すること、そして学校教育が「定着」してゆく明治前期の様相について、教化、宗教(仏教)との関係からその大きな背景を浮かび上がらせること。本書のなすべき具体的な作業はまさにそこにある。

まず第一部では、教部省が推進した神仏合同による民衆教化政策について、学校教育との関係に焦点をあわせて検討する。その際、上からの政策そのものや思想的問題のみを扱うのではなく、それに関わった地方官、実際に説教に従事した教導職、そして聴衆といった、「受容」する側も対象として、重層的な考察を試みる。

第一章においては、教部大丞三島通庸、文部卿木戸孝允と田中不二麿、そして教化政策批判を展開した島地黙雷という三者が、教育と教化の関係をどう捉えたのかを論じる。この三者はそれぞれ、学校教育へ神道的教化を組み込む方針、岩倉使節団で学んだ「教育と宗教の分離」理念、教化政策批判と教導職の学校教育からの離脱論、をもって絡み合う。それが、教化政策の展開と挫折の過程に、直接反映されてゆくのである。

次に、舞台を筑摩県に移して、教化政策の地方での展開を追う。第二章で注目するのは、一八七三(明治六)年に東京から派遣された教導職が筑摩県庁によって告発され、結局更迭されるに至るという事件(松本小教院事件)である。そのプロセスから、教部省が志向する教化政策が地方で展開される際、学校教育との齟齬がいかに表出したかが明らかになる。新出史料をもとに、全国各地で起こりえたその摩擦の相貌を浮き彫りにしたい。

第三章でも引き続き筑摩県を舞台に、在地の教導職が教化活動をどう意味づけ、説教内容の学習、県庁への働きかけを行ったかを明らかにし、教育と教化が具体的に「交錯」する様相を検討する。さらに県庁の教化政策について、特に学校教育との関係が「場」と「人」の二側面をめぐっていかに扱われたかを論じる。教育と教化が重なりあう具体的な局面で、地方官と個々の教導職がいかに両者を受け止め、峻別していったか(しなかったか)を探るものになるであろう。

第二部では、神仏合同教化政策が瓦解した後の時期、一八七〇年代後半から九〇年頃(明治一〇～二〇年代)へと考察を進める。政府主導の教化政策が後景に退くと、仏教は宗派ごとに民衆(ないし信者)教化を含めた組織再編を模索してゆく。そうした近代的教団の形成期における、仏教と学校教育の関係について論じる。

第四章では、僧侶の教員兼務の制度的実態、および兼務をめぐる僧侶・非僧侶双方の言説を跡づける。第三章からの脈絡で言えば、「人」の問題である。一八七九(明治一二)年に教導職の教員兼務解禁令が出されたのを機に登場する、僧侶と地方官吏による議論、そして仏教界の大勢の反応を検討する。

次に第五章では、同時期の僧侶養成学校と僧侶の「俗人教育」への参入を検討する。仏教各宗派では教団の近代的再編の一環として、本山の最高学府と地方の僧侶養成学校とを設けてゆく。真宗本願寺派を事例に、俗人を教育対象とする志向の生起、僧俗を問わない教育を標榜する「普通教校」の設置（一八八五年）の意味を論じる。本書の視角からは、教団という枠組みが、信徒や個々の僧侶有志が一般の学校教育への参入を試みる際、（結果的にではあれ）いかにそれを阻害する要因として作用したかが明らかになるであろう。

そして第六章において、俗人教育への参入志向が一八八〇年代後半に一定の「成果」を挙げてゆく展開と、その帰趨を論じる。第四章に続く僧侶教員兼務論の高揚、公立尋常中学校経営、そして小学簡易科の設立（一八八五年の小学校令によって制定）といった諸相を検討するが、とりわけ貧民子弟を対象に無償を基本とした小学簡易科は、俗人教育を仏教本来の「慈善」と捉える見解に後押しされ、各地で僧侶有志によって展開された。そこに顕れる問題から、仏教界が俗人教育に関心を失う過程を明らかにする。その直後に起こる、内村鑑三「不敬事件」とそれに続く「教育と宗教の衝突」論争への仏教者の態度には、この過程が重要な意味を持つと思われる。

最後に終章では、本書の考察の要約と、訓令一二号発布前の一九世紀末の過程に触れ、本書が明らかにしたことの意義を論点を補足しつつ改めて論じたい。

※政府法令は全て『法令全書』によった。引用史料は読みやすさを考慮して適宜句読点を施し、カタカナをひらがなにあらためた。なお、西本願寺を本山とする教団が「真宗本願寺派」、同じく東本願寺の教団が「真宗大谷派」を正式な呼称とするのは一八八一（明治一四）年のことであるが、本書では便宜的にそれ以前の時期についても本願寺派・大谷派の語を用いる。

（1）　牧原憲夫『客分と国民のあいだ』吉川弘文館、一九九八。

（2）そうしたイデオロギーの浸透の単純ならざる様相については、広田照幸『陸軍将校の教育社会史』世織書房、一九九七、が論じている。

（3）安川寿之輔「義務教育における就学の史的考察――明治期兵庫県下小学校を中心として――」（『教育学研究』二九―三、一九六二）、土方苑子『近代日本の学校と地域社会』東京大学出版会、一九九四ほか。

（4）小股憲明「日清・日露戦間期における新教育勅語案について」（『人文学報』六四、一九八九）など。

（5）ベネディクト・アンダーソン（白石隆・白石さや訳）『増補　想像の共同体』NTT出版、一九九七、三四頁。ちなみにアンダーソンは、キリスト教が説得力を失うことで一八世紀にナショナリズムが「生み出された」とか「とってかわった」というつもりはない、と述べている（三四～三五頁）。

（6）アントニー・D・スミス（高柳先男訳）『ナショナリズムの生命力』晶文社、一九九八。

（7）イラン革命以降、アフガニスタン、イスラエル、旧ソ連諸地域の民族紛争などを一瞥すれば、その「別の説明」が容易ではないこともまた理解されよう。近代化＝世俗化という図式の見直しを論じたものに、たとえばマーク・K・ユルゲンスマイヤー（阿部美哉訳）『ナショナリズムの世俗性と宗教性』玉川大学出版部、一九九五、など。

（8）この当時、行政上「神官」という語が指す範囲は実はきわめて狭い。すなわち、明治四年（一八七一）五月に公布された「官社以下定額及神官職員規則」によって、全国の社祠を官・国幣社と府県・郷村社などに分け、前者の職員で官吏身分を与えられた者を一括して「神官」と呼び、後者の職員には「祠官」「祠掌」などの呼称が用いられた。その後一八八七（明治二〇）年三月に伊勢神宮以外の官・国幣社神官を廃止して宮司・禰宜・主典の「神職」とし、一八九四年二月には府県社以下の神社に勤仕する者も同じく「神職」（社司・社掌）と呼ぶことと定められた。本書で以後「神官」と呼ぶのは、正確には神官および祠官・祠掌らを指しており、あとの「神職」と区別するとともに、長い表記を避けるための便宜的な語であることを断っておく。

（9）吉田久一『日本近代仏教史研究』吉川弘文館、一九五九（のち『吉田久一著作集』第四巻、川島書店、一九九二）、同『日本近代仏教社会史研究』吉川弘文館、一九六四（改訂・増補版は『吉田久一著作集』第五・六巻、川島書店、一九九一、に上・下巻として収録）。吉田は仏教史を日本近代史一般の流れに位置づけるとの視角から、「明治前期」を一八八五（明治一八）年までとし、国粋主義を梃子とした仏教界復興の機運が見える一八八六年から九九年を中期、そして一九〇〇年以降を後期と三区分し、それぞれの時期的特質を仏教者の活動の諸相から探ることで、当該分野の基礎を築いた。

(10) この点で、James E. Ketelaar, *"Of Heretics and Martyrs in Meiji Japan"*, Princeton University Press, Princeton, 1990（邦訳は岡田正彦訳『邪教／殉教の明治』ぺりかん社、二〇〇六）は希有な業績である。同書は一国史的な観点で論じがちな諸研究と異なり（本書もその批判を免れ得ない）、廃仏毀釈の衝撃を論じつつも、明治の仏教者がシカゴでの万国宗教大会（一八九三年）で「日本」仏教を披瀝し、西洋という「外部」との対峙を梃子に「歴史」を創出してゆく様相を描き、結果として廃仏毀釈を相対化した格好になっている。ただ、廃仏毀釈・仏教界の立ち直り・思想史的事績という叙述の流れである点においては、従来のものと共通している。

(11) 以下の説明・引用は、久木幸男「公教育と宗教教育――その歴史を探る――」（久木『教育史の窓から』第一法規出版、一九九〇）、八〇～八一頁。なお同論文の初出は、持田栄一編著者代表『未来をひらく幼児教育一三　現代に生きる宗教教育』チャイルド本社、一九七四。

(12) 久木は訓令一二号について、「訓令一二号の思想と現実」（一～三）（『横浜国立大学教育紀要』一三・一四・一六、一九七三～一九七六）でその制定過程、公布後の反響、実質的緩和、そして宗教系学校の対応などを、詳細に検討している。

(13) 籠谷次郎「幕末期北河内農村における寺子屋への就学について」（『籠谷次郎日本教育史論集』大空社、一九九三）、二一頁。初出は『地方史研究』一二二、一九七三。

(14) 高見沢領一郎「筆塚に関する研究――長野県上高井郡の場合――」（『信州大学教育学部紀要』二三、一九七一）、二二頁。

(15) 単行本に絞っても、高橋俊乗『日本教育史』教育研究会、一九二三、石川謙『日本庶民教育史』刀江書院、一九二九、乙竹岩造『日本庶民教育史』目黒書店、一九二九、戦後では津田秀夫『近世民衆教育運動の展開』御茶の水書房、一九七八、利根啓三郎『寺子屋と庶民教育の実証的研究』雄山閣出版、一九八一、梅村佳代『日本近世民衆教育史研究』梓出版社、一九九一、など枚挙にいとまがない。

(16) そのなかで貴重な研究として、荻慎一郎「寺子屋師匠の教養と生活――土佐藩領の寺子屋教育と民衆文化世界――」（『秋大史学』五〇、二〇〇四）が挙げられる。土佐国宇佐浦真覚寺（真宗東派）の住職・静照が幕末期に残した日記を素材に寺子屋の様子を探ったものであるが、日記自体に寺子屋関係の記事が少なく（荻はこのことを寺子屋が「まさに余業に位置した」ゆえ、と把握している。同論文一〇三頁）、十分な検討がなされたとは言い難い。もっとも、自治体史では『岐阜県教育史』『新青森市史』など、わずかながら事例が詳しく述べられているものもある。

(17) 石川前掲『日本庶民教育史』、高橋俊乗『近世学校教育の源流』永澤金港堂、一九四三、などに結実する。

(18) この点、寺崎昌男・久木幸男監修『高橋俊乗日本教育史論纂』大空社、一九九四、における辻本雅史の解説、および斉藤太郎「欧化日本と教育史研究――日本近代教育史学史小考――（I）」（『筑波大学教育学系論集』一〇―二、一九八六）を参照。

(19) 石川前掲『日本庶民教育史』、第四編第一章。

(20) 梅村佳代『近世民衆の手習いと往来物』梓出版社、二〇〇二、一六頁。この推測は、梅村『日本近世における民衆教育史研究のため伊勢国の寺子屋・私塾・郷学校の実態の調査研究』（科研費報告書、一九九〇）、八鍬友広・高坂祐子「新潟県の手習塾に関する基礎資料」（一〜一二）（『新潟大学教育学部紀要人文・社会科学編』三七―一・二、一九九五〜一九九六）、その他自治体の教育史編纂などによって集積された成果がもととなっている。

(21) 川崎喜久男『筆子塚研究』多賀出版、一九九二、および国立歴史民俗博物館編『筆子塚資料集成』二〇〇一。これ以前にも、主に長野県北部を扱った高見沢領一郎の調査（「筆塚を中心とした庶民教育の状態」『信州大学教育学部紀要』一八、一九六七、「筆塚に関する研究――上水内郡の場合　第一部（西部地区）――」同二〇、一九六八、など）があり、『日本教育史資料』に含まれない寺子屋の存在を明らかにしている。また高橋敏も東駿河地方の筆子塚を調査、その態様を考察している（高橋『日本民衆教育史研究』未来社、一九七八、第四章）。

(22) 梅村前掲『近世民衆の手習いと往来物』、一五頁。また青木美智男も、「寺請制の展開にもとづいて各村落に設けられるに至った寺院や、村民の産土神として祭られるに至った神社などに定住した宗教者たちが、住民の間に、宗教行事と手習いを通して精神的信頼を得ながら、村落生活に定着化してゆく」という指摘を行っている（「幕末期民衆の教育要求と識字能力」『講座日本近世史七　開国』有斐閣、一九八五、二四二頁）。

(23) 最近の近世史研究では、たとえば澤博勝『近世の宗教組織と地域社会』吉川弘文館、一九九九、朴澤直秀『幕藩権力と寺檀制度』吉川弘文館、二〇〇四、などの成果が挙げられよう。

(24) 羽賀祥二『明治維新と宗教』筑摩書房、一九九四。
(25) 同書、一九〜二〇頁。
(26) 山口輝臣『明治国家と宗教』東京大学出版会、一九九九、三三九頁。
(27) 島薗進「国家神道と近代日本の宗教構造」(『宗教研究』三二九、二〇〇一)。
(28) この点につき、すでに磯前順一『近代日本の宗教言説とその系譜』岩波書店、二〇〇三、九八〜一〇〇頁、などでも批判がなされている。
(29) 佐藤秀夫「解説」(『続・現代史資料八　教育一』みすず書房、一九九四)、三四〜三五頁。
(30) 同前、九頁。
(31) 例外的に研究が進んでいるのは、明治末年の三教会同である。これについては、土肥昭夫「三教会同——政治、教育、宗教との関連において——」(一〜二)(『キリスト教社会問題研究』一一・一四・一五、一九六七・一九六九)、千田栄美「三教会同と天皇制教育」(『日本教育史研究』二二、二〇〇三)などの研究がある。だが大正期の展開については、鈴木美南子の研究(「天皇制下の国民教育と宗教——大正〜昭和期を中心として——」伊藤弥彦編『日本近代教育史再考』昭和堂、一九八六、など)がある程度で、きわめて手薄と言わざるを得ない。
(32) 海後宗臣『教育勅語成立史の研究』東京大学出版会、一九六五、稲田正次『教育勅語成立過程の研究』講談社、一九七一、など。
(33) 安丸良夫『神々の明治維新』岩波書店、一九七九、二〇八〜二〇九頁。
(34) 事件については小沢三郎『内村鑑三不敬事件』新教出版社、一九六一、をはじめとする研究論考、および前掲『続・現代史資料八　教育一』、鈴木範久『一高不敬事件』上・下、教文館、一九九三、などの関連史料集がある。
(35) 論争に登場する諸論説は、関皐作『井上博士と基督教徒』正・続、哲学書院、一八九三、に収録されている。
(36) 久木幸男前掲「訓令一二号の思想と現実」(三)。
(37) 戦前日本の学校教育における天皇制イデオロギーの浸透の強さを強調する際、その教育体制を「教育勅語体制」という語で表現されてきたが、近年の教育史研究では、教育勅語が発布当初から常に解釈上・運用上の問題を孕み、何らかの事件・摩擦が起こるたびに弥縫が繰り返されてきた事実が明らかにされている。その点については、小股憲明前掲

「日清・日露戦間期における新教育勅語案について」、佐藤秀夫前掲「解説」、駒込武『植民地帝国日本の文化統合』岩波書店、一九九六など。

(38) 小松周吉「明治絶対主義の教育精神――学制を中心としてみたその成立過程――」(『教育学研究』一九―一、一九五二)。

(39) 山口和孝「訓導と教導職――日本の近代公教育制度成立期にみられる宗教と教育の関係――」(『国際基督教大学学報』I―A、教育研究二四、一九八二)、一〇五頁。

(40) 大林正昭「教化から啓蒙への転回」(井上久雄編『明治維新教育史』吉川弘文館、一九八四)、「教導職によってなされた公民教育について」(『広島大学教育学部紀要第一部』三三、一九八五)、「教導職制改革運動における国民啓蒙の論理」(『日本の教育史学』二九、一九八六)、「わが国近代教育成立期における宗教と教育を分離する原則の形成について」(『広島大学教育学部紀要第一部』三四、一九八六)。なお最後に挙げた論文では、近代日本の教育と宗教の分離原則の形成について、①近世諸学校の無宗教性、②宗教勢力の介入する余地のない欧米教育モデルの導入、③キリスト教のような社会共通の宗教的基盤不在、④現世的実学志向の高さ、などの要因を挙げている。要するに明治五年「学制」時において「分離」は既に決着済み、との見解であり、通説どおりと言える。だが①は寺子屋などの民衆教育の側面を軽視している点で、検討の余地が大いにあろうし、②ではそのモデルなるものの導入がきわめて過剰な適用であった経緯(第一章参照)にこそ注目すべきであろう。そして③では、想定される宗教的基盤が限定的である点で、十分な説明とはなりえていないように思われる。

(41) 島地に関しては福嶋寛隆の諸論考(「島地黙雷に於ける伝統の継承」(『龍谷史壇』五三、一九六五)、「明治前半期仏教徒のキリスト教批判について――島地黙雷の場合、特に彼の信教自由論との関連において――」(『仏教史学』一二(四)、一九六六)、「近代天皇制国家の成立と信教自由論の展開」(『島地黙雷全集』第二巻、本願寺出版部、一九七三)をはじめとして論考は少なくないが、最近注目すべきものに、末木文美士『明治思想家論』トランスビュー、二〇〇四、がある。末木は島地について、神仏合同の教化政策を二つの宗教の併存と捉えて拒絶したために、逆に神道を「非宗教」へと追いやり、かえってそれを受容するという仏教界の「神仏補完」を導いたと指摘する(同書三八~三九頁)。また島地の安易な位置づけに細心の注意を払い、抱え込んだ啓蒙の限界にも言及した早い例として、安丸良夫前掲『神々の明治維新』二〇四〜二〇五頁、が挙げられる。安丸は、島地を明六社同人ら啓蒙知識人と比較して、「真宗の宗教思想をそれなりにつきつめて到達した真宗の近代性への確信に基礎づけられているところに、それでもまだ救いがある」と、その「信教の自由」確保を評価している（同書二〇八頁）。

（42）吉田久一前掲『日本近代仏教史研究』第三章、山本哲生「「教育と宗教の衝突」論争をめぐる仏教側の対応――仏教関係雑誌を中心に――」（『教育学雑誌』一一、一九七七）。

（43）姉崎正治・畔柳都太郎・笹川種郎・藤井健治郎編『増補縮刷樗牛全集』第四巻、博文館、一九一五、三九四頁（初出は「国民精神の統一」『日本主義』一九号、一八九八年七月、所収）。

（44）鈴木範久『明治宗教思潮の研究』東京大学出版会、一九七九、島薗進「日本における「宗教」概念の形成――井上哲次郎のキリスト教批判をめぐって――」（山折哲雄・長田俊樹編『日本人はキリスト教をどのように受容したか』国際日本文化研究センター、一九九八）、山口輝臣前掲『明治国家と宗教』、磯前順一前掲『近代日本の宗教言説とその系譜』、など。

（45）磯前前掲書、三七〜三八頁。

（46）学校教育の「定着」と言う場合、就学率の向上、あるいは学歴社会の形成といったことが想起されるかもしれない。最近の研究では、ほとんどの子ども（男女とも）の小学校通学・卒業が常態化するのは一九二〇年代のことであり、それをもって学校教育の定着期とする議論がある（土方苑子前掲『近代日本の学校と地域社会』、大門正克『民衆の教育経験――都市と農村の子ども――』青木書店、二〇〇〇）。だが本章で問題とする「定着」は、別の側面を想定している。学校教育は「国民」形成の最も重要な装置である、学校教育は人々の日常生活や生涯に多大な影響を与えるものだ、といった、今日では常識的に語られる事柄が、近代日本において広く共通認識として受容されてゆくことをひとまず「定着」と捉えたい。就学慣行の普及も、こうした「定着」過程と決して乖離したものではなく、互いに脈絡を有しているであろう。

# 第一部　教導職と教育

## ——明治初年——

# 第一章　教部省教化政策の展開と挫折

## はじめに

海内靡然として説教の声高く、いかなる山村海郷にも、その催しなきはなく、説教用書籍は日をおひて続出し、各種新聞雑誌の記事また、その一半はつねに説教興行の報告、教義上の論説にて塡むるほどにて、三条の御趣意といふ語は、当時の人の口の端より離れざりし(1)

明治期の社会風俗研究で知られる著述家石井研堂は、明治五年（一八七二）に教部省が開始する神道・仏教合同による民衆教化政策（以下「教化政策」と略）の盛行を右のように述べた。しかし同じく石井によると、この「海内の説教騒ぎは、真に一時の線香花火のごときもの(2)」として終わったとされる。安丸良夫の言葉を借りれば「新時代に向けての国民意識の統合をめざす壮大な実験(3)」であったはずの教化政策は、「一時の線香花火」として挫折してゆく、というのである。本章では、この近代日本形成期における民衆統合の一大プロジェクト、教化政策の〈展開〉と頓挫の過程について、政策を推進する側とそれを阻む側の相克の実相を、学校教育政策に対する構想を軸にして解明したい。

周知の通り、神仏分離という維新政府の方針は、その意図を超える形で（全国一様ではないものの）各地に廃仏毀釈の嵐を巻き起こすことになった。維新政府による急進的な神道国教化路線のもとでは、「惟神之大道」を宣布する民衆教化の役職として宣教使が置かれたが、[4] 実質的にはほとんど機能することなく、明治五年三月（一八七二年四月）に神祇省の教部省への改組とともに廃止された。かわって翌四月、教部省は一部の国学者・神道家のみを動員した神道国教化路線を大きく転換し、[5] 仏教と合同しての壮大な教化政策を企図する。序章でも述べたように、一〇万人以上といわれる神官[6]・僧侶を無給の教導職[7]に任命し、「三条の御趣意」すなわち三条教則（敬神愛国、天理人道、皇上奉戴・朝旨遵守）という基本綱領を月に数度説教させ、天皇制国家における「あるべき」人倫道徳を民衆へ注入しようとしたのである。その教義研究・合議を担う本拠として東京に大教院（一八七三〈明治六〉年一月に旧紀州藩邸で正式開院、翌月増上寺へ移転。教部省の外郭団体的存在）、各府県に中教院を置き、全国の各寺社を小教院として統括する集権的な体制、いわゆる大教院体制の構築を目指した。この政策は、支配の正統性強化という政府の意図や、廃仏毀釈でうけた打撃からの復興という仏教勢力の思惑など、諸々の動機が絡みあって開始された。その背景には、キリスト教の急速な拡大を危惧する広汎な危機意識もあった。

しかし、教部省のもくろみは外れる。全神官・僧侶の教導職任命にはほど遠く、全寺社の小教院化も実現せず、大教院体制は未完であった。[8] また教導職の説教能力の低さや民衆の宗教意識との隔たり、神道・仏教の対立、それに絡む薩摩・長州の対立など、さまざまな矛盾も抱えていた。そして真宗勢力からの攻撃により、一八七五（明治八）年五月に大教院は解散する。以後は神道・仏教各宗が各自活動してゆくこととなり、教化政策は実質的に終焉を迎える。

以上の展開と挫折については、すでに少なからぬ優れた先行研究がある。[9] それらは主として、教化政策を「日本型」政教関係の形成や宗教制度の再編、天皇制イデオロギー政策という文脈の中で扱ってきた。もちろんそのこと自体を批判するつもりはない。ただその結果、教化政策が「試行錯誤的な変転」[10]のひとこま、「国家神道」体制形成の一準備段階、といったエピソード的評価にのみつながっている点は否めない。しかし、当該期において教化活動について論じた多数の建白書をみてみると、学校教育との対比・関連性という、従来の研究では看過されがちであった議論の軸が浮かび上がってくるのである。[11]

たとえば明治五年一一月、小倉県士族岩田茂穂らが集議院へ提出した「教則の義に付建言書」では、こう述べられている。今日「急務中の最急務」なのは、「教法以て人心を籠絡し、学術以て人材を倍養《ママ》し、教学相助けて以て民心を勧奨する」ことである。「教法」は西洋流の学校教育であって、日本の「国家の本宗にして国の体」たる「教法」にあわないため、教学の両輪がかみあわず、教化活動が盛りあがらない。よって次のような対策が必要である。

先つ第一各所に教院を置き、父老の異端邪説に溺るゝを救ひ、頑固の陋習を脱せしめ、其間学校を頒布して、教則中本の科目を立、小学より中学に至りては必す西洋各国の学と兼用せしめ、大学には専門の一科を設け有志の徒之に従事し、卒業の後之を教導職に推任し、民庶をして遠く国体の本源を知しめ、近く固陋の腸を洗はしめ候様の御制度御立有之度、企望仕候[12]

この建白は、従来の成人への教化活動に加え、三条教則を科目に盛り込んだ学校教育のあり方を提言している。小中学校では三条教則と西洋の学問をともに教え、その教育を受けた者を大学へ進ませ、卒業後教導職に任命せよとの主張である。この主張は建白書を受理する集議院で実際に議論の対象となっており、あながち奇異な説ではなかったことがうかがえる。それは、当時の社会において、両者を分けて捉えるという思考法が自明のものではなかったことも示している。こうした曖昧さは、小学校の正教員の正式名称[13]と、下級教導職の名称が同じ「訓導」であった点に、端的にあらわれていると言えるだろう。よって、教化政策を論じるうえで、学校教育との関わり（重なり）は無視できないはずである。しかし、明治五年八月公布の「学制」において、教育と教化の関わりは少なくとも意識的に表明されることはなかった。たしかに、「学制」制定に至る背景に関して、「道学」を教部省による神道中心の民衆教化が、「芸学」を文部省による「西洋の丸写し」の学校教育がそれぞれ担当すべし、という江藤新平（明治四年七月一八日〜八月四日文部大輔、同五年三月教部省御用掛兼勤）の構想に着目する研究もあらわれてはいる。[14]とはいえ、その構想の射程については明らかではない。では、教育と教化の交錯（そして分離）は、「学制」と教導職制の施行後、文教政策に関わる人々にどのように認識されていったのだろうか。

そこで本章では、学校教育との関係を軸に教化政策を捉えるという視角を採りたい。[15]具体的には、第一に、教化政策が活発になる明治五年末から翌年前半の教部省が、どのような教化活動を志向し、そこからいかに学校教育へかかわってゆくかを検討する。第二に、文部省首脳による「教育と宗教の分離」という理念の導入・運用の様相を明らかにし、それが教化政策に与えた影響を考察する。そして第三に、教化政策を批判する真宗勢力が、学校教育と宗教をどう認識したかを分析する。それらを通じて、教化政策の挫折に至る過程が持つ意味について論じたい。

## 第一節　教化政策の展開と「神官僧侶学校」規定——三島通庸を中心に——

### (1) 教部省批判と文部・教部合併

明治五年（一八七二）六月九日、教部省は教導職に対し、教化活動開始を正式に指令した。とはいえ、政策面での実質的な整備は鈍かった。また、同年八月八日太政官第二二〇号で神官を「総て教導職に補す」と布告したが、任命は遅々として進まなかったようである。

こうした折、設立されたばかりの教部省に対して早くも批判論が噴出した。なかでも教部省に強い衝撃を与えたのが、同年五月、京都府から正院に宛てて提出された「教法学門之儀に付建言」である。京都府は、教部省が教導職制を介して、従来地方官の管掌事項であった宗教者管理に干渉してくるならば、宗教勢力の増長を招いて厄介ではないか、と非難した。この建議は、「教法宗門之事に候得共議論之次第も有之候付教部省えは不差出候」[16]という添書が示すとおり、教部省に秘密で行われた。それは政府内に教部省批判派が存在し、京都府がその批判派と連携しようとしていたことを示唆している。だがこの建議は『大坂新聞』および『新聞雑誌』に掲載され、教部省官員の知るところとなった。そして阪本是丸がいうように、「この建議をきっかけとして、教部省支持派は危機感を募らせ、教導職制のありかた、望ましい国民教化策を模索しはじめる」[17]ことになる。では教部省は、何に対して危機感を抱いたのか。建議には、注目すべき箇所がある。

神官僧侶を仮らされは開化行はれす王政貫徹せさるとは、実に可歎の至りなり。況や却て開化を妨け、王政を害する者に於てをや〔中略〕試に春来仏氏の事に費す公私の財と公私の手数と時間とを以て、是を国家必用の道路を開き、学校を建て、職業を教ゆる等の事に用ひは、豈一廉の大益を興さゝらんや[18]

神官・僧侶は開化政治に不要であり、彼らに金を浪費するくらいなら、国家に必要な道路や学校に費用を投じたほうがずっと有益である、と述べている。道路や学校＝「開化」、その「妨け」となる神官僧侶＝「非開化」、という対比図式こそ、教部省の危惧するものであった。京都府は翌六月にも、府内には「数十ヶ所の小学校を設け」ているから「別に僧侶等の手を仮るに不及」[19]と明確に述べている。つまり教部省批判は、学校教育との対比・峻別という観点から展開されたのである[20]。

こうした批判の高まりのなかで、政府内の教部省批判派は、同省の文部省への併合を画策する。太政大臣三条実美は同年一〇月一五日付参議大隈重信宛書簡で、「教部之事も、稍合併論省中に漏洩、彼是疑惑も有之由に候間、速に相発候方可然歟。就ては大木之処、篤と談論相頼申候[21]」と述べている。三条・大隈・文部卿大木喬任の「批判派」が、教部省との熟議も経ずに合併を試みたのである。だが一〇月二五日におこなわれた合併は、「西郷隆盛など、参議の頭にある時なれば、三嶋氏などの奔走を採用して、教部省維持の論に決し〔中略〕文部省は教部を平呑する事能ず敗北せり[22]」という決着をみる。教部省は、最大の支持者である筆頭参議西郷隆盛と、西郷を担ぎ出した、同じ薩摩出身の東京府参事三島通庸の動きによって廃止されずに残った[23]。しかも、教部大輔宍戸璣、同少輔黒田清綱が文部大・少輔をそれぞれ兼任し、肩書きのうえで文部行政に干渉しうる状況となる。極端に言えば、むしろ教部省の相対的な勢力上昇をもたらしたのである[24]。

## (2) 三島通庸の教化政策

文部省による併呑を免れた教部省は、教化活動に関してさかんに具体的な政策を打ち出す。その牽引役は、明治五年（一八七二）一一月二五日に教部大丞に就任した三島通庸であった。三島は薩摩藩内の廃寺廃仏政策を黒田清綱らとともに推進し、維新後は神葬祭の実行も主張した、熱心な敬神家であった[25]。この三島の参画は、教化政策にどう影響を与えたのだろうか。

三島は東京府参事時代から、教化活動に力を注いでいた。東京府では、同年五月一〇日に全国に先駆けて神田明神など三か所で説教が実施され[26]、以後各寺社で次々と開催されてゆく。『三島通庸関係文書』には、当時東京府内五か所で行われた説教の様子を記した、貴重な記録が残っている[27]。そこには説教者名、内容、聴聞客の人数や、

【表1】明治五年五月東京府下における説教会場の様子

| 会場 | 説教者 | 説教時の服装など | 内容 | 聴聞者数 | わかりやすさ | 総合的評価その他 |
|---|---|---|---|---|---|---|
| 神田明神社 | 野澤、渡辺、松田、熊代、大竹 | 官服 | 神前で三条教則読み上げ／敬神愛国の「天地開闢以来神代より今日に至る所の沿革、亦大原に於ては一定不易たるを」注解／皇上奉戴・朝旨遵守、つづいて天理人道を告諭 | 初日五〇〇～六〇〇名、後に千名余りの日も | 武将・忠義の臣らの伝記を引いて「賤輩に解し安く、又婦女子に分りやす」い。「目前日用之事に譬へ、折には笑を含み退屈せさるやう心を用ひて懇諭」している | 「自然感服するの形ちに相見候」 |
| 天徳寺 | 西岸寺住職 | 平服に袴、衣、沓。椅子に座って | 仏前で読経、念仏唱える／三条教則読み上げ／敬神愛国その他を説教／「三世を解くの方便を止め、専ら人倫日用の事を説教」 | 約二〇〇～三〇〇名 | 「常に愚婦をして克く導くの僧侶なれは、目前の利害を以て」説諭。「甚軽便の風あり」 | 説教所周辺住民が丁寧に世話 |
| 金刀比羅社 | 高橋、堀、竹中 | 官服 | 〔ほぼ同右〕 | 四〇〇～五〇〇名 | 〔記述なし〕 | 説教所周辺住民が丁寧に世話 |
| 神明社 | 常世、岡本ほか | 麻上下、後に官服 | 三条教則読み上げ／敬神愛国その他の条を説教／「敬神の本原を陳述するを主とし、顔も無く形ちも無き天地混沌たるが如き、其始を講す」／天理人道を説く際にも、喩え話はするが「其意軽率」 | 三〇～四〇名 | 敬神愛国の説明は「何の事なる哉、敢て知る能はす。大に退屈するの躰あり」、わざわざ金刀比羅社の説教へ移る聴衆もいる。天理人道の説明でも聴衆は「窃に軽視するの意」 | 国学に偏重、かえって朝旨に反する。今のままでは「何そ人心感動することを得へけんや」 |

| | | | | | | | |
|---|---|---|---|---|---|---|---|
| 増上寺 | 「西京黒谷辺の僧」 | 衣、仏具 | 経文、念仏を長時間唱える／三条教則読み上げ、注解 | 二〇〇～三〇〇名、七割が女性 | 〔記述なし〕 | | 「広く教化を施の力なし」。聴衆の大半が念仏を唱えている |

※『三島通庸関係文書』五四六―二より作成

説教者の服装、聴聞客の反応までがこと細かに記されている【表1】。この記録からとくに読みとれるのは、説教のわかりやすさと、聴衆に与える影響力へ注目している点である。たとえば神田明神社と神明社とをくらべてみよう。解説する内容はともに三条教則についてであるが、前者の説教者は「賤輩に解し安く、又婦女子に分りやすく、目前日用之事に譬へ、折には笑を含み退屈せさるやう」な話術で説教する。そのため「自然感腹するの形ちに相見」える。これに対して後者では、「大に退屈」な説教のせいで、ただでさえ三、四〇人ほどしか聴衆がいない。しかも「半にして帰る者」や、わざわざ金刀比羅社での説教のほうへ移動してしまう者もいて、「神明社の説教は分り難し」との声さえあがっていた。教導職個々の話術の力量差に注目する視線が、この記録には顕著である。もうひとつの特徴は、この記録の前書きに述べられた教部省批判である。それによると、教部省の官員たちは「各々の学習を紛議するか如き」状態で、教化を担う神仏両勢力や国学者らがそれぞれ勝手なふるまいをしている(28)、とある。そうした教化方針の不統一は、三条教則をもって「厳乎確定に有らすんは能はす」、と結論づけられる。この記録に注目すれば、東京府参事時代の三島は、教導職の態度や話術の改善、三条教則に即した教化内容の統一といった課題を見いだしていたことがうかがえる。

三島の知見は、教部省入省後、諸政策に如実に反映されてゆく。第一に、説教技術が巧みで、聴衆動員力のある人材を教導職に推挙する方策である。翌一八七三（明治六）年二月一〇日、教部省は「神官僧侶に不限三条之綱領に基き布教筋有志之者有之候は一般に教導職に可補候」と布達した（同省達第一〇号）(29)。また同年一月八日には、教部省は陰陽師や易者、軍談師、落語家らの管轄にくわえ、戸長を教導職に任命すべきことを正院に建言している(30)。この建言は実現しなかったものの、三島入省後の教部省は、民衆への影響力拡大を志向し、宗教者・非宗教者を問わず教導職にふさわしい人材を確保しようとしていたことがわかる。

第二に、三条教則に沿った説教内容の統一である。二月一〇日、僧侶教導職に対して、仏教教義を交えるのは構わないがあくまで三条教則に則した説教をせよ、と警告した（教部省達第九号）。続いて、同省考証課は同月一九日、「先般三条演義を撰定」したが理解していない者も多く、ことに僧侶は自宗派の教義しか知らないので「更に彼演義を敷演し一層平易の教典を作り、神官僧侶等説諭の下按に備ふへき教書を編輯」したい、との意見を示した(31)。「三条演義」とは、薩摩藩で三島とともに廃仏運動を展開した平田派国学者、権少教正田中頼庸が著した三条教則の解説書（刊行は六年四月）である。考証課はそれを敷衍したより平易な教典・解説書の必要を省上層に建言したのである。こうした動きのなかから、同年二月中に一一か条の題目が制定される(32)。神徳皇恩・人魂不死・天神造化・顕幽分界・愛国・神祭・鎮魂・君臣・父子・夫婦・大祓というこれらの題目は「十一兼題」とよばれ、神道を重要な核としている(33)。曖昧であった三条教則の解釈を、これら神道的題目を示すことで統一しようとしたのである。それはまた、僧侶教導職が、三条教則を自宗派に都合のいいように解釈して説教する危険を防止するためでもあった。教部省にとって、法談の伝統をもつ僧侶の説教能力は教化政策をすすめるうえで不可欠であった。しかし、その説教によって神道的イデオロギーを示した三条教則が冒されてはならなかったのである。

さらに、教化内容を民衆にどう伝えアピールするか、その手段も模索される。これは、三島の動きから明瞭に読みとれる。[34] 一八七三年二月、三島は神奈川県参事に対し、当代屈指の人気戯作者であった仮名垣魯文（当時神奈川県職員兼務）を教部省へ約一週間出仕させ、「作文」させたいと申し入れた。[35] もともと魯文は、明治五年七月に教部省に三条教則に沿って著作する旨の宣言書を提出しており、[36] 三島はそこに目をつけ、魯文の意欲と知名度を利用しようとしたのである。魯文の教部省出仕は実現し、その「作文」は二月二〇日脱稿、『三則教の捷径』[37] と題して同年七月に出版された。この執筆経緯からして、三島の影響を色濃く受けているとみてよいであろう。そこで、三島の考える教化活動の内実を『三則教の捷径』に探ってみたい。

まず自序文では、対象とする読者を「活業の繁く間なく、説教の場に臨むを得ざる徒」、つまり説教所に行く暇のない者と設定し、「我も人も能く口馴たる俗言」で語る、と述べている。本文においても、神道の教義上重要な造化三神は言及されず、産土神や「福の神」に至る身近な神々の体系、その頂点たる天照大神を「神」とする。[38] 厳密な教義よりも、教化活動への親近感を重視しているといえよう。そして、次のように論じる。夫婦、朋友、親子（これらが十一兼題に含まれることに注目）などの「人道」には、すべて神々のつくった「掟たゞしき筋」＝「天理」が通っているので守らねばならぬ。天皇＝皇上は「神のお心受たまひ」し存在であるから、その命令＝「朝旨」は「遵守」せねばならぬ。そもそも我が国は、神々のつくった国だから愛さねばならぬ（＝「愛国」）。よって、われわれ「神の造りし国民」は神を敬わねばならぬ。このような敬神理念の鼓吹、天皇崇拝の奨励は、次の一節に端的に現れている。

神と君との御血筋は　億万年の今までも　たえず変らず天と地と　日月と共に日の本の
国を照して御先祖の　神武天皇様よりも　今の天皇様までが　一百二十六代の
大盤石の御代々　神に代りて万民を　教へ育てる天職の　お主といふは唯一人

扨御臣下の国民は　伊弉諾伊弉冉御夫婦の　神の孫彦玄孫なり

こうした「神」・天皇・「国民」の関係を、三条教則にそって巧みな話術でわかりやすく説教すること、それが三島の考える統一された教化内容の中身であったと言える。

### （3）学校教育への組み込み――「神官僧侶学校」規定――

以上のように、明治五年末から翌年初めにかけて、教部省は三島を中心に次々と教化体制の整備・振興策を打ち出していった。その一つの契機は前述のとおり、学校との対比による教部省批判であった。よって、学校教育との関わり方も重要な政策課題となる。教部省は、その批判克服策として、学校に神道教化を直接組み込むという方針をとった。その理由は、三島に即して言えば、次のように考えられる。

第一点は、現状の学校教育への不快感である。三島の学校教育行政に対する見解は、「学制と云ふ者があるがそれが悪」く「太政官の考は一概に西洋を採るので取捨がない」というものであり、その「学制」撤回の方法について、教部少輔黒田清綱と話したという(39)。教部省上層部は、文部省の学校教育を西洋学の知識教授一辺倒と非難し、それを改革すべきという認識を共有していたのである。

もう一点は、学校と説教所を区別しないという認識の存在である。三島肝いりの『三則教の捷径』序文下の挿し絵(40)は、その意味で非常に示唆的である【図1】。説教会場を描いたこの絵で重要なのは、聴衆に子どもが含まれている点である（たとえば教壇の前に立っている者や、その二人隣に座っている後頭部だけが見えている者）。なぜなら、一教導職による教化を成人のみならず子どもにも及ぼそうとしていることが示唆されるからである。もちろん、一枚の絵だけで多くを論じることはできない。だが、前述の教導職を宗教者に限定しない方針や、僧侶が寺子屋師

図１　『三則教の捷径』序文の挿し絵（東京大学総合図書館所蔵）

匠を務めるケースが少なくなかったことも含んで三島の考えをおしはかると、〈教える者〉＝学校教員と教導職、〈教えられる者〉＝学校生徒と説教聴衆[41]、という図式において、学校と説教所は重なるものであり、その境界線はあまり意識されていなかったのではないだろうか。それゆえに、「開化」的施設たる学校のカリキュラムの中に説教を組み込むという手段は、それが「非開化」と誹られようと、三島にとっては自然なものであったと思われる。

この手段は一八七三年三月、ふたつの文部省達によって実行される。まず、三月一三日付文部省達第二七号（達二七号と略記）では、教化活動に着手する一つの方策として、神官や僧侶が寺社に「学制」に準拠した学校を設けてよい、と規定する。

教化の儀は至急の要務に候得は、各地方に於て夫々着手可相成は勿論に候。就ては神官僧侶に於ても、有志の輩は其社寺内に中小学校相開候儀不苦候条、此段相達候也。

　但中小学校相開候者は、学制に準拠可有之事。

その寺社内学校は、三月一八日の文部省達第三〇号（達三〇号と略記）によって概則が規定される。これは「学制」に、「神官僧侶学校の事」という条項を追加したものである（第一五四〜八章）。その第一五四章では、

神官僧侶大中小学科免状を得、其神社寺院に於て学校を開き、一般の生徒を教育することあるときは、都て学制に準し教則に従ひ学科の順序を踏しむるは言を不待。而して其教旨は便宜を以て講説すといへとも、之か為め学科時間を減すること一周〔週〕四日間二時の外あるへからす〔以下略〕

と、神官・僧侶が教員免状を取得して学校教員になる場合、カリキュラム内に週二時間の「教旨」、すなわち三条教則にのっとった説教を盛り込むことを許可した。また、同章の但し書きでは「教旨を講説する為め、学科時間の外便宜によりて更に幾時を増すは妨けなしとす」と定めている。さらに第一五七章では、「他の学校に於ても神官僧侶を請求し教旨を聴聞することあるへし」として、神官僧侶学校以外であっても、神官・僧侶を「教旨」説教のために招請することも許可したのである[42]。

これらの法制化が実現した理由のひとつに、教部省と文部省の力関係が挙げられる。当時の教部省には、すでに述べたとおり西郷隆盛がバックにおり、教部大・少輔であった宍戸璣と黒田清綱はそれぞれ文部大・少輔も兼ねていた。よって、文部省への影響力は小さくなかったといえよう。その力関係は、達二七号の冒頭に「教化の儀は至急の要務」と言い添えられている点からもうかがえる。

しかしより重要な理由は、一八七三年二月二四日のキリシタン禁止高札撤廃であったと思われる[43]。これにより、教部省のみならず一般社会においても、いよいよキリスト教に対する危機感がつのってゆく。教部省はその対策

として、教化活動を学校においても行うことで対抗せねばならないと考えたのではなかろうか。高札撤廃に先立つ明治五年（一八七二）一一月二六日、真宗本願寺派法主・大谷光尊は、教部省へ次のように意見している。

臣聞、夫の外教の熾なる、固り教師学徳充実に由ると雖、抑ゆへあり。西地の幼童纔に父母の携抱を免れ、即小学に入り、文字語学より普通諸学に至り、訓誨講授率子教師の手に成ると。是故に、坐臥行住董染親炙、其耳目心志をして不知不識彼天主なるものを尊信し、成人猶其信心を失はさらしむ。猶我中古寺子屋の称あり。村落の児童自ら教法に入るに似たり。於是臣窃に彼我の長古今の宜を察するに、今祠官僧侶稍才器ある者数十名を択ひ、之を文部師範学校に入る〔れ〕、小学教則を伝習し、卒業免許状を得せしめ、而社寺を以て小学私塾となし、氏子門徒の子弟貧婁本学に入るを不得者を教育し、朝に学則の芸術を磨励し、夕に三条の教旨を訓え、肯て他岐することなく引て開化日新の域に至らしめん(44)

光尊は、キリスト教の「教師」が初等教育にも携わっていることを指摘した上で、神官・僧侶の師範学校入学をも教部省に提案している(45)。キリスト教対策として学校教育も重視すべきという認識が、教部省にあったことは容易に推測できる。また文部省としても、それには反対しにくかったと思われる。かくして教部省は、三島入省後、三条教則にのっとった神道的な教化活動を推進するなかで、それを学校教育に組み込むという政策をとったのである。

では、この二つの文部省達は、実際にどれほど学校教育へ影響を与えたのであろうか。まず神官僧侶学校の数的なデータであるが、実相は不明である。明確にそれに該当するとわかる事例が、史料上あまり見出せない。教部省側の史料では、一八七三年六月三〇日、愛媛県・大山祇神社宮司木村信兢が同社境内に「小教院小学校を右祖霊社へ合併し以て両校を建設する」旨を、愛媛県を経て教部省へ申し出ている記録がある(46)。教部省はこれを許可しているが、この「合併」したものが神官僧侶学校を意味するのかどうか、判然としないのである。また、同年五月上旬には島根県楯縫郡小津浦の曹洞宗僧侶・鶴原道波らが「僧侶学校」の設立を申請しているが、これも伺書や別紙の同校規則案を見る限り、僧侶教導職養成を目的にしたものであった。(47) これらは、実際に神官僧侶学校が設立されなかったというよりも、各地の神官・僧侶が二つの文部省達を自分たちの都合に合わせて解釈していた可能性を示唆している。この点については、当然文部省側の史料と併せて読み解く必要もあるが、ひとまず措く。ただ、明確な史料の欠如をもって大した影響を及ぼさなかったと断ずるのも、早計であろう。たとえば、小学校設立の代替物として仮の教院を設けることを定めた青森県のようなケースもあった。同年三月、青森県では第一回県民会議が開催され、二四の小学校を設置することが決定されたが、設置までの間は「仮教院」で月三回の説教を実施し、それに替えたという。この事態を「有識者の教育に対する考え方が、暫定措置とはいえ「仮教院」ですませてしまうところに教育と教化の渾然たる意識レベルを思わせる」と評する見解もある。(48) だが、意識の程度論で片付けるべきではあるまい。むしろ、地方官の学校教育行政においても学校教育と教化活動を併せて行うという方向性が模索されており、中央の政策方針に呼応する可能性が十分存在していたことにこそ、着目すべきであろう。

その一方で、達二七号は全く別の事態も引き起こしていた。達二七号によって、寺社を学校校舎に強制的に転用する事態が広がっていったのである。長崎県に出張中の教部省九等出仕小栗憲一、同大録奥宮正由は、一八七三年四月一九日に第六大学区の各寺社に対して、次のような通達を出している。

右布達之文〔達二七号〕に不苦と云は、有志之者は相開候ても咎なしと云事にて、強て学校に開けと申には無之候条、意得違有之間敷候也〔中略〕社寺を以学校と致候共、教導筋に付差支有之社寺を、強て学校と致候儀

には有之間敷[49]

社寺内に学校を開くこと苦しからず、という達二七号の文言は、強制的ではなく随意のものである。むりやり社寺を学校に改めよ、との命令ではないので誤解のないように、と戒める通達である。ここからもわかるように、現場において、達二七号が学校行政推進の文脈から解釈され、教化活動に用いるべき「場」をめぐって混乱が生じていた。達二七号・三〇号とも、教化活動推進という本来の意図とは違い、個々の局面で誤解と軋轢を生むことになったのである。

## 第二節 「神官僧侶学校」廃止と教化政策の変容

### (1) 田中不二麿・木戸孝允と「教育と宗教の分離」受容

このような学校教育への神道教化組み込み政策は、わずか半年で頓挫する。一八七三(明治六)年九月一五日、文部省達第一二二号によって、神官僧侶学校に関する条項はすべて削除されるに至ったのである。それをもたらした要因としては、前節の最後で述べたような事態よりも、「教育と宗教の分離」という理念が大きな意味を持った。本節では、その具体的な導入と運用について、文部大丞田中不二麿と参議木戸孝允(一八七四年一月から文部卿)の動きを中心に考察する。

田中は維新直後から学校行政に携わっており、明治四年(一八七一)一一月、教育制度調査のため岩倉使節団に随行した中心的人物であった。田中は、その教育視察のなかで、キリスト教が学校教育にもたらす弊害に注目している。まずアメリカについて、翌五年二月一二日付大木喬任宛書簡で、つぎのように指摘する。

就中理化二学よりは法教之学夥多にして、学士も大抵其派之人に候得ば、留学生其余波を汲み弊害も或は不

少相考申候。此後御差遣之節は万々御注意有之度処に候。前件之姿に候得ば日本内地教育之法方は当所にては十分難相立候[50]

アメリカ公教育発祥の地であるマサチューセッツ州では、一八六二年に公立学校の宗教的中立が法制化されていた。[51]しかし田中の眼に映ったのは、留学生へ教授するアメリカの学校教員の多くがキリスト教宣教師でもあるがゆえに、「理化二学」でなく「法教之学」、すなわち宗教〔キリスト教〕の教義を教える弊害を生んでいるという姿であった。よって「アメリカ式の教育」を日本に導入するのは危険であると認識したのである。さらにヨーロッパ視察でも、キリスト教勢力が学校教育を監督することの弊害を看取する。たとえばイギリス政府が配分する学校補助金の不公平に対して、その理由は「畢竟教育の権政府に在らずして僧徒にあるか故」であると指摘し、「教科も亦教法の事にのみ偏し、実用急務の事を授け」ない状況が生じている、と述べている。[52]

この認識を共有していたのが、岩倉使節団副使・木戸孝允である。木戸は、海外渡航前から学校教育の振興をくり返し主張していた。渡航直後の明治四年一二月にも、単に開化風に吹かれた軽薄才子が多いことを嘆き、「真に我国をして一般の開化を進め、一般の人智を明発し、以て国の権力持し独立不羈たらしむる」ために学校教育の振興が急務であると述べている。[53]その木戸と田中は何度も接触し、日本の学校教育行政について語りあった。木戸は日記において、自分の意見に対して「当世の人応ずるもの甚少し」と嘆くなか、「此度同行中に田中不二麿あり。余の同志なり〔中略〕不日学校の興隆を只希望する而已」[54]と認めており、両者は考えを共有していた。それは、在米公使館にあった少弁務使・森有礼への見方に最もよくあらわれている。すなわち、田中は森の「日本之教育は此国〔アメリカ〕之学士に限り可申」という説に「殆と困却」しており、[55]木戸も森を「我国の公使にして公然外国人中にて猥りに我国の風俗をいやしめる」アメリカにかぶれた者とみていた。[56]留学生には、学校教育のもとで実用的知識を習得させて、日本の真の「開化」「独立」に資する人材となってもらいたい。これが田中・木戸の考えであった。その学校教育がキリスト教に偏っておれば、森のようにクリスチャンとなって、「文明之弊に流れ、徒に不羈自由而已を唱へ、己あるを知て国家あるを不知」[57]者がでてくる危険性があった。したがって、日本の学校教育振興のためには、まず「教育方法を平民僧徒に託」[58]さない、キリスト教宣教師らを教員から排除せねばならない。そうすることで、生徒にもっぱら実用的知識を教えるという体制を作り、教育内容の面でキリスト教の影響を受けないようにする。田中と木戸が欧米で認識するに至った「教育と宗教の分離」とは、第一義的には学校教育からのキリスト教宣教師排除を意味したのである。

### (2)「分離」運用と教化政策――「神官僧侶学校」規定の廃止――

一八七三(明治六)年三月に田中は帰国し、四月一九日に大木が文部卿を退いたのをうけ、田中は卿不在の文部省行政のトップにたつ。その直後の四月二八日には「学制二編追加」第一八九章として、外国教師を専門諸学校で雇う場合、その教育内容を「法律学医学星学数学物理学化学工学」などに限定し、「神教修身等の学科は今之を取ら」ぬようにせよ、と定めた(文部省達第五七号)。まず専門諸学校の教育内容の面でくぎを刺したのである。その上で七月一三日、田中は太政大臣三条実美に、キリスト教宣教師を学校へ雇用することについて意見を上陳する。その意見とは、「学術之以て人才を陶冶」と「宗教の以て人心を勧懲」とは別次元であり、ことに教育は専門的に従事する必要がある、よってキリスト教宣教師を学校教師として雇い入れてはならない、というものであった。ここに「分離」方針が具体化されたわけだが、その意見書にはつづけて「今般内国教導職も学校教師となすへから」ず、と主張された。[59]もはや「分離」の視線はキリスト教宣教師だけでなく、教導職にも向けられたのである。田中は前述のとおり、「分離」の対象としてキリスト教宣教師のみを想定していた。しかし帰国してみると、教部省が「神官僧侶学校」規定によって、神道的な教化を学校教育に組み込もうとしていた。これが田中にはキリスト教同様、学校生徒に実用的知識以外の悪弊をもたらす「宗教」であるように思われたのである。

そこで五月一四日には、「教旨を講説するは学科時間の外たるへし」（文部省達第七一号）と説教の実施を正課時間外に限定した。さらに木戸が七月二三日に帰国したのち、「分離」運用は加速する。先の田中上陳は全面的に受け入れられ、八月二八日文部省達第一一五号により教導職の学校教員兼務禁止が決定する。[60] そして、九月一五日の神官僧侶学校規定（達三〇号）の全面削除へと至ったのである（達二七号も同時に消滅）。「分離」は人的排除のみならず、学校からの全面的な教化活動締め出しへと拡大運用されたのであった。ごく単純に図式化すれば、一八七三（明治六）年段階の文部省では、教育の「内容→人→場」という順で、「分離」推進が企図されたと言えるかもしれない。

この文部省による「分離」の運用に、教部省はどう反応したのだろうか。結論から言えば、ほとんど目立った抵抗もせず受容したのである。

まずその背景として、文部・教部両省の力関係の逆転が指摘できる。七月の木戸の帰国は、省務分離を促した。[61] すなわち、文部大・少輔を兼務していた教部大・少輔の宍戸、黒田が、九月二七日付で兼務を免ぜられたのである。そして周知の通り、一〇月には征韓論政変で西郷隆盛が下野し、三島は最大の後ろ盾と目していた人物も失う。この状勢が、「抵抗」を弱めたことは想像に難くない。

しかしより本質的な問題は、「分離」原則によって、教導職の教化活動が「宗教」と認定された点にある。これは、神道教化が「非開化」であるという批判を改めて起こしかねない。となれば、教化内容を神道偏重から新たな方向、「開化」的なものへ改めることが必要となってくる。

一八七三年後半頃から、現場の教化活動は、地方行政の内容を民衆に十分浸透させるための「開化」的知識の解説へと重心を移してゆく傾向をみせていた。たとえば宮城県庁は一八七三年八月三〇日、同県中教院に対して、徴兵令や地租改正法など六つの重要法令を「説教前後に於て従来御布告布達書類人民に了解し易きやう演説」することを要求している。そのなかには、「学校規則」も含まれていた。[62] こうした現場での要請に対応して、同年一〇月二日[63]、大教院において、皇国国体・道不可変・制可随時・皇政一新・人異禽獣・不可不学・不可不教・万国交際・国法民法・律法沿革・租税賦役・富国強兵・産物製物・文明開化・政体各種・役心役形・権利義務という一七の題目、「十七兼題」が制定される。これは神道的知識を中心とした十一兼題とちがい、「開化」政治を理解させるのに必要な知識であった。

とくに、「不可不学」「不可不教」といった題目の講究は重要であった。それを通して、「学」＝学校教育、「教」＝教化という「分離」の枠組を前提として説教をする教導職も出てきたからである。[64] 教導職は、十七兼題制定による内容の変化、および小学校への就学の督励という実践を通して、「分離」を意識してゆくことになろう。

さて、このような状況にあって、三島の学校教育に対する認識はいかなるものであったか。それを知るうえで重要な意見書がある。この意見書には日付はないが、「教部を文部と合省に至れり」とあるのでまず明治五年（一八七二）の末以降であることがわかる。また、神祇官の復活を唱えていることから、教化政策への批判に対抗して同趣旨の建白書が多く出された一八七四年五月前後と推定される。[65] その基調となっているのは神道国教化論であり、キリスト教の広まりを国家の危機として「早く教化を宣布して民心を固結する」必要があるとの認識を示している。そして、次のように述べている。

教部省の名を改めて、神祇官の旧名に復すべし〔中略〕神祇の祝典、及教育一切の事務を統理せしめ、其官内に教部文部の二寮を置て、教義学問を分掌すること、猶今の二省の体裁の如く処務を施行せしむべし。最第一に教則学制一途の出るを注目とし、道を教ゆるに教部の教則を用ひ、芸を誨ゆるに文部の規則を用ひしめば、善を勧め悪を懲し、業を受け惑ひを解くの方法に於て、共に両全を得へきなり。蓋し天地万物の大原は悉く神祇の掌る所に非る無けれは、神祇官より教義学問の事務を総判するは、固より至理の理なること謂無〔以下略〕(66)

神祇官のもとに教部・文部両省を併合し、教化活動と学校教育をともに管掌するという構想が目を引く。三島は前者を「道」、後者を「芸」と捉え、それらを分離せずに、神道を基盤に徳育・知育を統括すべきと主張したのである。この意見書から、三島が依然として、神道教化を学校教育のベースに据える意志を持っていたことがうかがえる。

しかし、三島の認識は状況と齟齬をきたしていた。一八七四年五月一〇日、教部省は神道・仏教諸宗管長へ、「幼年の者は小学校にて勤学候様懇諭」すべきなのに「教院を以一般の教育場同様相心得候向」もあり不都合であるから、中・小教院は「文部省所轄学校と判然区別相立、心得違無之様可致」と達した〔同省達乙第一二号〕。教部省の公式見解としては、学校教育をめぐって文部省と張り合う姿勢はもはや放棄していたのである。しかも、同じ時期に神祇官再興論をとなえた教部省官員らの建白書には、学校教育管轄にかかわる言及は、管見の限り見当たらない(67)。

かくして教部省は、「分離」理念がもちこまれることにより、神道教化を学校教育へ組み込むのに失敗した。田中・木戸は当初、キリスト教対策という直接的な文脈でこの理念を受容したが、国内にもちこまれると、教化活動という「宗教」へ拡大援用されていった。そこから教化活動は変容し、結果的に学校教育との「分離」を受容してゆくことになったのである。

## 第三節　教化政策の挫折――島地黙雷と「分離」理念――

### (1) 教化政策批判の意識形成

教部省は「学制」での神官僧侶学校規定廃止を機に、「開化」的知識の解説という教化政策のあらたな方向性を見いだした。それに対して決定的な打撃を与えたのが、真宗本願寺派の僧侶・島地黙雷である。島地は明治五年(一八七二)から翌年にかけて、他の真宗僧たちと欧州視察を行う。視察から帰国するや、真宗の大教院からの分離を主張し、数々の建言書で教化政策を批判してゆく。その詳細な過程については多くの先行研究が明らかにしており、そちらへ譲る(68)。むしろ本書のテーマとの関連で重要なのは、教化政策批判のなかで、島地が学校教育と宗教の関係をどう捉えていたか、という点にある(69)。

島地は明治五年一月二七日に横浜を出発し、三月一三日マルセイユ着、同一九日にパリに至る。そして翌六年七月に帰国するまで、ヨーロッパ各国の宗教や風俗を視察し、その過程で教部省への批判的姿勢を養ってゆく。そこで一つの決定的な転機となったのが、五年七月である。七月五日、パリ滞在中の島地は、日本からの書簡を受け取る。そこには、「日本教部省の僧侶出仕(70)」が報じられていた。島地は衝撃を受け、その日のうちに「建言三教合同につき(71)」を書きあげた。

この建言の冒頭には、教部省において「儒仏神の三道を合して教を立て、以て一の宗旨を造」る動きが現実に行われていることを知った、と述べられており、これが「日本教部省の僧侶出仕」の内容であったようである。

そしてその動きに対し、島地は激しく批判する。政治は人為であって、国や風土によって異なるものだが、宗教についてそれは当てはまらない。釈迦やイエスといった「神人」のみが創出する、「常人を以て為すへからさる」ものであり、「万国に通し宇宙に及」ぶ普遍性を持つ、と。もともと島地は四年九月、教部省の開設を請願した人物である。その時点では、宗教管轄の省庁設置に仏教勢力復興・保護を期待していた。請願書では、キリスト教防遏や「風化を倡導し、民心を維持」するために仏教は不可欠であり、「政教の相離るへからさる、固り輪翼の如し」と言い切っていた。(72) 渡欧直前の同年一月一二日に著した「開導利用説」でも、「教の政治に補なき無用の謗ある亦宜からず」とのべ、僧侶が政治に有用であること、その手段として知識を世に広め、知識を応用した社会活動を行うことを訴えている。(73) この時期の島地は、政治と宗教は補完し合う関係にあるべき、といった程度の楽観的なすみ分けを想定していた。しかし、自らが設置に関わり期待をかけた教部省が、仏教の領域を侵犯する政策をすすめているとの報に接して、その楽観的な考えに疑念を抱いてゆく。

もうひとつ、島地はこの七月に重要な経験をする。中旬から八月上旬にかけてのロンドン滞在である。ロンドン滞在一一日目にあたる七月二五日の日記には、「予述作せんとする者有れば出せず」と、著作のため終日宿にこもった旨を記している。(74) 二七日も同様であった。この著作のひとつの契機となったのは、ロンドンに来ていた木戸との再会であったと考えられる。両者はもともと親交があり、この海外視察も木戸の勧めに端を発していた。(75) 島地は一九日、その木戸を訪問している。(76) その際、島地は五日着の書簡の内容を伝え、「建言　三教合同につき」を木戸に呈した。このすぐ後に宿にこもって書かれたと思われるのが、「欧州政教見聞」(77) である。

このなかで島地は、「各国教を用ゆるときは強くして而して富」む、「之を用いて制を得る者は治」められる、と述べている。これは、決して政治が宗教を恣意的に利用することではない。あくまで宗教は「固り民の帰嚮に任す」ものであって、政府は信仰の自由を与えて民衆を治めるべきとされる。島地が批判するのは、「生死現未の権、悉く以て教に属」すものとする「教王擅権の弊」、すなわち教会権力の政治介入であった。これに加えて、同行の留学僧赤松連城がものし、島地が加筆したとされる報告書「英国宗教雑感」[78]でも、イギリス政府が「宗旨自由の令を下し、唯民心の欲する処に任」せている、と好意的に紹介されている。この信仰の自由への注視は、木戸においてもあらわれる[79]。木戸は翌八月、留守政府に宛てた意見書[80]で、「人心之信仰終に不可防」として、「寛恕之御沙汰」すなわち政府における宗教的寛容について触れている。これらの「述作」から、島地と木戸が、政府の宗教的寛容にもとづく「信教の自由」の重要性を共通認識として持っていたと理解できよう。

以上より、木戸と島地が意見をかわすなかで、「信教の自由」論と、ひとつの宗教を政治的に人々へ押しつけることに対する批判的見方とを、一九日の再会を機に共有していった様子がみてとれよう。五年七月は島地にとって、こうした意識を持つようになる重要な転機であった。

### (2) 渡欧時の初等教育認識

そしてこの明治五年(一八七二)七月は、島地の学校教育観の形成という点でも、重要な意味を持った。

島地は先に挙げた「開導利用説」において、「知識を蔽障し、利用を閉塞す」る僧侶の現状を嘆き、教義の研究や時代の変化に応じた教化にいそしむ必要を説いている。その両者が結合した例として、「妙《(明)》恵の茶を植へ、行基の橋を架し、空海の和字を製し、道昭の行路を開くが如き歴々見るべし」と列挙し、仏教が社会福祉面で貢献する道を提示していたが、とくに学校ないし教育施設に関する記述は見当たらない[81]。

ところが、渡欧中に教部省の政策の方向を知り、前節でみたように政教分離意識を強めると、島地は学校教育と宗教者による教化という二領域の重なりに目を向けるようになる。その視線は、田中や木戸のように、学校教育から宗教を排除せよというものではなかった。むしろ、キリスト教宣教師が子どもの教育上きわめて大きな影響力を持っていることを、いわば「興味深く」観察したのである。(82)先にあげた「欧州政教見聞」をみてみよう。ここで島地は、宗教は人間にとってみな等しく必要な「道」であるが、学問は個々の才能によって得られる成果が異なる「芸」である、とその領域の峻別を説く。だが注目すべきは、次の箇所である。

少年子弟学ぶ処の文字算計の如き、惣じて百学の原にして、是れ芸に似て芸に非ず、即道と偶をなせり。何者、人の人たる、只身を修め心を正うするのみならんや。言語以て事を通じ、思想以て事を計す、是れ人たるの通能也。而して文字は言語の表形也。算計は思想の標準なり。人々之を知らざるべからず。欧州、此二つの者を以て、之を教家に属せしめ、彼の終年可行可勤の要領に合して之を教へしむ。制を得たりと謂つべし。(83)

文字と計算は、言葉と思想に必要なものであり、学「芸」ではなく「道」と同類とすべきである。これを宗教者に担当させるのはよいやり方だ、という。島地はつづけて述べる。「凡そ人の子弟たる、幼にして校に入る。之に授くるに文字算計を以てす」るのだから、初等学校の教育は「道」、すなわち宗教者の領分に含まれる。キリスト教はそれを実践しており、ヨーロッパの子どもの教育に根付いている、と。こうした教化のありようを、島地は「本邦学者の空論高談、実用を後にする」のにくらべ、「去皮相て骨髄を取る者と謂ふべし」と評価するのである。初等学校教育は宗教者が担うべきだという、興味深い考えを有していたことがわかる。

その点で、島地がとりわけ弘法大師・空海を「いろは歌」の作成者として激賞しているのは、注目に値しよう。(84)いろは歌は「『涅槃経』無常偈の意を惣摂して、巧みに訓蒙の本を制」するものであるから、これを子どもに教えるには、仏教の教義もいっしょに学ばせることになる。そうすれば「百学の原を開く」と同時に、「終身可行可勤の事、亦自ら摂して遺すことな」いであろう。(85) 島地は渡欧前から考えていた仏教の社会的役割のうち、空海のいろは歌制作に代表される初等教育を重視するようになっていた。五年一一月、日本に送った書簡でも、教義を研究する学僧たちに「平かなにて子供に教らるゝ、教法の書や日用当行の事、五大洲の形勢を皆書て出す様に」させること、とくに「伊呂波の説が一番急ぎ候。此内に天下の事は皆納る様に書」かせることを提言している。(86)

僧侶が初等教育を担うべきである、という考えは、近世期にもその類例を見いだしうる。だが島地の場合、それを表明するに至った重要な契機は、いうまでもなくヨーロッパにおけるキリスト教の社会的影響力を目のあたりにしたことであった。これは一方で、日本でのキリスト教防御の意識強化にもつながってゆく。島地は「英国宗教雑感」のなかで、キリスト教宣教師のアジア布教の危険性を見抜いて、こう述べている。彼らはアジアにおいて、狡猾に民心に取り入るうえ、「人民保護」の名目による列強の軍事介入を招く存在である。よってキリスト教の侵入に対抗するには、政府に頼るだけでなく、「人倫日用の務を講じ」るなど、みずからの努力で「彼に対畳するの備をな」さねばならない、と。(87) その一環として、僧侶の初等教育担当を説いたといえよう。島地は五年七月、大谷光尊にあてた「建言　仏法の衰頽」(88) で、「本邦僧侶の無学盲昧なる、我家学たも知らさる也、況や普通の学をや」と喝破していた。これに応えたのが、第一節で挙げた大谷光尊の議論であった（もっともその手段は、教部省により、仏教ではなく神道教化を主役として実施されてしまうのだが）。

この段階の島地は、学校教育を「道」と「芸」に分け、前者に読み書き・計算という初等教育の基本的内容が含まれると考えた。そして、それを僧侶が担当すべきであるとの認識を強く持っていた。つまり、僧侶が小学校教員を兼ねるべきこと、これが島地の見解であった。そうした人的な学校教育参与によって、仏教教義が教育内容へ影響を与えてゆくと認識していた点では、田中・木戸のキリスト教への危惧と共通していたのである。しかし島地は、それを手段として用いるべきであると主張しており、その点では三島とも通じる部分もあったといえよう。

### （3）教化政策批判運動と「分離」受容

島地は「仏法の衰頽」を建言した時点では、教部省を「多くは神道を興さんとする者」であって、「神道は耶蘇の前馳」と非難していたものの、「邦人無学にして一日之を存すと云へとも、近日必す廃省すへし」とも述べており、教部省は早晩廃止に至るものと見込んでいた。しかし、そうした見込みは翌一八七三年前後には消える。同年一月一七日付大洲鉄然宛書簡(89)をみると、島地は「大教院に大神宮か立つと云」話に加え、教部省肝いりの『教義新聞』が仏教に対して一貫して批判的論調をとっている事実を伝え聞いていたことがわかる。ここから教化政策が廃仏を狙うものと確信した島地は、「教部一日も速に擢けんことを欲す」と主張する。そして現状に甘んじる僧侶に対して、「是でも黙視するが僧の役目歟。腰の抜けるにも程がある」と激しく叱咤するのである。この頃から島地は、教部省廃止運動を数々の建言書を用いて推進してゆく。同年初頭の「三条教則批判建白書(90)」提出にはじまり、七月に帰国してからは「大教院分離建白書(91)」によって仏教各宗の分離を主張、同年末には真宗単独の離脱路線に切りかえ、翌一八七四年五月には「建議　教部改正につき(92)」を提出して、いよいよ教部省の廃止を求めた。

この運動において島地は、政府内の支持と、そのうえで教化政策の中心人物の排除を求めた。前者については、当然木戸が大きな力になった。木戸は一八七三年一一月二〇日伊藤博文宛書簡で、「一向未口外不致」こととして「教部を被廃、社と寺との寮を内務省中被差置候も可然歟」(93)との考えを表明する。その書簡をうけた伊藤も同二八日、教部省の内務省移管に賛成している。そして木戸に、「即今直には六ヶ敷」いが「段々黙雷抔より之訴も承り其儘差置」わけにもいかないので、「何卒宍翁〔宍戸璣〕を少し御説諭、神仏各宗混淆を止め候御手段は無之候歟」と打診している(94)。島地は伊藤へも直接教化政策の廃止について訴えていたのである。伊藤の返答を受けた木戸は、同じ長州出身の宍戸へはたらきかけ、「各人之信仰も自由に任せ候外無之」ことを納得させたが、同時に厄介な人物を認識する。一人は黒田清綱、もう一人は「黒田之次席に居候ものにて薩人」、すなわち三島通庸であった。木戸は三島を、「黒田より一層神道家にて」「信仰自由などゝ申事は些合点に入兼」る、危険人物とみていたのである(95)。

こうした長州ラインの提携のなかで、島地はどのような批判を教化政策に浴びせたのか。それが端的にあらわれる一八七四年五月の「建議　教部改正につき」を分析してみたい。

島地は、政府の急務が「政治を公明に」し「教育を懇切にするにあ」り、それをもってまず民心を導く必要があると主張する。しかし現状では、学校教育と並び民心を導く両輪たる宗教に、適切な制度がないため、教導の実があがっていない。そこで現在の教部省の教化政策を改めねばならない——島地の批判はここから始まる。

その批判の根幹をなす論点は三つに整理できる。まず第一点は、「信教の自由」である。島地は「凡宗教の民に任して帰向を強ゆへからさる、文明各国の通軌にして、其心に感する者は禁し得へからす〔中略〕何の教を信するも之を制せすして可なるへし」と述べている。人々の信仰選択を政府が保証すべきことを、西洋諸国の通例を論拠として主張している。いうまでもなく、渡欧中に得た認識が強く反映されている。

第二は、教化政策の廃仏的性格である。教化政策は「一の神道宗を興して以て外教を防き、以て国体を維持せんとする」ものであるが、ならば「何そ神道者流のみを用ひす、殊に仏者を混用し玉へるや」。それは、表向きは宗教保護のためと称し、実は仏教の「益漸減の計を逞せらる」るものだからである。島地はこう批判し、六年初頭以来の「教部省＝廃仏」という認識を繰り返し表明している。

そして第三点が、「治教」という観点である。島地は「民を導て文化に進ましめ時務の権義を知らしむる」こと、「事に通し理に明にして、民の方嚮を定めしむる」ことを、「治教」と名づける。この「治教」を、「文明」社会では不要だが「民智未た進ます、朝旨未た達せす、而官文明を求むる急にして宗教師猶陋習に拘泥」している日本では必要、と位置づける。「治教」は宗教とは別ものであり、教導職を用いて「官自ら民に施行」し、「専ら朝旨を達せしめ、時務を知らしめ学校撫育と旨を同ふせしめ、正身勉業文質の人たるに背かさる」ようにする活動と定義されるのである。この建議のポイントは、まさに教化政策をもっぱら「治教」の役割に限定せよ、という点にあった。そして、「治教」という務めに「何そ必すしも神仏巫僧に局るへけんや」、つまり宗教者を教導職に任命する必要はない、と現行制度を痛烈に批判したのである。

この建議は「治教」論を本格的に議論に組み入れた点で、従来の建白書以上の「威力」を有していた。それは、前節で述べたように、十七兼題制定などを通して教化活動が「治教」化しつつあったからである。結局、教化政策の「開化」的知識解説への方向修正は、島地に攻撃の格好の糸口を与えることとなった。この建議を契機に、教化政策はいよいよ追いつめられてゆく。

さて、この「治教」論は、もうひとつ重要な側面を持っていた。この建議の具体的な改革プランは「教部改制愚策」(96)と題した別紙の箇条書きで付されており、その中には次のような二か条が挙げられている。

一　教職の説く所、文部普通の学に基き、宇内一般の実理を主とし、治財、産芸、修身斉家等を教へ、文化を開導し、朝旨を領得せしむるを旨とする〈少年子弟は学に就て之を得へし。今只壮老婦女の学に就かさる者を教る〉ときは、別に宗派異同の説を混して人聴を分岐せしめさるを要す〔以下略〕

一　神仏二家の学校の如きは、其徒の随意私創する所にして、即宗教専門の学校也。此れ文部大中小の学校に混せしむへからす

この二か条のように、教導職の教化内容を「文部普通の学」に基づいたものとしても、宗教者は、教導職と分離されるのであるから学校教育の内容には無関係になる。しかも、子どもは文部省管轄の小学校に通いそれを学ぶので、教導職の教化対象からも除外されることになる。また、宗教者は小学校とは切り離され、宗教専門学校のみで教育を行うため、学校教育の対象となる子どもとの接点はきわめて少なくなる。よって読み書き計算の教授という、島地が「道」に属するものとした職務は、小学校に任せることになる。ここに、渡欧中の島地が持っていた僧侶による初等教育担当への意識が、今やまったく消滅していることをみてとれよう。

島地にとって、学校教育に神道教化が入り込んでいることは、ヨーロッパの学校におけるキリスト教の根強い影響力を見聞していただけに、許しがたいことであった。とすれば、仏教が神道にとってかわるという主張もありえたはずである。しかし、島地の第一の目標は、まず教部省を倒すことにあった。それは、廃仏毀釈で打撃をうけた仏教勢力を教化政策から独立させ、宗教本来の活動に従事させせるには、不可欠な課題であった。そしてこの課題を果たすにあたって、政府内に有力な支持者を見出していた。島地にとっては、木戸らとの長州ラインがそれにあたる。だが、公立学校による国民教育体制樹立をめざす木戸らから教部省攻撃の協力をうるということは、僧侶が初等教育を担当するという持論の放棄を意味した。こうして島地は、はからずも僧侶の学校教育からの「分離」を受容していったのである。

やがて反教部省派は、三島更迭に動く。島地ら真宗側から依頼をうけた伊藤博文は、三島の酒田県令への転出周旋のため、宍戸や薩摩出身の黒田清隆をも動かして工作する。これに対して三島は、「教部と共に進退を決する精神也」として、(97)あくまで教部大丞との兼任を希望する。(98)県令就任を要請した内務卿大久保利通はその希望を了解し、一八七四年一二月三日、県令兼任の辞令がおりた。だが酒田県は、庄内一揆（ワッパ騒動）で情勢不穏な県であった。三島は直後に東京を離れ、県政に忙殺されることになる。ここに至り、教部省は完全に「分離」を受容したともいえよう。その約半年後、大教院は解散し、神仏合同教化政策は挫折する。そして教部省も一八七七（明治一〇）年一月に廃止され、内務省社寺局に編入されるのである。

## おわりに

以上、それぞれの局面で重要な役割を果たす人物に注目しつつ、教化政策の挫折過程を学校教育との関わりから論じてきた。

教化政策には三島の教部省入省が大きな影響を与えた。そのもとで、「学制」への「神官僧侶学校」規定追加も行われた。しかしそれは、田中・木戸が西洋で得た「分離」理念のいわば「拡大運用」によって、「宗教」の学校教育への導入であると判断され、廃止の憂き目にあう。これをひとつの契機として、教部省は三島の急進的な神道教化路線から、教化内容に「開化」的知識を積極的に織り交ぜる方向への修正を模索する。しかし、その目指す方向性は島地の「治教」論によって、痛烈な批判を浴びることになった。それが決定打となり、教化政策は崩壊してゆく。その意味では、「神官僧侶学校」と「分離」理念が、結果的に崩壊の要因になったと言える。一方で島地も、木戸らと教部省打倒路線で共闘するうちに、渡欧時に考えていた僧侶の初等教育担当論を放棄し「分離」を受容したのである。

本章で明らかにした一連の過程は、まず、近代日本社会における「分離」理念の形成・変容を論ずる上で、その出発点としての意味を持っていた。明治初期に、教化政策の学校教育への進入を引き金として「分離」線が導き出されたことは、その後の学校教育の「非宗教」性形成を考えるうえでの重要なポイントと考えられるのである。

もっとも、本章ではあくまで中央政府の政策構想というレベルに限定して議論してきた。よって、「分離」理念がこの時点から社会一般に広く定着していった、などと速断することは慎まねばならない。次章以下で詳しく述べるように、各府県では、教員不足を補うために教導職の学校教員兼務許可を文部省に続々と伺い出た。文部省はそれらを、基本的に全て容認してゆく。「分離」の枠組を持ち込んだ木戸孝允・田中不二磨らが、そうした地域の実態を前に、この枠組を有名無実化してゆくのである。また、本章第一節(3)でも触れたが、「小教院」は民衆から「小学校」と同様の存在と把捉された側面もあり、各地の小学校創設の過程に少なからぬ影響を与えることになった。[99]これらより、明治初期は「分離」の枠組がいまだ定着しておらず、「なしくずし」にされる社会的状況にあったといえよう。

それでは各府県の行政、および各府県で実際に教化活動に従事した教導職のレベルではどのような問題が生起していたのであろうか。次章では、教化政策開始当時の一つの県へと舞台を移して考察を深めてゆく。

(1) 石井研堂『明治事物起原』三、筑摩書房、一九九七(復刻、底本は『増補改訂　明治事物起原』春陽堂、一九四四。初版は一九〇八)、三六七頁。

（2）同前、三七四頁。

（3）安丸良夫「近代転換期における宗教と国家」（『日本近代思想大系五　宗教と国家』岩波書店、一九八八）、五二八頁。

（4）宣教使制は、明治二年（一八六九）七月八日、神祇官内に設置。職制は長官以下、次官・正権判官・主典・史生、実際の教化活動を担当する正権大中少の宣教使（のち博士）・講義生からなる。もっぱら国学者・神道家から任用された。

（5）神道国教化政策が挫折する過程については、阪本是丸「教部省設置に関する一考察」（『国学院大学日本文化研究所紀要』四四、一九七九）、高木博志「神道国教化政策崩壊過程の研究」（『ヒストリア』一〇四、一九八四）など参照。

（6）「神官」という用語については序章注（8）参照。

（7）明治五年（一八七二）四月二五日、太政官第一三二号で教導職の等級として、大教正・権大教正・中教正・権中教正・少教正・権少教正・大講義・権大講義・中講義・権中講義・少講義・権少講義・訓導・権訓導という一四階級が定められた。教導職は神道および仏教各宗本山で推挙され、教部省への上申をへて、任命される。また一八七四（明治七）年四月二〇日には、地方官立会いのもとで昇級・推挙を試験するよう達が出されている（教部省達第一二号）。

（8）一八七四年一二月段階で、教導職数は神道四二〇二名、僧侶三〇四三名（ただし当時の試補採用者数は統計にあらわれないため、厳密に実勢を捉えるのは困難）であり、小教院はわずか二二七か所にすぎない。『公文録』（国立公文書館所蔵）明治八年一月教部省伺、「大中小教院の儀奏上」。

（9）村上重良『国家神道』岩波書店、一九七〇、中島三千男「大教宣布運動と祭神論争」（『日本史研究』一二六、一九七二、下山三郎「近代天皇制論」（家永三郎教授東京教育大学退官記念論集二『近代日本の国家と思想』三省堂、一九七八）、安丸良夫前掲論文、同『近代天皇像の形成』岩波書店、一九九二、宮地正人『天皇制の政治史的研究』校倉書房、一九八一、同「国家神道形成過程の問題点」（前掲『宗教と国家』）、阪本是丸「日本的政教関係の形成過程」（井上順孝・阪本是丸編『日本型政教関係の誕生』第一書房、一九八七）、羽賀祥二『明治維新と宗教』筑摩書房、一九九四、など。

（10）村上前掲書、一一三頁。

（11）もっとも、数は少ないが教育史的なアプローチもある。序章で紹介した小松周吉、山口和孝、大林正昭以外では、小神道史の立場では、藤井貞文が「教導職廃止の要因」（『神道学』八六、一九七五）ほか、多くの実証的研究を残している。また最近のものとして、小川原正道『大教院の研究』慶応義塾大学出版会、二〇〇四、がある。

山穀「明治初年の教部省・教導職の教化策の考察」（『専修人文論集』一、一九六八）、高橋陽一「大教院の教化基準――教典訓法章程と教書編輯条例を中心に――」（『明治聖徳記念学会紀要』復刊五、一九九一）など。

(12) 色川大吉・我部政男監修『明治建白書集成』第二巻、筑摩書房、一九八六、三一〇～三一一頁。建白者は岩田茂穂、川村矯一郎、増田宋太郎。

(13) 一八七三年八月一二日、太政官布告第二九六号によって制定。

(14) 毛利敏彦「近代日本国家文教体制における西洋学立脚原則の選択――初代文部大輔江藤新平の歴史的決断――」（『大阪市立大学法学雑誌』四八―一、二〇〇一）、大間敏行「江藤新平の教育構想――「道芸二学ヲ開ク」の展開と帰結――」（『日本の教育史学』四九、二〇〇六）。

(15) この視角に関して羽賀祥二が行った指摘については、序章(5)を参照。

(16) 『明治建白書集成』第二巻、二一七頁。

(17) 阪本是丸前掲「日本型政教関係の誕生」、四四頁。

(18) 『明治建白書集成』第二巻、二一五～二一七頁。

(19) 『京都府百年の年表』五、宗教篇、八四頁。

(20) 明治五年五月、高知県の宮崎簡亮が集議院に提出した建白書でも「今正に断然教部を廃し、各処の説教を禁じ、社寺の事務を以て文部の一課局となし、其社寺従来贏畜する処の財を以て之を文部の用に給し、辺彊僻地小学校の費に充て」るべしと主張されている。『明治建白書集成』第二巻、四六頁。

(21) 『大隈重信関係文書』第一巻、五二四～五二五頁。

(22) 常世長胤『神教組織物語』中之巻。前掲『宗教と国家』、三八六頁。

(23) 三島と西郷の関係については、「都城（県、現宮崎県）に地頭となし、後々東京府知事たらしめんとしたるは一は皆西郷隆盛にあらずや、故に隆盛を頭首とせは君〔三島〕は胴体たり」（『三島通庸関係文書』五五七―一、国立国会図書館憲政資料室所蔵）と評されており、その関係の深さがうかがえる。

(24) 一八七三（明治六）年一月二〇日時点での文部省・教部省の上層官僚は以下の通り。文部卿兼教部卿大木喬任、教部大輔兼文部大輔宍戸璣、教部少輔兼文部少輔黒田清綱、文部大丞兼教部大丞長三洲・野村素介、文部大丞田中不二麿、

教部大丞三島通庸。これについて狐塚裕子は、合併により教部省首脳が勅任官二名・奏任官六名から勅任官二名のみに減少し、実質は教部省の縮小であったと論じている（狐塚「明治五年教部省と文部省の合併問題――「学制」とのかかわりを中心に――」『清泉女子大学人文科学研究所紀要』一六、一九九四、一三四頁）。だがこのうち、野村と田中は海外教育視察に参加しており不在であった。少なくとも国内において政策決定に参与できるメンバーを考えれば、教部省に「有利な」状況であったと言えるのではないだろうか。

(25)　新井登志雄「三島通庸の基礎的研究――県令転出以前――」（『日本歴史』四〇一、一九八一）、五五頁。

(26)　前掲『神教組織物語』中之巻、および前掲『宗教と国家』、三八四頁。なお東京府での説教に関しては、土岐昌訓「教部省の布教活動――『教部省記録』に見る其の一斑――」（『神道宗教』一一七・一二一、一九八四・一九八五）、高橋陽一「宣教使・大教院と民衆教化」（『東京都教育史』通史編一、一九九四、第七章第二節）、および小川原正道前掲書第三章でも論じられている。

(27)　『三島通庸関係文書』五六四―一一。

(28)　当時教部省内においては、神道主導の方針では一致しながらも、神道の宗教性を重視する津和野派国学者、教部大輔福羽美静と、曖昧な教義による儒・仏の包括を志向した伊地知正治・高崎五六（ともに左院、教部省御用掛）が対立していた（高木博志前掲論文、五一～五六頁）。こうした状況をふまえての言及といえよう。なお五月二四日には、福羽の免官と伊地知らの左院召還が行われる。

(29)　教導職に任命された芸能者については、よく歌舞伎の九代目市川団十郎、落語の三遊亭円朝、講談の二代目松林伯円らの名前が挙げられる（たとえば佐波亘『植村正久と其の時代』第二巻、教文館、一九六六（復刻。初出は一九三八）、一一頁）。だが、彼らの教導職拝命の時期ははっきりせず、また必ずしも大教院体制期に任命されたわけでもないようである。団十郎の場合、教導職制廃止後の一八八四年一〇月に教派神道・神習教の権大講義となっているが（福地源一郎『第九代市川団十郎略伝』私家版、一九〇三、一三頁）、管見の限りそれ以前に（教導職制下で）いつ拝命したのか、そもそも任命されたのか、判然としない。ちなみに俳人の教導職任命については、加藤定彦「教導職をめぐる諸俳人の手紙」（『連歌俳諧研究』八八、一九九五）などを参照。

(30)　『公文録』明治六年教部省伺一月、「陰陽師易者等管轄の儀伺」。

(31)『社寺取調類纂』一五二、「『三条演義』を敷演して平易なる教典作る儀」、国立国会図書館所蔵。

(32)『教林雑誌』第二輯、敬愛舎、一八七三、東京大学法学部明治新聞雑誌文庫所蔵。また一八七三年二月一〇付『東京日日新聞』にもすでに十一兼題について記事が見える。よって、この公表は二月上旬と推測される。

(33)三条教則や十一兼題、後述の十七兼題については、その題目に即した説教テキストが広く出回り、それを用いた説教が行われた。説教テキストの書目については、辻善之助『明治仏教史の問題』立文書院、一九四九、大林前掲「教導職によってなされた公民教育について」などで紹介されている。

(34)また、教化活動の場の組織に関しても、三島が大いに関与している。一八七三年一月、大教院は旧紀州藩邸に正式開院した。大教院はもともと、仏教各宗合同の教義研究機関として五年段階から金地院において仮開院し、それを紀州藩邸跡に移したのであった(なおこの過程に関して論じた研究として、久木幸男「教部省傘下大教院の変質過程」(斎藤昭俊教授古稀記念論文集刊行会『仏教教育・人間の研究』こびあん書房、二〇〇〇)がある)。三島はそれをさらに、増上寺へ移転すべきであると主張し、増上寺のある芝区の住民の反対を押し切って同二月、実行に踏み切ったのである(柴山景綱宛井上頼圀書簡、一八九五(明治二八)年一二月二四日付。『三島通庸関係文書』七二一―一)。ついで六月には、旧八神殿を増上寺本堂の後方に配置する。一宗の本山(浄土宗)内の仏殿を、神殿に改造したのである。【表1】でみたように、増上寺への聴聞者はもっぱら念仏を唱えていると報告されていた。三島はそこへ大教院をおき神殿を設けることで、教化活動における神道優位を可視的に示そうとしたのではないだろうか。

(35)『社寺取調類纂』一七四、「仮名垣魯文作云々」。

(36)柳田泉「明治新政府文芸政策の一端」(『明治文学全集』第一巻、明治開化期文学集(一)、筑摩書房、一九六六)、四一〇頁。

(37)吉野作造編『明治文化全集』第一一巻、宗教篇、日本評論社、一九二七、一五～二七頁。

(38)大林正昭は、説教の諸テキストを分析し、「敬神の対象となる神々の中に産土神・氏神等があげられたのは、平田派国学論の影響であることは疑いえないが、敬神の現世利益を訴える必要があったからでもあろう」としながら、ただの祈願では利益がもたらされず、道徳的行為実践に対しての見返りを説く傾向が強い、と論じている(大林「教導職の説教における「敬神」の構造」『広島大学教育学部紀要第一部』二八、一九七九)。『三則教の捷径』における「神」および

「敬神」の捉え方も同様であり、その点では同書が決して特異なものではなかったと位置づけてよいだろう。また羽賀祥二も、平田派国学の影響を指摘している（羽賀前掲書、二九五頁）。

(39)『三島通庸関係文書』五五七—一三。

(40)前掲『明治文化全集』第一一巻、宗教篇、一七頁。

(41)また周知の通り、「学制」発足当時、小学校に通う生徒は、決して「学制」が定めた六～一三歳という学齢期の子どもばかりでなく、かなり年齢にばらつきがあった。一八七七年の大分県では、小学生徒の最年少は三歳六ヶ月、最年長は一九歳二ヶ月であった（『文部省第六年報』）。この点については、たとえば『日本近代教育百年史』第三巻、五四三～五五二頁、など参照。

(42)「学制」においては、「修身口授」という科目が定められ、その具体的なカリキュラムとして明治五年（一八七二）九月八日に文部省が「小学教則」を制定した。しかし各府県ではそれにあまり準拠しておらず、むしろ翌年五月に東京師範学校が制定した「小学教則」のほうが参照されている。これによると、「修身口授」は科目から消え、「問答」科に含まれる形となった。しかも、各学校の実態レベルでは、修身で教えられる内容は決して一様ではなく、何を教えてよいかがまだはっきり自覚されていなかったようである。著述家の内田魯庵（一八七四年に東京の松葉学校（のち育英学校と改称）に入学、一八八一年まで在籍）は、当時の修身の授業においては「拠るべき道徳に規範が無かつたので有触れた修身道話が繰返され」、「二十四孝式の親孝行咄でも咄すものも張合が無く聴く方は本より怠屈」であり、内田の受けた授業では、講釈好きの教員が「太閤記や義士伝の講釈をして聴かした南龍張のノン〳〵ズイ〳〵の修羅場読」をし、「終には鼠小僧や国定忠治の咄をするやうになつた」と回顧している（「明治十年前後の小学校」『内田魯庵全集』第三巻、ゆまに書房、一九八三、一〇七～一〇八頁。初出は『太陽』一九二七年七月号）。よって、この時点では、教化活動が修身科という「空白」に入り込む余地があったともいえよう。

(43)高札撤廃については、鈴木裕子「明治政府のキリスト教政策——高札撤廃に至る迄の政治過程——」（『史学雑誌』八六—二、一九七七）、山崎渾子「岩倉使節団と信教自由の問題」（『日本歴史』三九一、一九八〇）、家近良樹『浦上キリシタン流配事件』吉川弘文館、一九九八、などを参照。

(44)『社寺取調類纂』一五五、「祠僧の徒を択ひ師範学校に入る、之件」。

(45) また、これに関して、東京府の文筆教師小島百之が、一八七三年二月に集議院へ提出した建白書もあげておきたい。小島曰く、小学校教員には「必篤実懇切にして品行好者」が選ばれるのだから、彼らに教導職を兼務させ、「御布告を以其学校近傍の老若男女、意に随拝聴に出頭せしめ、信実懇切を尽て敬神尊王皇道一に帰向すへきやう説教」させればよい、としている。この建白は前述の岩田らの建白書とともに、集議院において実際に議論の対象となっており、当然教部省でも討議されたと思われる。前掲『明治建白書集成』第二巻、四一八〜四二〇頁。

(46) 『社寺取調類纂』一九〇、「大山祇神社宮司木村信競小教院小学校合併願」。

(47) 同前一八五、「嶋根県より学校願伺」。

(48) 山本哲生「明治初期における僧侶と教育とを繞る諸相」(池田英俊『論集日本仏教史8』明治時代、雄山閣、一九八七)、一五四頁。

(49) 『社寺取調類纂』一六四、「浜松県伺」(教導職并諸宗本山地方社寺へ達方之儀)。

(50) 『伊藤博文関係文書』第六巻、九九頁。

(51) もっともニューイングランド諸州においてこうした規定を設けていたのはマサチューセッツ州のみであり、全米的な状況としては、学校委員会の委員にも多くのプロテスタントと牧師が就いていた(中野和光『米国初等中等教育成立過程の研究』風間書房、一九八九、参照)。

(52) 『理事功程』巻三、一一丁裏。なお、この時期のイングランドの教育政策決定過程については大田直子『イギリス教育行政制度成立史』東京大学出版会、一九九二、参照。

(53) 『木戸孝允日記』第二巻、明治四年(一八七一)一二月一五日条、一二六頁。

(54) 同前、同日条、一二七頁。

(55) 『伊藤博文関係文書』第六巻、九九頁。

(56) 『木戸孝允日記』第二巻、明治五年(一八七二)三月八日条、一五七頁。

(57) 明治五年(一八七二)二月一二日付大木喬任宛中島永元書簡、『伊藤博文関係文書』第六巻、九九頁。中島は文部省七等出仕の地位にあり、田中に同行して教育制度の視察を行う。この書簡で森批判を展開しており、田中・木戸の「分離」理念が他の文部官僚にも共有されていたことがうかがえる。

(58)『理事功程』巻一、七丁裏。

(59)『公文録』明治六年七月文部省伺、「西教伝教士を教師に雇入ざる儀上中并教導職を学校教師に不採用儀伺」。

(60) ただし、明治初期における真宗大谷派の記録である『厳如上人御一代記』(大谷大学図書館所蔵)の一八七四年三月八日条には「教導職にして学校教師兼勤の儀、教部省より差止めらる」とある(大谷大学真宗総合研究所編『厳如上人御一代記Ⅱ』真宗学事資料叢書八、同研究所発行、一九九四、一四一頁)。第二章以下でも述べるように、この一八七三年八月の兼務禁止令は現場では必ずしも徹底されることはなかった。おそらく、繰り返し神仏各宗派へ指令され徹底が図られたが、それはなかなか定着しなかったものと思われる。

(61) 木戸は帰国前から、文部・教部の省務分離を意識していた。一八七三年二月三日付文部大丞長三洲宛書簡で、「此節承り候へは、教部も合併に相成候よし。御疎は有之間敷候得共、事務混同いたし候てはいかゝ、可有之哉と相考中候」と述べている(『木戸孝允文書』第五巻、八頁)。また木戸は帰国後、教育行政は「デスポチック」に行わねばならぬと明言している(『木戸孝允日記』第二巻、一八七三年一一月二〇日条、四五三頁)。木戸においては、「分離」理念は文部省が専門に学校教育を管理すべし、という観点から論じられた側面も強いといえる。

(62)『奥羽八県往復綴』京都大学文学部図書室所蔵。および『教義新聞』一八七三年一一月、第三五号。

(63) 薩和上遺稿事蹟編纂会『新居日薩』日蓮宗宗務院、一九三七、五九五頁。ただしこの日に制定されたという根拠については明らかではなく、不確定な部分といえる。これについて、大林正昭は、十七兼題の制定時期を一八七三(明治六)年一二月と推定している(「十七兼題の制定経緯とその特色」『広島大学教育学部紀要第一部』三八、一九九〇)。しかし、十七兼題の解説本である橘覚生『十七兼題略解』には、「明治六年十月脱稿」という記述が見える(『明治仏教思想資料集成』第三巻、同朋舎出版、一九八〇、九一頁)。また、同年九月二二日付『郵便報知新聞』には、九月一六日に大教院講究課において、「世襲君主国説」「撰立君主国得失説」「皇政一新説」「使人者養於人使於人者養人説」「徴兵説」「租税説」「国債論」「執古文道以御今之有説」「大人立制義必随時苟有利民何妨聖道説」「諸官省使寮同等説」「征韓説」「教法説」「学制説」「開港貿易説」という「十四題」が制定されたとある。これが十七兼題の原型になったと推測される。よって筆者は、十七兼題は一八七三年九月下旬から一〇月の間に制定されたと考え、さしあたり『新居日薩』の記述に従っておきたい。

(64)　たとえば、一八七四年一〇月発兌の楠潜龍『十七論題略説』にはそれが端的にあらわれている（前掲『明治仏教思想資料集成』第三巻、一三九～一四二頁）。

(65)　高市慶雄は「教導職の大教宣布運動は明治六、七年の頃より色々の事情から思わしくなつて来た。そこで栗田寛、常世長胤、それに三島通庸、黒田清綱、高崎五六等の有力者も架担して神祇官の復興を請願し、明治極初の如き純粋無雑な組織に改めやうとした」と論じている（「三条演義・神教要旨略解　解題」、前掲『明治文化全集』第一一巻、解題三頁）。また三島は一八七四年五月二三日、湊川神社宮司折田年秀に「神祇官興復之建白可致旨内達」しており、この前後に自らも意見書を書いたものと推定される（『折田年秀日記』第一巻、湊川神社、二〇〇〇、八七頁）。

(66)　『三島通庸関係文書』五四六―一二。この史料には署名がない。だが伝記史料のなかに「君〔三島〕教部省に在るや其復興を唱ふるや、左の建議を為したること有り」として同文の意見書があげられており、三島の意見書と判断できる。同五五七―一。

(67)　前掲『明治建白書集成』第三巻では、一八七四年五月に出された教部官員や上級教導職による神祇官再興論として、神宮大宮司権中教正田中頼庸（五月〔日不明〕、三九八～四〇〇頁）、権大教正稲葉正邦・鴻雪爪ら九名（五月一四日、四〇七～四一二頁）、教部省九等出仕栗田寛・教部中録常世長胤（五月二〇日、四二一～四二三頁）、教部大録八木雕・山下政愛ら五名（五月三一日、四五七～四五九頁）といった人々の建白書が収められている。少なくともこれらには、学校教育管轄に関する言及はない。

(68)　たとえば吉田久一前掲『日本近代仏教史研究』、福嶋寛隆「明治前半期仏教徒のキリスト教批判について」（『仏教史学』一二―四、一九六六）、同「神道国教政策下の真宗」（『日本史研究』一一五、一九七〇）、阪本是丸前掲「日本型政教関係の誕生」、新田均『近代政教関係の基礎的研究』大明堂、一九九七、および小川原正道前掲書など。

(69)　島地の教育思想については、大林正昭「島地黙雷の普通教育観」（『広島大学教育学部紀要第一部』三一、一九八三）、そして最近の著作では川村覚昭『島地黙雷の教育思想研究』法蔵館、二〇〇四、がその先覚性を高く評価している。だが、本文中で論じるように、学校教育と宗教者の関わりについての見解は時期を経て変容しており、また教化政策打倒の文脈で形成されたものでもある。結果的に島地を先覚者として評価できるとしても、そうしたプロセスはつねに念頭に置かねばなるまい。

(70)『島地黙雷全集』第五巻、四〇頁。
(71) 同前第一巻、一一～一四頁。
(72) 同前第一巻、九～一〇頁。
(73) 同前第二巻、一八一～一八六頁。
(74) 同前第五巻、四三頁。三か月以上にわたるパリ滞在では、書簡を処理（返信）する場合をのぞき、終日外出せず著作に専念することは一度もなかった。
(75)『松菊木戸公伝』下巻、一五二九～一五三〇頁。
(76)『木戸孝允日記』第二巻、二一七頁。
(77)『島地黙雷全集』第一巻、一九八～二〇四頁。
(78) 同前第二巻、二一～二四頁、および『赤松連城資料』上巻、二～四頁。
(79) 木戸は明治五年（一八七二）七月一七日、留学地プロイセンからロンドンへ来ていた青木周蔵と、宗教について議論している。そこで、青木の「信教の自由」論を聞いたという（『青木周蔵自伝』平凡社東洋文庫、一九七〇、三八～四三頁）。
(80)『木戸孝允文書』第四巻、三八四頁。ただし木戸は、「内政未整」という日本の現状で信教の自由を法的に保証するのは、「一患害も難計」と述べ、この時点では性急に法整備することに慎重な態度を示している。
(81)『島地黙雷全集』第二巻、一八五～一八六頁。
(82) 七月二四日の日記によると、「ユニバルシティ〈大学校〉を観る、蓋し大小学科別の一校なる者なり」と述べており、「欧州政教見聞」は実際にロンドンの大・小学校を見たうえで書かれたと推測される。同前第五巻、四三頁。
(83) 同前第一巻、二〇〇頁。
(84) もっとも今日では、いろは歌は一〇世紀後半の作とする考えが定説化しており、九世紀前半に亡くなっている空海の作ではありえない。
(85)『島地黙雷全集』第一巻、二〇三～二〇四頁。
(86) 同前第五巻、一七七頁。島地とともに大教院分離運動に活躍する、真宗僧大洲鉄然宛と推定される。

(87) 同前第二巻、二一〜二四頁、および『赤松連城資料』上巻、二一〜四頁。
(88) 『島地黙雷全集』第一巻、一二一頁。
(89) 同前第五巻、一八五〜一八七頁。
(90) 同前第一巻、一五〜二六頁。
(91) 同前第一巻、三四〜四〇頁。
(92) 同前第一巻、五〇〜五九頁。
(93) 『木戸孝允文書』第五巻、一〇四頁。
(94) 『木戸家文書』人—二二、宮内庁書陵部所蔵。
(95) 一八七三年一一月二九日付伊藤宛木戸書簡、『木戸孝允文書』第五巻、一二二頁。
(96) 『島地黙雷全集』第一巻、五六〜五九頁。
(97) 『三島通庸関係文書』七二—一。
(98) 一八七四年一二月二日付伊藤宛大久保利通書簡、『大久保利通文書』第六巻、二二三頁。
(99) この点については小山毅前掲論文、一一七〜一一八頁も参照のこと。

# 第二章　松本小教院事件

## はじめに

前章では大教院体制と呼ばれる壮大な教化計画の転回と挫折について、学校教育政策との関わりを視野におさめ、三島通庸・木戸孝允・田中不二麿・島地黙雷といった人物の政策および構想を検討した。「国家神道」、あるいは近代天皇制の形成という文脈で語られてきた教化活動について、その重要性は承認しつつも、当該期の問題に即して考えるという意図を持って論じたものである。そうした視角は、教化活動によって社会に流布された知識の重要性を指摘する山室信一や牧原憲夫らの研究からも、示唆をえている[1]。

そこから関心は、教化活動が近代日本社会に何をもたらしたのだろうか、というところへも拡大してゆく。それを論じるには、政府・教部省の構想や法令レベルの検討にとどまらず、また新たな知識の伝播を担った点だけを重視するのでもなく、重層的な考察から改めて意味づける作業が必要になる。つまり、具体的な地域の事例に即しつつ、そこから教育と教化に関わる大きな枠組みを引き出してゆく試みが、次章以下の一つの課題となろう。

各府県における教化活動を分析した事例研究は少なくないが[2]、最も参照すべきは、羽賀祥二および田中秀和の論考であると思われる[3]。両氏は、一八七三（明治六）年から七五年にかけて三度東北地方へ派遣された、教部省官員石丸八郎を分析対象として、彼の行政指導の実態とその東北各県への浸透具合について考察している。それらによると、石丸は中教院（府県の教化活動の中心機関）に教導職試験実施・学寮設置・役員任命など、教化体制に欠かせぬ機能の付与を試みた。だが教化政策に対して、その先に「国教」樹立を意識していた石丸と、行政命令の円滑な伝達の補助という役割を期待した各県庁とでは大きな懸隔があり、実態として一元的な「中教院体制」は機能せぬまま終息したという。両氏の研究は、教部省と県庁の「温度差」を含みこんで論じる点で、他の研究にはない説得力を有する。そしてこれを敷衍するならば、中央から直接に教化活動のあり方が指導される場においてこそ、各府県での教化政策の特質が顕われ、ひいては教化活動が社会に果たした役割が見えてくるのではないかと思われるのである。

その点で筆者は、官員派遣以外に、東京の大教院から数多くの教導職が全国に派遣されている事実に着目する。前章でも述べたごとく、大教院は神仏合同による教義研究・合議の機関で、教化活動の「総本山」であった。一八七三年三月一四日に教部省が制定した「大教院事務章程」では、神道と仏教各宗の教正（全一四階級のうち六級以上の上級教導職）の院内事務輪番制、中・小教院の建設、教導職の地方派遣、教導職補任や昇級の試験実施を、教部省の認可を経て（場合によっては専断で）行うことなどが定められた。[4] したがって、大教院から教導職が派遣される事例を検討し、それに地方官がどう対応したのかを考察することは、各府県における教化政策の「受容」の実態をより重層的に捉えるうえで意義深い作業といえるだろう。

以上をふまえ、本章では一八七三年五月に大教院から派遣された教導職（以下「派遣教導職」）と、派遣先である筑摩県（現長野県中南部と岐阜県飛騨地方）の県庁との間で起こった、ある事件に注目したい。これは、県庁が派遣教導職の活動を不当として教部省に告発し、教部省も彼らの非を認め罷免したという、一見すると些細な事件で[5]

ある。だが筆者は、両者が交わした激しいやりとりに、上述の問題を考えるうえで見逃せない一つの焦点が隠されている、と考える。そこで、教化政策「受容」の場を、事件の経過に即して描き出すとともに、事件の核心——結論を先取りすれば、学校教育と教化活動との葛藤という重大な問題がそこに存在していたことを指摘したい。

## 第一節　筑摩県における教化政策の開始

### （1）県庁の教化政策開始と松本藩の廃仏毀釈

一八七三（明治六）年五月一日、東京の大教院から筑摩県庁のある松本へ向け、四名の教導職が出発した。その四名とは、中講義黒川益清、同佐伯領巌、少講義都筑義衛、一二級試補小松了照である。本節ではまず、彼ら派遣教導職が松本で活動する以前の筑摩県の教化政策、その開始状況について論じておきたい。

教部省は前年六月九日、説教聴聞を管下の老幼男女へ指示すること、教導職が説教所設定を申し出た際「支梧之筋無之様可取計」こと、を各府県に布達した（教部省達第三号）。それをうけて県庁（教化政策の管掌部署は庶務課）は同六月二〇日、「教導職説教の節、稼業の余暇可詣」ことを管下に布告している[6]。だがそれ以来、ほとんど教化政策を推進する動きはない。唯一、この政策について出された布達は、一八七三年二月八日付の「遊民歌舞妓《ママ》或は狂言等企候処、右は懶怠の風習を醸し当時贅物に属し候間、以後説教所に相用追々教導職等回説致し候間、此旨相心得以来説教所と可相唱」というものであった[7]。県庁は風俗統制策の一つとして、神社境内にある舞台を説教所へ転用せよと命じたのである。周知のとおり、歌舞伎や狂言などの娯楽を「非開化」的な因習として抑圧する政策は全国的に広く行われたが、筑摩県も例外ではなかった。説教活動を「懶怠の風習」に代えるべき、風俗改良の手段と捉えていたことがわかる。

ただし、県庁が説教活動に大きな期待をかけていたかどうかは別である。同じ「開化」政策の一環とはいえ、県庁の学校への期待とは比べるべくもなかった。一八七三年三月二五日の県達では、「寺堂建物廃毀候」ものを「其儘存し置学校に相用」よと指示し、それが「人民一般之有益にも相成手軽に学舎出来候」との見解を出している。[8] 廃寺は説教所ではなく、学校校舎に転用すべき存在とされたのである。

この県達については、松本藩によって行われた激しい廃仏毀釈を念頭に置かねばならない。同藩の廃仏毀釈政策が本格化するのは明治四年（一八七一）である。藩知事戸田光則は水戸学の強い影響をうけて、[9] 民衆に対しては仏葬から神葬への改典を進め、寺院に対しては帰農政策をとった。前者は同年一月から二月のあいだにほとんどの村で平穏に実施されたが、その内実は藩から掛役人が一日に三、四の町村へ出張して、村役人に改典願書を配布し調印させて回ったものであった。[10] 同藩の廃仏毀釈の全体像をつぶさに追った小松芳郎は、民衆にとっては「手続きが形式的であったため、それほど改典は大きな意味をもっていなかった」と述べているが、[11] その結果「無檀」となった寺院にとっては小さからぬ意味を持った。なぜなら、藩は無檀を理由に、各寺院に対して帰農を強制していったからである。戸田光則は明治三年（一八七〇）八月、自ら率先して戸田家の菩提寺・全久院、廟所・前山寺（ともに曹洞宗）を無檀にしたうえ廃却、他の寺院も同様に処分し学校に転用する、という方針を政府へ向け伺い出、許可を得ている。[12] 二つの菩提寺の処分にならうように、岩崎作楽（八百之丞）を中心とする国学に傾倒する藩士らの推進のもと、各寺僧侶は宗派や規模を問わず帰農させせられてゆく。藩内一八〇か寺のうち、帰農を免れたのは反対運動を起こした真宗寺院など、わずか四〇か寺にすぎなかった。[13]

この方針は、廃藩置県後にさらなる事態を引き起こしていく。一八七三（明治六）年一〇月、臨済宗乾瑞寺（旧松本藩領内飯田町）の元住職水野江順が筑摩県権令に宛てた嘆願書によれば、同寺は明治四年九月に帰農させられている。もっとも、その後も従前の土地所有とそこからの地代収入、寺院建物の処遇が依然として水野に保証されていた。だが、明治五年一一月八日の太政官布告第三三四号によって、状況は一気に悪化する。布告は、本寺本山を除く無檀無住の寺院は全て廃寺処分とし、仏像・什器は最寄りの寺院へ合附、堂宇建物も官営の場合収公する、というものであった。乾瑞寺は、同年七月から地代を戸長に召し上げられるようになっていたが、この布告にしたがって、さらに什器雑具を全て売却のうえ代価召し上げ、建物・境内地も戸長預かりとの処分がなされたのである。水野はこの窮状を、「当節は露命難繋必死と難渋仕候（中略）何卒出格之以御仁恤を、境内跡地之分、従前之通帰農の私共へ進退仕度奉歎願候」[14]と訴えた。つまり、旧松本藩（県）の「帰農」寺院が、筑摩県政下でそのまま「廃寺」と扱われることになり、帰農した僧侶は生計の手段、そして寺院建物を失っていったのである。一八七三年初頭の松本では、旧藩の廃仏毀釈政策が廃藩置県後も「連続」するようなかたちで、宗教的・社会的状況が規定されていたといえるであろう。

かくして、先に述べた一八七三年三月二五日の県達の前提として、松本には約一四〇もの廃寺が発生していたのである。その廃寺のうち、転用後の状況が判明している四四か寺中、約三分の二に当たる二八か寺が学校に転用されたという[15]。また廃寺を含めた寺院全体を考えた場合も、一八七三年において、筑摩県の四郡（筑摩・安曇・諏訪・伊那）で設立された学校二八六校のうち、廃寺を含め寺院を転用・借用したものは一三一校（四五・八％）にのぼり、新築は九三校（三二・五％）であった[16]。この廃寺を学校校舎に利用するという方向性は、筑摩県だけがとったわけではなかった。前章で触れたように、他県では廃寺のみならず現存の寺社を強制転用するという動きさえ生じており、それをめぐる摩擦が教部省でも問題になっていた。しかし筑摩県、とりわけ松本地域の場合、大量の廃寺がすでに存在（発生）していたため、その校舎としての利用がスムーズに行われたと考えられる。小松芳郎も指摘するように、前述した藩知事戸田光則による学校転用という方針が、別の形で実現していったともいえよう(17)。また、周知のとおり「学制」期の筑摩県は、全国でも就学率のきわめて高い学校教育「先進」県であり(18)、地域の有力者である区戸長級の人物を学区取締に任命し、各学校にはその運営に参画する学校世話役を任命し学校設立を進めていた。その学校教育振興策の一つとして、廃寺の校舎転用推奨があったのである。教化政策を推進する立場に立てば、廃寺は格好の説教所となるはずだった。しかし「学校の設」こそが「深く民俗愛育の御処置にて、風を替俗を移良矩を踏新識を発す(19)」るものとした筑摩県政では、説教所の確保などは二の次であった。この時点において教化政策に力を入れた形跡はなく、積極的な意義は見出されていなかったものと思われる。その後、教化活動を管轄する役職として「教導取締」が置かれ、筑摩県吏員で諏訪神社宮司を兼ねた赤司重春、ついで同神社権宮司の宮崎信友がそれに任命されているが、宮崎は隣の長野県の同取締との兼任であり、筑摩県の教化政策にどのような役割を果たしたのかは明らかではない(20)。

## (2) 神官・僧侶の活動状況と県庁の対応

一方、神官・僧侶による説教活動はどうであったか。当時の県下における正確な教導職数を示す史料は見当たらず、実勢の把握は困難だが、任命・昇級を示す記録はいくつかあり、説教実施の許可を県庁に申し出ている者もいる。そのうち、派遣教導職が来県する直前の、一八七三年三、四月の事例を見ておきたい。神官では、諏訪郡の祠掌茅野光豊の場合、三月二三日に同郡大熊村以下六村の戸長・副戸長へ、「諏訪上下社参籠所を以説教所と相定め、毎月日曜日之内、奇日は上社、偶日は下社に而説教」を行うので、各氏子は仕事の合間に聴聞せよ、と回達している(21)。また、安曇郡飯田村諏方社祠掌・竹内泰信は四月二日、県官あるいは県社祠官による「説教の体裁検査」や、各神社の氏子から一村ごとの「説教周旋方」選出、あるいは説教の実施期間や会場の予告など、県庁による積極的な振興を求める数か条の上申書を県庁に提出した。(22) しかし県庁は翌日、これらの願い出を黙殺するに等しい返答で片付けている。以上の事例から、神官教導職が説教をする際に、氏子のいる各村へ神官自らが布告する場合があったこと、他方県は教化活動の振興に全く動かなかったこと、が読み取れる。

つぎに僧侶の活動を見てみよう。三月九日、諏訪郡下桑原の温泉寺〔臨済宗〕住職・舎鶏野陶宗が県庁に説教実行を申し出た文書には、こうある。昨年〔明治五年〕臨済宗妙心寺派東京出張所から、県下の同派僧侶のうち人望ある者を教導職の候補に選べという指示が出た。私〔舎鶏野〕は他の僧侶と衆議して数名を選出、教導職試補任命状を拝領し、説教活動を行うよう本山より命ぜられた。そして、選出した試補拝命の僧侶六名が高遠から飯田までの間の同派八か寺を巡回することになった。よって、巡回行程にあたる地域を管轄する県庁飯田出張所へ連絡方依頼したい、と。(23) この届け出から、教導職の任命も巡回説教も、各宗派単位で行われたことがうかがえる。そして県庁はこれを承知したものの、出張所への連絡は自分で行えと指示している。

また、安曇郡大町村霊松寺住職・安達達淳の場合、四月一〇日、同郡での巡回説教の実行を上申し、県庁の了承を得ている。安達はさらに翌々日、説教を行うのみならず、「葬儀は神官僧侶の内へ可相頼候事」という布告〔明治五年（一八七二）六月二八日太政官第一九二号〕を踏まえ、聴聞者からの依頼があれば仏葬を行ってよいか、と伺い出た。(24) 安達は、教導職として巡回説教に尽力すると強調する一方で、その見返りとして、巡回先での仏葬執行の許可を得ることも目指したのである。松本藩での離檀・神葬への改典については先にも述べたが、筑摩県発足後も旧藩領では書類上神葬へ改典したままの家が多く、僧侶は彼らを帰檀させ、仏葬を行えるよう状況を打開することが急務であった。これは先に触れた松本地域の僧侶の経済的困窮からすれば、安達だけの問題ではなく、松本の仏教界全体の問題でもあったと考えられる（この点については、次章で改めて詳述したい）。

以上僧侶の二例からも、県庁が説教活動に支援も介入もしなかったことが確認できる。そして僧侶の場合、説教活動は仏葬復活の要求と関わっていたのである。

## 第二節　派遣教導職の来県

### （1）松本小教院設置と教化組織の形成

このように筑摩県では、もっぱら学校が「人民教導」の場と考えられており、教化政策はといえば、ただ教導職個々の説教活動を県として認可するだけのものであった。本節では、こういう「放任」状況の県に派遣された教導職、黒川益清・都筑義衛・佐伯領巌・小松了照の足跡を追い、「事件」発生までの様相を明らかにしてゆく。

なお、この「事件」については、東京都板橋区熊野町・熊野神社所蔵『教部省記録　筑摩　明治六年』を主史料として叙述する。『教部省記録』とは、教部省内の稟議に付された公文書簿冊の一部で、教部省と府県とのやりとりを記録した貴重な史料である(25)。言うまでもないが、一般的に、公文書を主たる素材として地域の事件の実相に迫る手法は、行政側の偏った視点から結論を導き出す危険がある点で大きな限界がある。だがこの一連の応答記録は、熱気を帯びた表現も多く、公文書としては珍しく当事者たちの息づかいが直截に感じられる。単なる事務文書の往復を超えた興味深いものがあり、慎重な検討を加えつつ読み進めてゆく価値があると判断した。本節以下ではこの『教部省記録　筑摩　明治六年』のうち「教務」の部、特に「中講義黒川益清外二人呼戻之件」の項（以下『記録』と略）を用いる(26)。引用も特に断らない限り『記録』から行う。なお、板橋区公文書館には『記録』の写真複写本が架蔵されている。それには一頁ごとに通し番号が印されており、本節以下の引用部ではその頁番号を［　］内に付することとする。

さて、この四名の教導職はどういう人物か。まず中講義・黒川益清については、『記録』での言動から神官か国学系の人物であることは間違いないが、平田派の門人帳などにもその名はなく、管見の限り詳細なプロフィールは不明なのである。唯一、黒川らしき人物について宮崎ふみ子が言及している。宮崎は、教派神道実行教の始祖・柴田花守の明治初年における活動を述べた論文で、柴田が一八七三（明治六）年五月ごろ筑摩県を訪れた際、同県に滞在していた教導職の「黒川某」なる人物と面会したという史料を挙げている。[27] しかし、それ以上の史料は残念ながら見当たらない。まさしく名もない神官ないし国学者と把握すべき存在であり、そうした人物が主役の一人となったという点でも、事件の「些細さ」を象徴しているとひとまず解しておこう。

つぎに、同じく中講義の佐伯領巌は、東京・宗慶寺（浄土宗）住職である。少講義の都筑義衛は筑摩県貫属。松本藩の廃仏毀釈政策を担った人物の一人である都筑蘊の子で、黒川と同じく国学の素養ある者とみられる。出発直前の四月一四日には、教導職としての等級が訓導から少講義へと昇進している。[28] 筑摩県派遣の一か月ほど前、大教院から全国八大学区へ向けて総勢八〇名を超す下級教導職一斉派遣が企図されている。その際、彼らはそれぞれ派遣人員として（第三大区に佐伯、第四大区に黒川、第八大区に都筑）選ばれていた。[29] ただ、都筑の少講義昇進は四月半ばに行われており、出張中の昇進は考えにくいことから、この一斉派遣は三月末には行われず、改めて人選したうえで再度実施されたと見られる。そしてこの時点で、小松了照の随行が決まったのであろう。小松は都筑と同じく筑摩県在住、筑摩郡三溝村・安養寺（真宗本願寺派）住職で、当時おそらく上京して大教院に詰めていたと思われる。

以上より、メンバーは神道系二名と浄土宗と真宗の僧侶一名ずつ、教化政策の基本原則たる神仏合同を体現した構成であるとともに、筑摩県について土地勘のある二名を含んでいることがわかる。なお、こうした大教院からの派遣に関して、教部省行政の基本史料である『社寺取調類纂』（国立国会図書館所蔵）に記載があるものは、【表2】で示した。だが、五月初旬の黒川らの派遣についての記述は見あたらない。おそらく『類纂』に残っている

【表2】　明治五～六年大教院詰教導職の派遣申請事例

| 届出日 | 派出者 | 神社／寺院名 | 等級 | 派出先 | 備考 | 類纂 |
|---|---|---|---|---|---|---|
| 五年一〇月二七日 | 北風日健<br>平山日運 | 久遠寺（山梨県、日蓮宗）<br>本門寺（東京府、日蓮宗） | 大教正<br>中教正 | 諸国 | 「諸国末派教導巡回」のため | 160 |
| 六年二月二三日 | 大谷胎順 | 本徳寺（飾磨県姫路、真宗） | 権少教正 | 記載なし | 二三日帰国 | 150 |
| 六年二月二四日 | 由理滴水 | 天龍寺（京都府、臨済宗） | 大教正 | 神奈川県多摩郡野辺村普門寺→第五大区 | 普門寺へは説教と二一日間の授戒法要（二七日出発。依頼に応じて）、その後受持区域の第五大区へ | 150 |
| 六年二月二五日 | 唯我韶舜<br>杉山有中<br>田中龍成<br>辻顕高<br>楠潜龍<br>隆日輔 | 伝法院（東京府浅草、天台宗）<br>法音寺（置賜県米沢、真言宗）<br>閲蔵軒（東京府増上寺内、浄土宗）<br>洞照寺（柏崎県小山村、曹洞宗）<br>専覚寺（愛知県蒲郡、真宗）<br>大久寺（東京府下谷、日蓮宗） | 大講義<br>少講義<br>中講義<br>九級試補<br>権少講義<br>九級試補 | 第八大区 | 溪勝縁、養鸕徹定から届出 | 150 |
| 六年二月二五日 | 荻野独園 | 相国寺（京都府、臨済宗） | 大教正 | 記載なし | 二七日出発 | 150 |
| 六年三月二日 | 常盤井堯煕 | 専修寺（三重県、真宗） | 大教正 | 第二大区 |  | 150 |

| | | | | | | |
|---|---|---|---|---|---|---|
| 六年　三月　五日 | 日野霊瑞 | 大光院(栃木県、浄土宗) | 権少教正 | 栃木県ほか第七大区 | 栃木県下の宗内取締、説教などのため八日出発 | 150 |
| 六年　三月一〇日 | 渋谷達性 | 正定院(東京府、浄土宗) | 権大教正 | 第七・八大区 | 一一日出発 | 150 |
| 六年　三月一八日 | 山科祐玉 | 金乗院(佐賀県、天台宗) | 少教正 | 第四大区 | 二一日出発 | 150 |
| 六年　三月一九日 | 養鸕徹定 | 浄国寺(埼玉県岩槻、浄土宗) | 権大教正 | 千葉県生実大巌寺(浄土宗檀林所) | 権少講義横江了海とともに二一日出発 | 150 |
| 六年　三月一九日 | 樹下諦善 | 光明寺(神奈川県鎌倉、浄土宗) | 権少教正 | 第八大区 | 受持区域につき、二二日東京出立 | 150 |
| 六年　四月一五日 | 他阿尊教 | 清浄光寺(神奈川県藤沢、時宗) | 大教正 | 第一大区ほか | 二〇日自坊より派出し、第一大区以下巡回 | 152 |
| 六年　四月二〇日 | 卍山実弁 | 寺院名記載なし(時宗) | 権少教正 | 第一大区、神奈川・足柄県 | 二三日出発 | 152 |
| 六年　四月二三日 | 西有穆山 | 鳳仙寺(群馬県桐生、曹洞宗) | 権少教正 | 第七大区 | 随行は含笑寺徒弟小松万宗(権少講義)。細谷環渓の代理として | 152 |
| 六年　四月二七日 | 鈴村荊叢 | 円覚寺(神奈川県鎌倉、臨済宗) | 権少教正 | 第一大区の受持場所 | 二八日出発 | 152 |
| 六年　四月 | 若園日文 | 妙顕寺(京都府、日蓮宗) | 権少教正 | 第三大区 | 五日出発。第二より第三大区のほうが適当であるため | 150 |

| | | | | | | |
|---|---|---|---|---|---|---|
| 六年　四月 | 河田日因 | 法華経寺（千葉県市川、日蓮宗） | 中教正 | 第二大区 | | 150 |
| 六年　五月一〇日 | 諸嶽奕堂 | 総持寺（石川県輪島、曹洞宗） | 大教正 | 第六大区 | 一二日東京出発 | 150<br>152 |
| 六年　五月一三日 | 樹下諦善 | 光明寺（神奈川県鎌倉、浄土宗） | 権少教正 | 第四大区 | 随行は山田弁承（権少講義）。四月一九日の出発は延期、五月一二日に出発 | 152 |
| 六年　五月一四日 | 畠山可庭 | 南禅寺（京都府、臨済宗） | 権大教正 | 第五大区 | 随行は城安寺住職小林梅嶺（少講義）、安国寺住職代山藍山（少講義）。四日京都出発 | 150 |
| 六年　五月一七日 | 日野霊瑞 | 大光院（栃木県、浄土宗） | 権少教正 | 第六大区 | 一八日東京出立 | 150<br>152 |
| 六年　五月二三日 | 率渓考恭 | 禅定院（滋賀県大津、天台宗） | 権少教正 | 第三・四大区 | 二五日出発 | 150<br>152 |
| 六年　六月　三日 | 河田日因 | 法華経寺（千葉県市川、日蓮宗） | 中教正 | 第二・三大区 | 受持区域なので五日出発。一二月一六日帰京 | 152 |
| 六年　六月一二日 | 鈴木信教 | 如宝寺（磐前県郡山、真言宗） | 訓導 | 第七大区 | 権少教正高岡増隆の代理・少講義杉山宥中に随行する予定が、杉山病気のためその代勤として出発 | 156 |
| 六年　六月二七日 | 大谷光勝 | 東本願寺（京都府、真宗） | 大教正 | 記載なし | | 150 |

| | | | | | |
|---|---|---|---|---|---|
| 六年　七月三一日 | 西川須賀雄 | 出羽神社（酒田県） | 大講義 | 宮城県 | 山形から宮城へ派出。深川照阿の代理として | 156 |

※府県名は当時のもの。備考の記載は『社寺取調類纂』に拠った。『類纂』の項は簿冊番号。

以上の派遣事例が存在すると推測される。

五月七日、黒川らは県庁のある松本に到着する。さっそく、筑摩県庁上層部（表3参照）のうち、筑摩県七等出仕高木惟矩・県庁庶務課少属高橋定一と面会し、教部省の政策に沿って教化活動に臨むという派遣の趣旨を述べ「諸事懇談依頼」した。これは、四月九日付の教部省達第一七号を遵守した行動であった。この布達で派遣教導職は、派出先の教導職と合議して教化活動を組織してゆく際には、地方官と協議して「差支無之様可取計」、という義務を課せられていたのである。黒川らはついで、県下の神官・僧侶にも会い、県の地理や情勢について話を聞いている。そこから、広大な県域ゆえに「布教之根拠之小教院無之ては、教義合議諸事務勤学輩講義会談講究切磋に難出来」と判断し、教義研究、事務など説教活動

【表３】　筑摩県職員（1873年４月時点）

| 権　令 | 永山盛輝 | | | |
|---|---|---|---|---|
| 七等出仕 | 高木惟矩 | | | |
| | 【庶務課】 | 【出納課】 | 【聴訟課】 | 【租税課】 |
| 典　事 | | 黒田直方 | | 黒田直方 |
| 権典事 | 渡辺千秋 | | 渡辺千秋 | |
| 大　属 | 藤田　正<br>赤司重春 | | 市岡昭智 | 柴田敬恭 |
| 権大属 | | 村地広真<br>北原稲雄 | 川井保厚 | 本山盛徳<br>後藤省三 |
| 少　属 | 川地森敬<br>高橋定一<br>都筑正眼 | | 鮎沢政彦 | 川瀬清直<br>上村一平 |
| 権少属 | 杉浦義方 | | | 中山一全<br>桜井守成 |

※赤羽昌吾『筑摩県職員録』1873より作成。史生以下は省略。

の拠点＝「小教院」の設置を目標に定める［681］。

その拠点設置には、適当な場所と資金、および人材が必要である。五月一七日と一八日の両日、一行は廃寺となっていた瑞松寺（松本宮村町）において来県後初めて説教を行うが、その際旧瑞松寺を「諸事都合宜敷」場所であるとして、同二二日には嘆願書を県庁へ提出した。すなわち、説教および「平常学術講究試験諸典臨講会読等之課を立て」て活動に打ち込むにふさわしい「小教院」として旧瑞松寺を、そして県内を巡回する教導職の宿舎として旧浄林寺（松本伊勢町）を用いたいと願い出たのである。県庁は、庶務課の高橋から「差支無之に付、瑞松寺は県庁より別段引渡に出役無之戸長共より可請取」と指令した［700〜701］。そこで翌二三日に旧瑞松寺の家屋に住む副戸長鳥羽孫七郎より「請取」り、「小教院」の名号をつけ、活動場所を確保した［691］。

小教院設置の動きに対し、当初から同調する神官・僧侶や、旧松本藩士らがおり、彼らはすでに黒川らのもとに出入りしていた。旧藩士であった都筑の父・薀と岩崎作楽は、同じく旧藩士の神官・三宅逸平次、清水義寿らとともに講社結成を画策する。また、前章で登場した大町霊松寺(30)・安達達淳らの僧侶も県下の同宗僧侶をあつめて資金調達に動いていた。黒川らは彼らと協議し、「松本表布教永続講社方法書」を作成した。この「方法書」では、

・約二〇〇余りの寺院から各一〇円ずつ（計二〇〇〇円）出金させ元資金とし、そのまま貸付けて利息年五分を集金、合計一〇〇円を小教院永続の資金とする（ただし今年は初年度なので、大教院への冥加金として今すぐ一〇〇円を徴収、黒川らが取次ぎ納入）。

・筑摩・安曇両郡の神官で約七五戸に三〇円ずつ、計二五〇〇円を元資金とし、僧侶同様貸付け、年利五分＝計一一二円五〇銭（月一二銭五厘）を小教院維持費として徴収する。

・伊那郡は倉沢清也（同郡南小野村・小野神社祠官）、諏訪郡は岩波順治（諏訪神社権禰宜）が同様の方法を各郡神官と合議して取り決める。

・利息は三等分し、大教院への納入金・小教院勧学費・小教院取賄いに用いる。[694～695]

という方針を立て、資金を神官・僧侶から集めようとしたのである。

そして二三日に小教院を設置すると、三宅に小教院議事課勤務、清水と加藤事松に同会計課勤務を命じ、また二九日には林吉禹（筑摩神社祠掌）・牟礼鎮（深志神社祠掌）・百瀬吉房（日吉神社祠掌）・上条要（薄水神社祠掌）ら九名に、仕丁として出勤せよとの辞令を発した[667～669、724～726]。黒川らは、講社結成によって主に資金面における小教院への協力体制を組織する一方で、小教院を運営してゆく上での人材確保も矢継ぎ早に行おうとしたといえよう。

## （2）教化活動の実相

こうした松本小教院設置を中心とする組織形成と並行して、教化活動も開始した。その中心となったのは佐伯領巌である。【表4】では、佐伯の五月中旬から七月上旬までの足どりを示した。佐伯の活動は、説教と教導職試補推挙に大別できる。

まず説教であるが、前述した五月一七日・一八日の旧瑞松寺における説教では、説教者は佐伯と都筑義衛、県社・筑摩神社の祠官林吉金および三宅逸平次で、内容は三条教則を一つずつ、三座構成で説教するというものであった。この限りでは、神仏合同で三条教則をもれなく説くという、教部省の基本的な方針に忠実な教化活動が行われている観がある。だが、その後の佐伯の行動を追うと、異なる様相が見えてくる。

【表4】佐伯領巌の巡回活動

| 日付 | | 所在地・会場 | 活動 | 内容 | 聴聞状況・備考 |
|---|---|---|---|---|---|
| 五月一七日 | | 松本・瑞松寺（曹洞宗） | 説教 | 前座林吉金（筑摩神社祠官）、中座佐伯、後座都筑の三名が三条教則を順次 | 神官僧侶貫属庶民三五〇～三六〇名余が聴聞 |
| 一八 | | 松本 | 説教 | 初座は神官三宅逸平次が「天理人道」、中座は佐伯が「敬神愛国」、後座では都筑が「皇上奉戴」等 | 前日同様、およそ五〇〇名余が聴聞 |
| 二〇 | | 〃 | 推挙 | 筑摩郡今井村正覚院・蘇我村忠金寺・和田村無極寺の各住職など、松本近辺の浄土宗僧侶を試検し九名を推挙、彼らに「三章の大意講説」 | |
| 二二 | | 〃 | 推挙 | 伊那郡木下村法界寺・諏訪郡小和田村教念寺住職ら浄土宗僧侶五名を推挙、三条教則の大意を講義 | |
| 二三 | | 〃 | 推挙 | 筑摩郡矢倉善導寺看住周賢を推挙 | |
| 二四 | 午後 | 和田村・無極寺（浄土宗） | 説教 | 「天理人道」 | 無極寺住職の招請に応じて実施、神官僧侶戸長副長庶民等数百名が聴聞 |
| 二五 | 午後 | 〃 | 説教 | 「敬神愛国」 | 「聴衆前日の如し」 |
| 二六 | | 松本・瑞松寺（曹洞宗） | 説教 | 前座神官、中座佐伯「天理人道」、後座神官 | 神官僧侶貫属庶民五〇〇名が聴聞 |
| 二七 | | 松本・浄林寺（浄土宗） | 説教 | 前・中座が神官、後座佐伯 | 神官僧侶庶民三五〇～三六〇余名が聴聞 |

| | | | | | |
|---|---|---|---|---|---|
| 〃 | | 松本 | 推挙 | 筑摩郡二子村慶林寺ら浄土宗僧侶三名を推挙 | |
| 二八 | | 〃 | | 「松本県庁より呼出」 | |
| 三〇 | 午後 | 〃 | | 「瑞松寺旅官之義は黒川等の両人ゟ依頼」し、今井村正覚院へ同寺住職とともに出発 | |
| 三一 | | 今井村・正覚院（浄土宗） | 説教 | 「敬神愛国」 | 神官僧侶戸長副長及び庶民数百名が聴聞 |
| 六月　一日 | | 今井村・宝林寺（真言宗） | 説教 | 「天理人道」 | 諸宗僧侶が随喜、庶人数百名が聴聞 |
| 二 | | 郷原村・郷福寺（真言宗） | 説教 | 「敬神愛国」 | 「聴衆前日同し」 |
| 四 | | 上諏訪・正願寺（浄土宗） | 説教 | 前座小和田村教念寺住職、次座佐伯 | 諏訪大社の神官四名及び諸宗僧侶貫属庶民数百人が聴聞 |
| 五 | | | 説教 | 前後座、「天理人道」 | 両座とも随喜、神官僧侶庶人が聴聞 |
| 六 | | | 説教 | 前後座、「皇上奉戴」等 | 前日同様随喜、聴聞前日に同じ |
| 〃 | | | 推挙 | 法光寺・称故院など諏訪郡の浄土宗寺院一〇か寺住職を推挙、三条教則の大意を講義 | |
| 八 | | 伊那郡高遠村・満光寺（浄土宗） | 説教 | 「天理人道」 | 諸宗僧侶や貫属庶人数百名が聴聞 |

| | | | | | |
|---|---|---|---|---|---|
| 〃 | | | 推挙 | 白心寺・円浄寺各住職推挙、三条教則の大意講義 | |
| 一〇 | | 伊那郡上穂駅・安楽寺（浄土宗） | 説教 | 「天理人道」 | 諸宗寺院随喜、数百人が聴聞 |
| 一二 | 午前 | 飯田・西教寺（浄土宗） | 講説 | 諸宗寺院の招請に応じ、三条教則の大意を諸宗僧侶に講義。そのあと多数の「不審詰問等」が寄せられ「皆酬答に及ぶ」 | 飯田とその近辺から、臨済宗四名（龍翔寺泉盤丘・長久寺・龍門寺・瑞応寺）、曹洞宗一名（専照寺久我直宗）・真宗三名（正念寺白馬智勝・善勝寺・本覚寺）、日蓮宗二名（長源寺・照光院）、浄土宗一二三名（来迎寺・西教寺・柏心寺・峯高寺など）、ほか隠居数十名が参加 |
| 〃 | 午後 | 飯田 | 説教 | | 諸宗僧侶「随喜」、貫属庶民数百名が聴聞 |
| 一三 | 午前 | 〃 | 講説 | | 聴聞に来た諸宗僧侶は前日の如く「随喜」 |
| 〃 | 午後 | 〃 | 説教 | | 前日同様の聴聞 |
| 一四 | | 〃 | 推挙 | 飯田二四か寺へ試検実施のうえ推挙、三条教則を講義 | |
| 一五 | | 伊那郡木下村・法界寺（浄土宗） | 推挙 | 見宗寺・円福寺・伝福寺住職を推挙、三条教則を講義 | |
| 一七 | | 松本 | | 松本へ戻る | |

| | | | | | |
|---|---|---|---|---|---|
| 二〇 | 午後 | 〃 | | 飛騨巡回のため松本を出発。県庁、佐伯巡回を高山支庁へ通達する書面を今井村正覚院へ送る | |
| 二一 | | 今井村・正覚院（浄土宗） | | 正覚院に到着 | |
| 二三 | | 〃 | | 正覚院を出発。沙門浄優、正覚院住職及び下僕二名を同伴 | |
| 二八 | | 高山 | | 飛騨高山（大雄寺）到着 | |
| 二九 | | 高山・大雄寺（浄土宗） | 説教 | 前座沙門浄優、後座佐伯 | 聴衆数百名 |
| 三〇 | | 〃 | 説教 | 前後座 | 聴衆前日と同じ |
| 七月　一日 | 午後 | 〃 | 説教 | 前座沙門浄優、後座佐伯 | 聴衆数百名 |
| 二 | 昼 | 〃 | 説教 | 前後座 | 聴衆前日と同様 |
| 〃 | 夜 | 〃 | 説教 | 前後座 | 聴衆同前 |
| 三 | | 〃 | 推挙 | 大雄寺・正定院・天性寺徒弟諦基・同学住の四名推挙 | |
| 四 | | 〃 | | 帰京する旨の書簡を大教院へ送付 | |

※『第二大区派出日記』（増上寺所蔵）より作成。日付の項、年は省略（一八七三年）。

五月二四日、松本郊外の和田村無極寺での説教は、無極寺住職が佐伯のみを招いて行われたものであった。また同三一日以降、今井村をへて諏訪・伊那両郡を巡回説教した際にも、ほぼ独りで行っており、六月に入ると神官とともに説教しているケースは全くない。しかも同座した説教者はいずれも同じ浄土宗僧侶であった。さらに興味深いのは、六月一二日・一三日には飯田の西教寺において、一般聴衆を含まない、各宗僧侶のみを対象とする説教を行っていることである。これは飯田周辺の各宗寺院から、三条教則の概略を「講説」するよう依頼されたのをうけたもので、聴衆は浄土宗・臨済宗・真宗・曹洞宗・日蓮宗の僧侶三三名、および隠退した僧侶数十名であった。

もうひとつは、僧侶への教導職試補推挙である。一般に、神官・僧侶はまず上級の教導職によって試補に推挙されたうえで、神道・仏教各宗派の管長より試補の辞令をうけ、その後正式な教導職として採用された。一八七四（明治七）年に入ると、体系立った試験制度が作られるが[31]、当時僧侶の教導職任命はまだ緒についたばかりであり、制度として統一的な試験任用などは展開されていなかった。よって、佐伯のような派遣教導職が地方の神官・僧侶に試験を施し、そのうえで試補に推挙するのは、教化活動の発展には欠かせぬ活動だったといえる。佐伯は【表4】のごとく、五月二〇日の九名を皮切りに、筑摩県下六一名の僧侶を試補に推挙していった。もっとも、前節で触れた臨済宗妙心寺派の場合と同じく、対象は佐伯と同じ浄土宗僧侶のみに限定されていた。

こうした巡回説教および試補推挙によって、県下の神官・僧侶が組織的に正規の教導職に任命されていくようになった、とまでは言い切れない。しかし、少なくとも彼らに、自分が教導職となり、教化活動に従事することへの「関心」を喚起したとは充分考えられる。六月一二日・一三日、飯田西教寺に各宗から数十名の僧侶が集ったこと、そこで講義をうけ、佐伯に「不審詰問」を浴びせたことなどは、その「詰問」の内容こそ明らかではないが、ともかくも「関心」の表れであると言うことはできよう。

最後にもうひとり、小松了照について述べておきたい。実は、『記録』に小松はほとんど登場しない。だが、派遣教導職の説教を聴聞するよう指示した県庁の布告文からは、黒川らとともに松本へ到着したことが確認できる。[32]

また、五月二二日には、旧檀家である筑摩郡上波田村・百瀬門六という者から仏葬執行の依頼を受けたので許可されたい、なお今後も同様に「布教之上仏葬執行之段、御採用被成下置候様」お願いしたい、と申し出ている。(33)これは、前章に挙げた安達達淳と同じ希望である。小松は他の三名とは全く別に行動し、以前檀家があった村々を回り教導職として説教しながら、それを手掛かりに仏葬復活を図っていたのである。

以上、黒川ら派遣教導職の活動の実相を明らかにしてきた。神仏合同の派遣とはいうものの、小松は他の三名とは行動をともにせず、神道系の黒川と都筑が小教院を中心とする組織づくりを牽引する一方で、説教活動や試験実施および試補推挙はほとんど僧侶の佐伯が行っていたことが明らかになった。

さて、ここで確認しておきたい点がある。それは、黒川らの小教院設置をめぐる、場・資金・人材を確保する敏速な動きがなぜ可能だったか、という点である。これは県下の神官・僧侶、そして県庁がこの動きに協力的であったのはなぜなのか、との問いに換言できよう。

まず、明治初年松本藩における廃仏毀釈を推進した岩崎作楽、都筑蘯らは、黒川らの教化活動を「政教一致之御示意教義宣布之御事は、国家之御大典」とする観点から評価していた〔688〕。教部省教化政策を神祇官時代の神道国教化政策の一環と認識したため、積極的に協力したのである。また、「大教院派出之御趣意柄」〔705〕を掲げる黒川らを信頼した神官も多くいたと思われる。(34)他方、安達や小松らの僧侶は、政府・教部省の教化政策に協力することで、廃仏毀釈で失った檀家を取り戻し、仏葬を復興させるという狙いを持っていた。こうした認識や思惑が交錯しつつも、神官や僧侶は同じ教化体制形成へ参加していたのである。

一方県庁は、黒川らをどう見ていたのか。それは、五月一九日に発した布告に端的に表れている。県庁はこの布告で、黒川らの松本到着について、「郡村社寺にて布教有之に付、村町長副於ゐても精々出席世話可致、婦女子に至迄参詣説教聴聞可致」と指令したが、その際「但教正追々派出布教相成候間、為心得布達候也[35]」と但し書きしている。いずれ教正（上級教導職）が来県し教化活動を行うはず、との予告である。これは、前節で述べた教部省達第一七号にもとづき協議を行った結果であろう。黒川らは協議を通じて、「教正の先遣隊」として県庁に承認されていたのである。それまで教化活動へほとんど何も関わってこなかった県庁が、説教の予告や聴聞勧奨を布達するなど（積極的ではないにせよ）協力的な姿勢を示したのも、黒川らが教部省の政策にもとづいて派遣された者であるがゆえであった。県庁は彼らを信用して、ある程度協力し、あとはその裁量に任せようと考えていたのである。

それゆえ、黒川らの小教院設置を中心とした活動は着々と進められた。教部省の規定上、黒川らの動きはじつは越権行為であった。はじめに述べた大教院事務章程に照らせば、小教院を設置するのも、教化活動に充当する資金を寺社に課するのも、上級教導職たる教正が教部省へ許可を得たうえではじめて可能となるはずの事項であった。ところが、下級教導職の中講義にすぎない黒川が、派遣先でそれらを行い得たのである。なぜか。それはまさしく、黒川らが教正の先遣隊であったからではないだろうか。県庁との協議において黒川らは、教正の委任を受けた存在として認識された。よって本来教正だけが行い得る小教院設置なども、委任事項として実行できた。このように考えられるだろう。

## 第三節　県庁と派遣教導職の相克

### （1）疑念と反論――教区分担をめぐって――

ところが、そうした状況が大きく揺らぐ出来事が起こる。一八七三（明治六）年二月一八日、大教院は神道・仏教各宗教正の派遣地域区分を設け（文部省「学制」の八大学区に合わせたもの）、有力教正に教化活動地域を割り当てることとした［695、697］。その区分によると、筑摩県は敦賀・石川などの各県とともに大教院詰教正の担当となっていた(36)。だが、五月二七日に神宮司庁から到着した県庁宛書簡（同九日付）には、このたび筑摩県への派遣は、大教院ではなく神宮司庁詰の教正が担当すると変更になった、と通達されていたのである(37)［752］。この変更の正式な日付は管見の限り不明である。ただ、「学制」の八大学区制が、文部省達第四二号によって七大学区制へと再編成されるのは、四月一〇日である。よって黒川らが松本へ出発する五月一日時点では、区分変更はなされていたことになる。

翌五月二八日、県庶務課の高橋は黒川を呼び出し、この変更の事実について知っていたかどうかを尋ねた。黒川は、「不遠教正方巡行先用として拙者共仝行三人当地へ被差遣」たので、そうした変更があったのなら近々「持場に付」神宮司庁より教正のうち誰かが来るであろうが、その件について自分の派遣元たる大教院からの通達は来ていない、と返答した［752］。高橋はその答えに、黒川らの派遣が本当に正規のものであるか、疑念を抱きはじめる。筑摩県は教区分担上、神宮司庁が教正派遣を担当するはずなのに、なぜ黒川らは大教院から来県してきたのだろうか、と。そしてその夜、県庁は県内の神官へ向け次のような布達を出す。

先般全国教導区別相立、愛知浜松岐阜三重度会之五県神宮司庁引請之処、又々此度更正に付、当県静岡敦賀石川四県同庁引請相成、不日教官《ママ》派出候に付、是迄出張致居候中講義黒川益清始、当県下於て神官教導試検之義更に関係無之筋に候条、試検受るに不及候［704～705］

県庁は黒川らを神宮司庁詰の正規の教正派遣とは無関係とみなし、黒川・都筑・佐伯によって「神官教導試検」が行われてもそれは無効である、と達したのである。これを知った黒川と都筑は翌二九日の朝、大教院庶務課へ急飛脚で書面を送り、伊勢神宮祭主である大教正近衛忠房の松本到着を待ちたいが、「筑摩県下之義神宮司庁受持に相成候義は、私共未た不相心得」ので、進退を一応伺っておきたいと伝えた〔752〜753〕。この文言から、黒川らは出発の時点で、教区の区分変更は知っていたとしても、担当が大教院から神宮司庁へ変更されたことまでは知らなかったことが読み取れる。つまり、この担当教正変更を了知しないうちに筑摩県での活動を開始していたため、県庁は黒川らに対して規定に反する教導職ではないか、と疑いをもち、右の通達を出すに至ったのである。

その進退伺いは教部省へ回送され、同省出仕の教導職神原精二・田倉対洲を経て大教院へ伝えられた。そして六月五日に大教院詰の教正たちから、皆その活動を賞賛しており、進退については「差支無之候条、近衛大教正と万事協議し、布教一層尽力」せよ、という指令書が黒川らのもとへ返ってきた〔703〕。お墨付きを得た黒川らは翌六日、松本地方の神官・僧侶へ向けて、松本小教院で教化活動につき合議するので明日出頭せよ、との指令を出す〔728〕。黒川らにすれば、これで自信を回復し、安心して活動を再開できるはずであった。

だがその間に、情勢は一変していた。県庁はこの疑念から、従来の黒川らへの協力的な姿勢を翻し、連日取調べを行うようになった。三宅・清水ら小教院に関わった神官たちからも事情を聴取し、黒川らの動きをつかもうとする。その結果、二九日に小教院勤務を命じられた神官のうち、前節で述べた林吉禹ら四名が翌三〇日に辞令を返上した。また同日、県庁が事情聴取した三宅・清水・加藤の神官三名が、さらには安達ら僧侶も、以後小教院へは全く出てこなくなった。そして県庁は六月三日、ついに黒川らを教部省に告発するに至ったのである。

以後、県庁と黒川ら（これ以降は黒川と都筑の両名を指す）は激しい応酬を展開する。その経過は錯雑としており、双方の語気も非常に荒いが、惑わされずに論点をつかみ出してゆこう。まず県庁の訴えは、六月三日付上申によれば、次の二点にまとめられる。

①黒川らは、当県の「教導区分引受」が大教院から神宮司庁へ変更になった事実を知っていながらそれを県庁に知らせなかった。そして「大教院派出」という威光でもって、「当分貸し遣し置候廃寺を、一言之合議打合等不致」に「小教院」として用いたり、県下の神官たちへ県庁の断りなくみだりに命令を下したりした。

②黒川らは神官・僧侶へ教化活動の資金拠出を課したが、その方法は「遂に苦情県庁へ訴出候程之儀にて穏当之処置に無之」。講社結成を急ぐあまり、「徒に勧財に空馳」した。〔664～667〕

いずれも、教部省の「御趣意柄と齟齬」するのではないか、という訴えであった。先に述べたように、①は県庁の黒川らに対する疑念の原点である。だが黒川らはここに、待ってましたとばかりに反論を加える。六月八日に帰京の途についた黒川・都筑の両名は、帰京後の大教院からの取り調べに対し、詳細な上申書を同月中に提出している。そのなかで、松本滞在中に県庶務課権典事・渡辺千秋と次のようなやりとりを交わしたと述べている。

黒川「廿八日之夜、俄に別紙之通布達ありしは、派出掛中如何にも差支候間、何与歟取直し之所置方も可有之歟」

渡辺「其方には大教院より之派出成り。今度は更に改正に而、伊勢神宮司庁持に成りたり。司庁は大教院与は別也。依て司庁より都て県庁へ依頼之上は、其方には最早於此地教義関係無之筈に付布達及し也」

黒川「神宮司庁へも皆大教院之教導職にして、神宮に奉仕は司庁に限る名目、世上へ布教に出ては大教院之管轄にて、則此方共の仲間なれは、大教院派出与別には非す。此方も兼て申入候通り、第二大区派出近衛殿始へ之随行に候。因て東京より御指令有之歟、司庁之者到着候歟迄は此儘罷在候に付、此方共最早教義に関係無之訳にはあらさる」

渡辺「大教正より県庁へ直に依頼申趣之後、其方共兎角之論者謂れ無」［685〜686］

〔※カギ括弧などを付し対話調に整えた。引用文はそのまま〕

教導職は神宮司庁詰であろうと、基本的にみな大教院のもとにある存在だ。我々は大教院からの指令によって派遣されたが、当県の教化管轄が神宮司庁であるなら、その先遣隊に相当することになる。よって、大教院から指令があるか、神宮から教導職が到着するまでは、先遣隊である我々が教化活動を行うのは正当であろう。黒川らは、二八日夜の布達取り消し要求を拒む渡辺に対し、このように主張した。八月五日付の反論書においても、県庁が「神宮司庁与大教院与之派出に区別有与誤解」したせいで、「生等他之区に居て大教院を口実とする如く見成し、是を悪彼是暴談相起り不都合を生し」たと述べており、ことは全て県庁の誤解に基づくと断じている［718〜719］。対する渡辺は憤然と、神宮司庁の近衛大教正からの書簡で教区分担変更が明言されているのだから、抗弁などは論外であると告げ、このやりとりは真っ向対立したままに終わった。

この件については、黒川らが優勢であった。なぜなら、六月五日に大教院からの指令書を得ているうえ、県庁がこの問題を追及してゆけば、教部省から教化政策への「非協力」を逆に責められかねなかったからである。県庁も二度目の上申（六月八日）以降は、①について言及することはなくなった。

### (2) 追及と更迭——資金をめぐって——

そこで、県庁は②へと争点を絞ってゆく。すでに事件発生以前の五月二二日、伊那郡長岡村長松寺住職代理・高谷松仙から「苦情」が寄せられていた。大町村霊松寺・小野村祭林寺らが中心となって、松本小教院への出資を要求する会合が開かれ、「出金無之寺」は県庁へ訴えるぞ、と両寺から脅しをうけたというのであった［746〜747］。

県庁はこの資金調達問題にすぐには対応しなかったが、前述の三宅ら神官三名への取り調べから、講社を結成して神官一人当たり月一二銭五厘を徴収すること、のみならず神社の初穂料などの収入（社入）から三割を、教導入費として徴発していたという情報に接する［744〜745］。

教導入費とは教化活動を推進するための費用で、明治五年（一八七二）九月一〇日教部省達第一六号によって、社入の三割（官国幣社は四割）を教導入費として府県へ隔月で納め、それを府県が教部省へ納入するものと定められた。しかしこの布達は翌年二月二八日に取消され（同省達第二二号）、教導入費については神道教導職の管長指令を待て（同日番外達）、ということになった。県庁も同三月二三日、教部省へ伺いを立ててその件を確認している。つまり、原則として、指令がないうちは勝手に教導入費として社入を徴収しないこととされていたのである。

県庁はその点を突いた。七月五日、黒川らが「一応之合議にも不及」、社入の三割を「勝手に集金、飲食費用等に取計」ったのは、右の原則を無視しており「第一御省御指揮振とも齟齬し甚不都合」ではないかと主張し、教部省に断固たる処分を要求する［733〜735］。この事実については、六月一二日・一三日に、集金方法を考案した一人である清水の証言を得ていた。この段階で、②の論点は、資金調達のなかでも勝手に社入を徴収したことへの追及に絞られた（これを②としよう）。だがその焦点化は、実は決定的であった。勝手に教導入費として社入を徴収したのみならず、用途としての飲食費充当という暴露が付け加わり、教導職として大きなマイナスを印象付けることになったからである。そもそも、これは前節(1)でもふれた教部省達第一七号、すなわち地方官と充分合議して教化活動を取り計らうべしという規定に反する点でも、非常に大きな問題として浮上することになろう。

黒川らは八月九日、資金調達云々については「更に心得不申」と返答した［758］。もちろん、それは清水からの情報によって早晩覆されることになる。それを予測した黒川らは同一三日に、「瑞松寺跡追て小教院与可致趣、大教院へ具状後とは乍申、県庁へ合議も不仕件」について、「今更恐入奉存候」とする書面を教部省へ提出し、翌々日には進退伺いを出した〔760〕。自分に分がある①の論点を持ち出し、先に詫びを入れておくことで、②′からの追及の機先を制しようとしたといえる。

だがそうした工作も、県の執拗な上申のまえには無力であった。九月一四日、教部省は②′を焦点として黒川らの進退を議論する。そしてこの審議の結果、教部省はついに黒川と都筑を教導職から罷免するという処分を行うに至る。もっとも省内には、黒川らに同情する声もあった。一〇等出仕河口寛は、社入を用いるという方法自体は、「官員の官金に於るとは大径庭有之、教導職に於ては大失体とも被申間敷哉」との見解を示している。しかしその河口も認めるように、「出金之方法を県庁並大教院へ具状不致候は落度」であったとの評価は動かしがたかった〔746〕。まずもって県庁との合議を欠いた点が、教部省達第一七号に反していた。そしてそれまでのやりとりのなかで強調されたように、教導職の活動は「官費も不仰、民費も不募」〔744〕が一つの大きな理念であった。実際には小教院運営費は神官・僧侶にのみ課していたとはいえ、教部省は教化政策をすすめてゆくうえで、教導職の金銭面での醜聞には敏感にならざるをえなかった。こうした金銭面の「落度」を大きな理由として、教部省は黒川・都筑を免職に処したのである。

### （3）事件の〈真相〉

以上が事件の一部始終である。だがここまでは、表立った争点に絞った説明にすぎない。県庁がかくも執拗に黒川らの処分を迫った理由が、まだ明らかになったとはいえないからである。教導入費の食費充用という点だけなら、佐伯領巌も黒川らと同じく矢面に立たされるはずであろう。だが佐伯は、黒川らの罷免後、教部省内で詮議された際、自分は巡回説教に従事していたので「委細之義心得不申」、と主張したのが認められ、免職には至らなかった〔761～762〕。では、教部省達第一七号が定める地方官との協議義務を遵守しなかったから、という理由はどうか。もちろん妥当性の高い説明ではある。だが、それなら高谷松仙からの「苦情」が寄せられた二二日の時点で、県庁は黒川らに事情聴取などを行うのが自然であろう。ところがその形跡は全くない。ならばいったいなぜ、県庁は黒川らのみを執拗に追及したのだろうか?(38)

筆者はこれに答えるための鍵を、先にみた、六月中（中旬か下旬）に大教院へ提出した黒川らの上申書に求めたい。この中で黒川らは、自分たちの活動に対し快く思っていない存在として、いくつかの実名を挙げている。それによると、県庁では七等出仕高木惟矩・庶務課権典事渡辺千秋・同少属高橋定一・捕亡吏海野東人、神官では林吉金・林吉禹ほか二、四名、また僧侶では正行寺（佐々木了綱）・宝栄寺（三浦義遵）・高谷松仙、そしてともに来県した安養寺（小松了照）までもが、反黒川派として指弾されている。その理由として、林吉金に対しては「〔下級教導職たる〕権訓導之処、未た社頭に説教標も不掲、世上へは徒に説教事を唱る計、実は更に意と不為」ことを挙げている。また僧侶たちについては、我々の派遣を仏葬復興の好機と期待していたようだが、ただ説教するだけで見返りを得られないと見るや、説教に従事せず「病を唱へ五月初旬より引籠」って小教院へ出てこなかった、と非難している。そして、この面々がすべて高木、渡辺という県庁上層部とつながっており、そこから圧力をかけていると睨んだのである〔686～687〕。県庁には、この批判が当たっているかどうかは問題ではなかった。あからさまな県庁批判を展開していること自体が、まず看過しがたいものであった。

そして黒川らは、もうひとつ別の注目すべき見解を示していた。県政上最も力を入れている政策のひとつ、学校教育の推進を批判の俎上にのせたのである。上申書にはこう記されている。筑摩県では近ごろ学校が次第に増加しているようだが、それは県庁の役人が巡回して、学校設置の資金を出すよう全ての家々に厳しく命令しているためである。その方法は、積み立てた元資金を町村へ貸し付け、その利息を取りあげ学校入費に宛てるというものであり、それに加えて生徒一人につき「金二朱或は金一朱宛月々急度取揚」るという。そのせいで町村には次のような批判が噴出している。

学校は難有与は口々唱ふると雖も、実は谷間之師家へ遣すよりは多分之失費に付、子有物は皆苦情を述る之由。然に小教院永続之講社五十ヶ条之趣如何にも難有御意趣に而、民費を不募真に有志之財を集る之方法、厳酷なる学校之集財与は寛猛之違雲泥に付、民間追々聞伝之学校の方法を彼是誹謗に及ふ之由。県庁掛之者共追々聞込、小教院之講社法延満に至ては学校之障と可成存る所より、頻に小教院に於ては猥に勧財及ふとの説を相立候由〔691～692〕

黒川の側からこの上申を読むなら、県庁が小教院を厄介視してあらぬ説を立てているのだ、という主張に力点を読み取るべきであろう。だが県庁にとっては、小教院の資金調達の方法（右史料中「講社五十ヶ条」の内容は不明）を見聞したために、民衆が学校を非難するようになること、加えて「谷間之師家」、つまり寺子屋（手習塾）を懐かしむ心情を強くするのにつながること、これらこそが重大な問題であった。さらに黒川らは、先ほどの林吉金への非難の続きで、林が自宅を小学校にして、自らはその教員となって生徒へ教えているのを、「権訓導之拝命等乍有、県之不好事故教導は打捨、小学校へ力を入」れているのであろう、とも述べている〔687〕。これらの見解は、黒川らの組織する教化活動が、学校と対抗的な位置に立つ危険があり、ややもすれば民衆の支持を得て学校設置の大きな障壁になりかねない、ということを示していたのである。こうした存在を、県庁は簡単に許すわけにはいかなかった。よって、佐伯は糾弾対象にはならず、資金調達・組織形成の元締めであり、県政とりわけ学校教育振興に対抗姿勢を示した黒川と都筑に、追及の矛先が向いたのであった。

## おわりに

本章ではまず、これまで等閑視されてきた下級の派遣教導職に光をあて、彼らが単に巡回説教を行うだけでなく、当該地域の教化体制形成に向けて活動し、それが地方官との摩擦を生む場合もあったことを明らかにした。これを「教部省教化政策の地方的展開」という観点から整理しなおせば、松本小教院事件は以下のように位置づけることができる。

教部省は、冒頭でも挙げた一八七三（明治六）年三月一四日の大教院事務章程において教正の大学区派遣を定め、全国的に教導職派遣を開始する。これを教化政策の地方的展開の第一段階とすれば、第二段階は同年一〇月二七日公布の「大中教院規則」以後となろう。神仏合同の中教院を全国一律に設けることを明示するとともに、教部省官員の一斉派遣を実施した時期である。そして第三段階は翌年五月、教導職任用試験開催のため教部省官員を再度派遣した時期となろう。[39]これに照らせば、黒川らは第一段階にあって、教部省官員が第二段階以後に行った行政指導――中教院設置や教導職試験、説教実行の促進など――を、いわば先取る格好で活動したといえる。だがそれは、県庁との協議を越えたものになり、その齟齬が松本小教院事件という形をとって噴出した。第二段階の官員派遣は、おそらく松本のみならず、各地におけるそうした摩擦が背景となって実施された、と考えられる。事件発生まもない八月二四日、下級教導職派遣の際に各管長からの派遣証明書下付が義務付けられるようになった（教部省達番外）ことは、その一つの証左といえよう。松本小教院事件は、第二段階以後の展開の契機となった点で、典型的な事件であったのである。[40]

しかも筑摩県では、事件後すぐに、第二段階の官員派遣に先立って中教院設置が行われており（次章で詳述）、地方官や地元教導職に与えたインパクトの大きさがうかがえる。教化政策開始当初、ほとんど教導職個々に任せるだけで関与に消極的であったのは、筑摩県に限らず全国的な傾向でもあった。それがより積極的に展開されるのは、教部省官員の行政指導もさることながら、それ以前に各地で生じた個々の契機、胎動が大きな要因となっているはずであり、それに即した実態把握がなされるべきであろう。

だが、ここでより強調しておきたいのは、黒川らの教化体制形成の動きが、それをとりまく地方官や神官・僧侶に、「教化」とは、また「教育」とは何なのかを、知らずしらず考えさせる契機になったのではないか、という点である。黒川らの主張を見れば、教化活動が、学校教育との差異／共通性を意識しつつ行われたことは想像に難くない。また教育行政の立場から言えば、各地で生じたであろう松本小教院事件のごとき摩擦とその落着は、いまだ不安定であった学校教育の社会的位置を、確固たるものへと高める要因となったのではないだろうか。

すなわち、明治初期に生じたこうした摩擦を契機として、近代日本の学校教育は既存の「宗教」を〈踏み台〉として、またある側面から見れば〈とってかわる〉ようなかたちで、その振興がはかられたと考えられるのである。次章ではこの仮説のもとに、さらに筑摩県を対象として考察を進めてゆく。

（1）　山室信一『近代日本の知と政治――井上毅から大衆演芸まで――』木鐸社、一九八五、牧原憲夫前掲『客分と国民のあいだ』、など。とりわけ牧原は、人々が「お祭騒ぎ」の中で面白半分に説教を聞き、ともかくも天皇、国家、報国心などの事柄に「接触」したことの重要性を指摘している（同書、一五二頁）。この指摘には検討の余地もあろう。だが、「国家」「愛国」などの語は、国民国家形成がある程度成った後には自明視されるものの、当時決して人口に膾炙した言葉ではなかった。これらに触れるきっかけとして、教化活動の意味はかなり大きかったのではないだろうか。

（2）藤井貞文が「中教院の研究　一」（『神道学』九一、一九七六）をはじめとする一連の事例研究を発表しているほか、吉川正通「明治初期の社会教育の一考察（二）――大阪の教導職について――」（『社会問題研究』一九―一、一九六九）、清水秀明「静岡・浜松両県下における教導職の活動」（『神道学』七五・七六、一九七二・七三）、宮地正人「近代天皇制イデオロギー形成過程の特質」（宮地前掲『天皇制の政治史的研究』）、大橋博明「明治初年における山梨県の「開化」政策」（『中京大学教養論叢』二二―二、一九八一）、土岐昌訓前掲論文、松村憲一「「大教宣布運動」における巡回説教について」（『社会科学討究』三五―三、一九九〇）、小川原正道前掲書、その他各自治体史にも若干の記述がある。

（3）羽賀祥二「東北各県の中小教院と仏教」（『仏教史学研究』二五―一、一九八二。のち羽賀前掲書に収録）、田中秀和「明治初期の国民教化と東北――教部省政策と東北の教院体制――」（東北大学）『日本文化研究所研究報告』別巻二六、一九八九。のち田中『幕末維新期における宗教と地域社会』清文堂出版、一九九七、に収録）。

（4）大教院の専断事項は、大講義以下（全一四階級中の七級以下、第一章注（7）参照）の下級教導職・試補の地方派遣、教導職試補の進退、各地説教所の設置などであった。

（5）「些細な」という理由は二つある。一つは、教導職が説教の拙さから非難を浴び免職に至るという例が少なくない、ということである。前掲『日本近代思想大系五　宗教と国家』には、そうした事例を示す史料が列挙されている（一九八～二〇七頁）。もう一つは、本章で扱う下級教導職の派遣事例は従来まとまった史料も発掘されず、顧みられてこなかったことである。長野・筑摩両県の教化政策について最も網羅的に論じた百瀬克彦「明治初期教化施策」（『長野県近代史研究』三、一九七一）、同「教導職による教化」（『長野県教育史』第一巻、総説編一）も、この事例にはほとんど触れていない。

（6）『長野県史　近代史料編』第二巻（一）県政、一八頁。

（7）『長野県教育史』第九巻、史料編三、九二頁。

（8）同前、九四頁。

（9）この点につき、筆者は前掲「明治六年松本小教院事件」の四頁下段において、「藩知事戸田光則は平田派国学の強い影響をうけて」と述べたが、「朱子学と奉じた人で、殊に水戸崇拝の一人であった」（孤峰烏石「松本藩の廃仏毀釈」（村上専精他編『明治維新神仏分離史料』中巻、東方書院、一九二六）、六三三頁）とあるように、戸田は水戸学の影響を受けた人物であった。平田学の影響もないわけではなく、同時代的にも「城主松平丹波守藤原の光則は平田篤胤の門人にて」（中村孝三「弊法可斥論」一八七二年七月、北安曇教育会所蔵）と評されてもいたが、基本的に旧稿の記述は誤りと言わざるを得ない。ここに訂正しておきたい。

(10) 佐々木了綱「信濃松本護法録」（前掲『新編明治維新神仏分離史料』第五巻、一九八三、所収）、三八七〜三八八頁。

(11) 小松芳郎「維新期における松本藩の廃仏毀釈」（『長野県近代史研究』四、一九七二）、一二頁。

(12) 佐々木前掲「信濃松本護法録」、三八六〜三八七頁。

(13) 『松本市史』第二巻、歴史編Ⅱ・近世、一九九五、九一一頁。

(14) 「兎川寺文書」（小松前掲論文、一一頁より）。

(15) 小松前掲論文、一二頁。

(16) 『文部省第三年報』中の「筑摩県年報」より筆者計上。

(17) 小松前掲論文、一一頁。

(18) 『文部省第一年報』によると、明治六（一八七三）年の筑摩県における学齢人口は六〇、八五〇人で、そのうち就学生徒は二四、〇二二人、就学率は約三九・五％であった（全国で二八・一三％）。翌七年の記録である『文部省第二年報』では、学齢人口七三、七〇九人・就学生徒四八、六一八人となり、就学率は約六六％。これは全国六三府県中、第一位である（最も低いのは鹿児島県の七・一％、全国平均三二・三％）。この就学率の数字が必ずしも実態を正確に反映していないことは念頭に置かねばならないものの、筑摩県が全国有数の学校教育「先進」県であることを示す一指標としては充分であろう。

(19) 『長野県教育史』第九巻、史料編三、九三〜九四頁。一八七三年三月三日付県達第一六号。

(20) 『長野県教育史』第一巻、総説編一、九二七頁。

(21) 「明治九《ママ》年　御廻章留　三月」長野県立歴史館所蔵（旧北真志野公民館所蔵史料の写真複写）。

(22) 『長野県史　近代史料編』第一〇巻（一）宗教、七二〜七三頁。

(23) 同前、七一〜七二頁。

(24) 「明治六年　社寺雑件　壱」長野県立歴史館所蔵。

(25)『教部省記録』のうち残存するものは「東京」(明治五〜九年、八冊)、「筑摩」(同六年・九年)、「長野」(同九年)、「神道」(同九年)の全一二冊である。『教部省記録』の詳細な書誌的事項については、土岐前掲論文を参照されたい。

(26)板橋区公文書館が所蔵する写真帳について、同館所蔵文書目録での名称は「中丸村　中島敬治家(熊野神社)文書」のうち、『筑摩　教部省記録　第』(所蔵番号五九、分類番号「支配―一二六」)となっている。ただし本章執筆に際しては、熊野神社所蔵の原文書を主として用いたので、本文中ではその仮目録(板橋区教育委員会が一九八二年に作成)の名称『教部省記録　筑摩　明治六年』に従った。

(27)宮崎ふみ子「大教宣布の時代の新宗教――実行社の場合――」(福地惇・佐々木隆編『明治政府の政治家群像』吉川弘文館、一九九三)、八九頁。もっとも宮崎は、「黒川某」を栃木県壬生の雄琴神社祠官・黒川豊麿と推測しているが、豊麿が「益清」と名乗った形跡はない。今のところ、そのプロフィールをたどる手がかりを欠いているが、おそらく豊麿とは別の人物であろう。

(28)前掲「明治六年　社寺雑件　壱」。

(29)「明治六年三月　本省教院出仕日史　浄土局訓導」東京・増上寺所蔵。この史料については小川原前掲書、七二〜七三頁でも紹介されている。

(30)なお『記録』中、「霊松寺」を「長松寺」と誤記した箇所がいくつかある。

(31)一八七三年一二月二九日には大教院「教導職撰挙規則」の制定(前掲『教林雑誌』第二輯、一一〜一三丁)、翌一八七四年四月二〇日には中教院試験における地方官員立ち会い義務化(教部省達第一二号)など、試験任用の体制が整備される。

(32)「明治六年　御布告留　五月　弐番　北真志野村」長野県立歴史館所蔵(旧北真志野公民館所蔵史料の写真複写)。

(33)前掲「明治六年　社寺雑件　壱」。

(34)『記録』によれば、この五月に二人の神道家、新田邦光と柴田花守が別々に松本を訪れている。新田は講義録の配布と修成講社の結成を行った。柴田は実行講を結成するとともに、「神語」「唄ひ物之文句」を摺った紙を配り鼻歌を唄ったり、書画や扇を聴衆に投げ与えたりしたという。二人とも、神道教導職でありながら、大教院の方針に沿った説教とは全く異なる活動を行っていたのである。これに対し黒川らは、彼らを「大教院派出之御趣意柄」に齟齬すると非難し、巡回説教のために来県した者は小教院へ逗留させるべきだと県へ訴えたのである［705〜706］。こうした態度は、黒川ら大教院から派遣されてきた者こそが「正しい」神道教導職であり、新田や柴田のような者ではない、という印象を県下の神官らへも与えたと思われる。

(35) 前掲「明治六年　御布告留　五月　弐番　北真志野村」。

(36) 「学制」(太政官第二一四号)では、筑摩県は石川・七尾・新川・足羽・敦賀の各県とともに第三大学区に入っていた。また一八七三年二月四日の時点で、第三大学区の教区は大教院詰の中教正・鴻雪爪が担当することが内定していたようである(神宮司庁編・発行『神宮・明治百年史』上巻、一九六八、九九～一〇〇頁)。

(37) 五月九日付の書簡が、なぜ二週間以上も経ってから到着したのであろうか。このいささか不自然な「遅着」については、いくつかの推測が可能ではあろう。だが、その事情を示唆する史料を欠いており、ここで憶測を述べ立てることは避け、後の課題としたい。

(38) 黒川・都筑のみを追及した理由として、次のような説明が想定されるかもしれない。すなわち、彼らは国学者として、以前の神道国教化政策へ回帰する動きを推進したために、県庁の怒りを買ったのではないか、といった類のものである。だがそのように〈国学者の復古的運動による混乱〉と片付けることは、認識として妥当ではなかろう。本文中で述べたように、教化体制の全国的構築を担う派遣教導職たちは、教院の設置や資金確保などをすすめる過程で、各地の学校教育振興と必然的に向き合わざるをえない構造にあった。この事件は、単に国学者による一エピソードなどでは決してない。学校教育の存在を視野におさめることなく当該期の「宗教」を論じてきた、先行研究に引きずられた見方に再考を迫るものにほかならないのである。

(39) 教部省官員一斉派出については、羽賀前掲書、二五〇～二五二頁を参照。なお、羽賀が扱っている石丸八郎のように、一斉派出以前にも官員が地方へ巡回する場合もあったが、本格化するのは第二段階以後であり、少なくとも筑摩県へ派遣された官員の動向を示す史料は管見の限り見当たらない。

(40) したがって教部省官員の行政指導は、第一段階での活動やそこから生じた摩擦を踏まえて行われる必要があった。羽賀祥二らが前掲書で扱った官員石丸八郎の場合、この摩擦を「些細な」ものと切り捨てて直視せず、画一的な教化体制構築に奔走したために、派遣先の県庁や教導職とさらなる齟齬や摩擦を重ねたもの、と捉えられよう。

# 第三章　筑摩県における「教」の位相

## はじめに

　松本小教院事件を経た筑摩県において、民衆教化政策はどう展開したのか。そして同県下の教導職は、教化活動をいかなるものと認識し、活動していったのだろうか。第一章は政府・教部省、ついで第二章で派遣教導職を主たる分析対象としてとりあげてきたが、本章では地方官の政策、および在地の神・仏教導職個々の活動を中心に右の問題を検討してゆく。

　地方における教化活動に関しては、前章でも述べたとおり、先行研究の蓄積も少なくはない。そのうち、教導職個別の巡回説教を描いたものとして、のちに神道大成教管長となる権中教正・平山省斎（氷川神社大宮司）や、同じく浄土宗管長となる権大教正・養鸕徹定（伝通院住職）といった上級の教導職を事例とした研究がある。ともに、一八七三（明治六）年に静岡県を巡回した事例であるが(1)、それらの研究は、草薙神社祠官・権少講義森重古が記した「雑留」（東京大学史料編纂所所蔵）、奈古屋神社祠官・大井菅麿の日記（静岡県立図書館所蔵）、青山八幡宮祠官・浅井清長の「懐旧録」(2)といった、在地の教導職が残した史料に多くを拠っている。静岡県域に事例研究が集中していた観があるのも、そうした史料発掘が他地域に先んじていたためと言えるかもしれない(3)。

そうした在地の教導職が残した史料を主軸に据えて、その教化活動を明らかにした最近の研究として、坂本紀子の業績が挙げられる。坂本が対象としたのは、同じ静岡県であるが、駿東郡御宿村（現裾野市）の学区取締兼神道教導職・湯山半七郎の教化活動である。その際、同地の湯山家に残る日記や説教講録を発掘して、湯山の姿を詳細に描くことに成功している。(4) 湯山は平田国学の素養をもとに、幕末期に博徒の抗争で疲弊した御宿村とその周辺地域を立て直し、地域社会の秩序の再構築を目指した人物である。一九世紀前半における心学や報徳思想の広がりを見れば明らかなように、こうした地域の指導者による村落社会の秩序の立て直しに向けた行動は、その規模や成否はともかく全国に広く存在した。だが教導職としての活動を通じてそれに取り組むような人物の事例は、あまり論じられてこなかった。(5) 湯山の場合、説教によって村民に「文明開化」の新知識を注入するとともに、自主自立の精神を養う場として小学校建設の意義を住民に説いた。もっとも、湯山はそうした地域秩序構築の正当性を国家や天皇の繁栄に結びつけて説いたため、近代天皇制の枠内に回収され、国民国家形成を末端で支える存在となった、と坂本は述べる。(6) 教導職の説教は、大教院体制が早々に挫折したこともあり、往々にして滑稽性や一過性のもとに挿話的に語られてきた感がある。だが、教導職は明治初期における一つのエピソード的存在でもなければ、静態的な教化媒体でもなく、個々の利害や地域の実情と切り離せない存在であった。坂本の研究はその点への注意を改めて喚起しているように読むことができる。

とはいえ、こうした事例研究は、別の問題を惹起してもいる。検討対象の偏り、言い換えれば、教導職として活発に教化活動に取り組んだ湯山のような人物はどれほどいたのか、という問題である。もっとも坂本の主題は地域における近代学校の受容を描くことにあり、大教院体制期における教導職全般の問題として湯山の事例を取り上げたわけではない。よってその点を問いつめるのは筋違いかもしれない。だが、湯山とは異なるスタンスで教化活動に取り組むことも（あるいはほとんど取り組まないことも）、当然ありえたはずである。むしろその多様性と共通性を考察し、教導職の教化活動なるものが同時代的に有した社会的意味を見極めることが必要ではないだろうか。ならば、神官・僧侶が教導職として説教するに至る動機や、新しい知識を自分なりに摂取・消化し、聴衆に語りかける作法を身につけてゆく過程など、「国民」形成の一装置という位置づけのみで論じえない面に分け入ることが求められる。

そこで本章では、筑摩県における特定の教導職の動向を、筑摩県の教化政策との絡み合いのなかで跡づける。具体的な考察対象は、霊松寺僧侶・安達達淳（大町）、諏訪神社宮司・岩本尚賢（諏訪）の二名である。彼らは本論でも述べるように、それぞれ筑摩県の仏教・神道界において、指導的な位置にあった。その点で、各自の在所の地域社会のみならず、檀家・氏子との関係性や、県内の宗教界の動向をともに視野におさめる必要があり、考察は一筋縄ではいかない。しかし逆に、県の行政文書にはその名がしばしば登場するため、県政との関係が史料上見えやすい存在でもあると推測できる。したがって、彼らが県へ提出した建言書や伺い書の類を掘り起こし、教化活動に関する動向を捉えてゆくことが考察の一つの筋道となる。本章では県の教化政策との絡み合いに注視しつつ、彼らの動きを明らかにしたい。

もちろんその際、学校教育との関係という視点も忘れるわけにはいかない。県および教導職たちにとって、「教化」および「教育」とは何だったのか。おそらく〈垣間見る〉しかない問題ではあるが、それが染み出してくる瞬間を捉えることに努めたい。坂本がとりあげた湯山半七郎の場合、教導職としての教化活動と学区取締としての学校教育振興とを同時に行った。後者に前者を利用した、というべきかもしれない。だが安達らの動向からは、湯山とは異なる様相を見出すことになろう。この点についても、最後に論じることにする。

※なお本章中、筑摩県の公文書簿冊「社寺雑件」(長野県立歴史館所蔵)については、たとえば「社寺雑件　明治九年　三」の場合、本文中［九―三］のように略記する。同様に『長野県史　近代史料編』第一〇巻(一)に掲載＝［県××(頁)］、『長野県教育史』第九巻に掲載＝［教××(頁)］と表記する。

## 第一節　仏教復興と説教——安達達淳の動向——

### (1) 廃仏毀釈への反発

本節では曹洞宗僧侶・安達達淳(一八二〇～一九〇四)の動向について論じてゆく。安達は越中国射水郡放生津(現新湊市)に生まれ、金沢宝円寺にて得度、本山である能登総持寺で学んだのち、美作、江戸と転住し、文久三年(一八六三)に信州安曇郡大町村(現大町市)霊松寺の第三〇世住職となった。[7]霊松寺は応永一一年(一四〇四)開山、総持寺直末の中でも最古の歴史を持つ寺院の一つで、本山の住職を務める資格を有する名門である。

さて、安達の名声を高めたのは維新後、松本藩の廃仏毀釈に対する抵抗運動であった。前章で述べたように、明治三年(一八七〇)八月、水戸学に傾倒した知事戸田光則によって領内に廃仏令が出されて以後、翌年一一月の筑摩県発足までの間に、住職の帰農・寺院の破却が進められていった。その中で安達は、反対姿勢を貫く。明治四年三月、県少参事・神方損が帰農・廃寺の徹底のため大町村へ出張した際、呼び出しを受けた安達は頑として帰農を拒否した。そこで、藩の廃仏政策の中心人物であった岩崎八百之丞が安達を説き伏せようとしたが、いわゆる「地獄極楽問答」によって、安達は逆にやりこめる。仏教で説かれる地獄・極楽なるものが本当に存在するなら出して見せてみよ、と詰め寄る岩崎に対して、安達は白装束に着替え、白木の三宝に短刀を置き「地獄極楽は此世のものにあらず、唯今御目に懸くるにつきて、愚僧は已に身を清め用意を整へたり、貴官もこれより御用意あるべし」と申し述べた。(8) 腹を切ってともに地獄・極楽を見ようではないかとすごみ、説得をはねつけたのである。

だが、同じく抵抗の旗手であった真宗大谷派・佐々木了綱が、松本藩内における真宗寺院の帰農を最小限に食い止めたのに対し、曹洞宗寺院では戸田家の菩提寺・全久院をはじめ、五八か寺中四八か寺が帰農ないし破却に至った。安達は明治四年（一八七一）五月ごろ上京し、東京芝愛宕町の青松寺などに身を寄せながら、政府に対して廃仏政策の非を訴えたが、(9) 同宗派の寺院を守るという点では成果を挙げえなかった。最盛期には一〇〇〇を超えた霊松寺の檀家数も、わずか二八戸と激減する。(10)

翌年以降も、筑摩県は住職が帰農した無檀寺院を、廃寺として学校など他施設へ転用していった。(11) 民衆にとっては葬儀を任せる檀那寺の喪失を意味し、仏教側から見れば、仏葬から神葬への改典を促進する由々しき事態であった。安達は一八七三（明治六）年早々に大町村へ戻り、廃寺の再興や仏葬の回復など、仏教の勢力回復に奔走する。

とりわけ力を注いだのは、仏葬の回復であった。同年四月一〇日、安達はまず地元・安曇郡での巡回説教の実施許可と、その郡内への告知を願い出、同日のうちに県より了承を得ている［六―一］。前年一〇月一八日に曹洞宗管長より教導職試補に［五―一］、ついで一八七三年三月一五日付けで中講義に任命されており、(12) 説教活動を行うことは当然の職務ではあったが、真の狙いは別にあった。

御管内巡教之次第御指揮被為下候にては、説教宗義交説すといへとも、上旨三章に不戻衆庶の信従するを要す。而して信仰の請に任せ法用葬祭等彼我の見なく、適宜に執行可申趣去年六月中葬件御布告有之、教法一体皈向随意更に壓壊すへきの理なく、只管御政令黽勉仕度右心得方当否奉伺候。謹言　　［六―一］

これは県へ願い出た翌々一二日に再度安達が提出した伺い書で、「上旨三章」、すなわち教化の基本綱領たる三条教則に準拠した説教実施を誓約したものである。だが後半部では、法事葬祭の形式を信仰によって随意変更できると定めた明治五年（一八七二）六月の布告に遵うべきであり、それをことさらに「壓壊」してはならない旨を主張している。近世における各家の祖先祭祀は、あくまで寺檀制度を軸とした仏教によって担われており、維新後の天皇家の神葬改典も、そのまま一般民衆へ広く波及したわけではなかった。

だが同年三月の教部省設置後、政府の神葬祭奨励策がキリスト教防遏という意図から推進されてゆく。右の六月の布告は太政官布告第一九二号、自葬を禁じ神官・僧侶どちらかに葬儀執行を任すべし、というもので、これにより政府は正式に神官による神葬祭を認めることになった。同七月には東京の青山・渋谷の両墓地を一般民衆埋葬用の神葬墓地と定め、ついで神葬祭式教本『葬祭略式』制定を公布するなど、政府主導の神葬祭普及に拍車がかかっていた。(13) 旧藩時代からの廃仏の風潮が加速し、仏葬維持の否定、ひいては神葬強制にまで行き着くのではないか、葬祭の神仏自由選択制が「壓壊」、すなわち骨抜きにされるのではないか——安達がこの動向に対して、強く危惧を抱いたことは想像に難くない。松本藩においても、すでに明治三年に国学者角田忠行が『葬事略記』を、翌年には松本藩庁が主体となって『哀敬儀』を編むなど、神葬祭の手順解説書が頒布されていたこともあり、(14) 従来から持っていた安達の危機感は、よりいっそう高まったと言えるであろう。この伺い書はまさに、そうした状況への抵抗の意思表示であった。

伺い書をうけた県は、教部省への上申(15)を経て、「葬儀は神仏共人民之信する所に可任儀と可相心得事」と明治五年（一八七二）六月の太政官布告どおりに回答する［六―二］。だが県と安達の間で、この布告に対する見解の相違が、次第に明らかになってゆく。

## （2）筑摩県中教院の開院

その頃に発生したのが、松本小教院事件であった。先述したように、それまでの県の教化政策は放任的なものでしかなく、黒川益清らの来県に際しても、大教院詰教正の先遣隊という「威光」にただ従っていただけであった。しかしこの事件によって、県は教化組織が持つ危険性――県行政、とりわけ学校教育行政に、いわば対立的な存在として立ち現れてくる――を認識させられることになった。そして教化政策に、再考を迫ることになってゆく。その最初の一歩が、筑摩県中教院の設置である。

事件が一応の終結をみた直後の一八七三年九月二五日、正行寺住職佐々木了綱、筑摩神社祠官林吉金、宝栄寺住職三浦義遵の三名は、県へ中教院設置の要望書を提出した。

当御県下之儀は国内の中央にして、殊更昨今衆議場御開き引続て博覧会等御一新の御体裁諸向不備はなく、随て輻奏潤富仕候中に、一り教院を御開院のみ未不行、是臣等怠惰之罪深く恐縮仕候。雖然費を官に不仰民に不募有志尽力の外他事無きに付、今日迄遅延堪慚愧候。冀くは先般願之通り伊勢町旧浄林寺を中教院に被成下候は、百方尽力不日成功を奏し可申　［六―二、教1108］

「昨今衆議場御開き」とは、同月一六日の第一回下問会議の開催を指すと思われる。これは、豪農など地元の有力者、名望家に予め県政上の課題を示し、それについて意見を広く求めるものであった。第一回では同二日、布告の徹底・道路の拡張・就学勧奨・新聞の普及など、実に三一項目にわたって議題が示され、そのなかに「教導実効、其得失を察する事」もとりあげられた。中教院の設置は松本小教院事件をきっかけとして、すでに県の視野に入っていたと言える。建言書には「衆議場」「博覧会」という「開化」的新制度と中教院とを同じ文脈におき、言外に県の経済的援助を請いつつ、教化活動の振興を訴え出ていた。これに対して、県は翌一〇月一日、旧浄林寺ではなく宮村町・旧長松院を当分貸し渡す、という形で設置を認可する。旧長松院の本堂・庫裏に、二三二畳分の畳、障子七三本、唐紙二五本、板戸七五本などが宮村町より拠出され［六―二］、同二八日に開院式が挙行された。式は県庶務課史生・長尾無墨の列席のもと、同課中属兼諏訪神社宮司・赤司重春が開院・鎮座の祝詞を奏し、ついで神宮から派遣されてきたばかりの教導職・国井清廉（大講義、教正の代理）らによる祝詞、そのあとに説教があり、「賽客群集老を扶け幼を抱き門外蟻跗し、満堂蝟集するもの凡千五六百人に及ひ、参詣の聴衆坐に感涙を催すに至る」といった盛況をみた(16)。

建言書提出から一か月での開院は、他府県の中教院と比べても早い部類と言える。**【表5】**は各府県での中教院設置状況を『社寺取調類纂』および自治体史等をもとに示したものである。府県によって史料に粗密があるためあくまで暫定的な表にならざるを得ないが、それでも十分わかるように、必ずしも設置の時期やプロセスは一様ではない。正式開院以前に準備機関として「仮中教院」ができる事例、神・仏の足並みが揃わずにとりあえず仏教だけの合議所を設ける事例も少なくなく、規約や設置場所の不備から再出願を余儀なくされる場合もあった。設置予定地が二転三転した大分県、実際に開院したときにはすでに大教院体制が瓦解していた岐阜県のようなケースも見られる。

それらに比して筑摩県で順調に開院できたのは、それが県の意向にほかならなかったためと考えられる。要望書を提出した三名は前章で見たように、いずれも「反黒川」派として、県と通じていると目された人物であった。また、黒川らが「先遣隊」であったことから、近々神宮司庁から教正が来県することが予測されていたが、県は国井清廉らが派遣されてきた一〇月下旬より前に、中教院設置を認可したことになる。したがって筑摩県の中教院は、県と派遣教導職というより、むしろ県主導で在地の教導職を動かすことによって設置されたものであった。

県側から見れば、黒川らのような派遣教導職によって、県に対立的な存在として教化組織が形成される可能性に対して、いわば先手を打ったものと解しうる。

この中教院に詰めていた構成員としては、管見の限り【表6】のような人々が確認できる。他県でよくみられる、僧侶教導職のみで成立した仮合議所などとは異なり、一応神仏合同という大教院体制の理念どおりの構成と言える。彼らの任期は明らかではない。一八七三年一二月中旬には、県内の有力神官・僧侶が赤司重春の命により松本へ集められ、「中教院永続保護」のため協議がなされた〔六—二〕(17)。また翌年三月中旬には中教院詰教導職の選挙も行われており〔六—四〕、その体裁は徐々に整えられていったようである。部課名や実際の職務についての規約類は残っていないが、神官局・僧侶局という部局があったようで、それぞれの局長に岩本尚賢と安達が就き、佐々木了綱は取締なる役職を担ったという(18)。また、中教院規則（一八七三年一〇月、教部省回達番外）に従えば、県内の小教院・教務の管理、造化三神（天之御中主神・高皇産霊神・神皇産霊神）と天照大神の祭祀、小教院卒業生徒の教育、県内教導職採用・昇級試験の実施、月三回以上の定日説教開催、などの業務を【表6】の面々を中心に行ったと考えられる。

さて、このような神仏合同による中教院が設置されても、葬儀改典をめぐっての摩擦は弱まることはなかった。翌一一月、安達ら四名の僧侶は、開院を機に「従前の繋縛を脱し更に去年六月中の御布令に基かせ、自主自由ならしめ賜は丶真に開化の思をな」すべきことを県へ訴えている〔六—一、県57〕。安達らは、五年六月の太政官布告があくまで人々の信仰によって神葬・仏葬の選択機会を与える「開化」的原則である、と強調した。そのうえで、旧藩の廃仏政策が継続していると誤解してはならないと主張し、改めて仏葬執行の妨げなきよう県へ上申したのである。だがこれに対して県庶務課は、その見解を真っ向から否定した。安達らはもっともな「条理」を述

届出・開設状況の概略

| 場　所 | 典　拠 |
|---|---|
| 麹町・元紀州邸→浅草・伝法院 | 『東京都教育史』1、382～383頁 |
| 元蓮乗院(小林常丸宅) | 『栃木県史』史料編近・現代8、979～983頁 |
| 熊谷筑波町・久山寺(浄土宗) | 『新編埼玉県史』資料編25、362～363頁<br>旧『埼玉県史』7、206～207頁 |
| 大宮・氷川神社 | 旧『埼玉県史』7、206頁 |
| 常盤村公園地内・好文亭 | 『茨城県史年表』343頁 |
| 河内郡阿波村・大杉神社 | 『千葉県の歴史』資料編近現代7、257頁<br>『茨城県史年表』345頁 |
| 市原郡八幡宿・旧霊応寺 | 類纂165<br>『千葉県の歴史』資料編近現代7、265頁 |
| 神奈川台・本覚寺(曹洞宗) | 類纂167<br>『町田市史史料集』第9集、136頁 |
| 三島大社→小田原町・松原神社内玉瀧坊(天台宗) | 『静岡県教育史』通史編上、285頁<br>類纂154<br>『小田原市史』別編年表、225頁 |
| 甲府・一蓮寺(時宗) | 『山梨県史』資料編19、670頁<br>『甲府新聞』74年7月12日付 |
| 名古屋門前町・大光院(曹洞宗)→同・極楽寺(浄土宗西山派) | 『名古屋市史』学芸編251～252頁 |
| 松本伊勢町・旧浄林寺→松本宮村町・旧長松院 | 『長野県教育史』1、929・932頁、同9、1108～1109頁 |
| 高山・雲龍寺(曹洞宗) | |

【表５】　各府県における中教院設置願

| 府県 | 学区 | 施設名 | 開院までの過程 |
| --- | --- | --- | --- |
| 東京 | 1 | 中教院 | 1873年２月５日中教院設置許可→74年12月以前移転願（府知事宛）→75年２月23日移転開院 |
| 栃木 | 1 | 中教院 | 73年10月15日中教院設置願（教部大輔宛）→74年２月１日設置 |
| 熊谷 | 1 | 中教院 | 74年６月17日設置 |
| 埼玉 | 1 | 中教院 | 74年３月設置 |
| 茨城 | 1 | 仮中教院 | 74年３月15日設置→６月17日開院 |
| 新治 | 1 | 中教院 | 73年10月21日以前設置 |
| 千葉 | 1 | 中教院 | 73年10月24日中教院設置願（県令宛）→10月31日設置上申（教部大輔宛）→11月４日許可・設置場所確定後再届出を指令→12月13日場所確定届（県令宛）→12月21日中教院開院 |
| 神奈川 | 1 | 仮中教院 | 73年10月19日仮中教院設置願（県権令・参事宛）→74年１月31日以前設置 |
| 足柄 | 1 | 中教院 | ・74年１月以前に仮設置？→74年１月中教院設置願（教部省宛）→２月14日許可<br>・74年１月17日中教院仮事務所設置→１月19日中教院設置願（大教院宛）→１月29日中教院設置上申（教部大輔宛）→３月三島大社の教院を合併→４月15日説教開始 |
| 山梨 | 1 | 中教院 | 73年12月以降設置願→74年春開院 |
| 愛知 | 2 | 中教院 | 74年７月17日設置→８月移転 |
| 筑摩 | 2 | 中教院 | 73年９月25日中教院設置願（県権令宛）→10月１日県許可→10月28日開院 |
|  |  | 中教支院 | 75年３月22日中教支院設置願（県権令宛）→79年４月21日設置（高山神道中教院として） |

| | |
|---|---|
| 金沢・尾山神社 | 北村魚泡洞『尾山神社誌』457～458頁 |
| 厚見郡今泉村・美江寺元観音堂→同郡富茂登村 | 『岐阜県教育史』通史編近代１、296頁<br>『岐阜市史』史料編近代１、630～631頁 |
| 浅間神社 | 『静岡県史』史料編16、827頁 |
| 浜松・五社神社 | 『浜松市史』史料編６、260頁<br>『静岡県教育史』通史編上、285頁 |
| 神宮教院内 | 『神宮・明治百年史』107～108頁<br>『三重県教育史』１、297～298頁 |
| | 『新修大阪市史』５、76頁 |
| 日吉神社 | 『野洲町史』２、419頁 |
| 妙法院→大雲院<br>六角通油小路西入・青山邸→建仁寺(臨済宗) | 『京都府百年の資料』宗教編、341～342頁<br>『京都府百年の年表』宗教編、84頁<br>『平野神社史』90頁 |
| 場所不明<br>祥雲寺(臨済宗大徳寺派)<br>場所不明 | 『堺県法令集』２、８・63頁<br>『堺市史』３、851頁 |
| 奈良中辻町・元紀州藩屋敷<br>元興福寺金堂 | 『奈良市史』通史４、39頁 |
| 名草郡島崎町・禅林寺(臨済宗妙心寺派) | 『和歌山県史』近現代史料４、477～478頁 |
| 江川町・藤之寺(浄土宗)能福寺 | 類纂195<br>『西宮市史』３、98頁<br>『折田年秀日記』１、101・106頁・123頁 |
| 姫路船場・本徳寺(真宗大谷派) | 類纂195 |
| 場所不明<br>五大区二小区・国清寺(臨済宗妙心寺派) | 類纂193 |

| | | | |
|---|---|---|---|
| 石川 | 2 | 中教院 | 1874年４月６日中教院事務所設置→５月１日開院 |
| 岐阜 | 2 | 中教院 | 74年12月23日設置願(県参事宛)→同12月27日設置願(教部大輔宛)→75年１月10日設置許可→77年10月９日神道中教院設置 |
| 静岡 | 2 | 中教院 | 73年11月10日開院 |
| 浜松 | 2 | 中教院 | 74年８月19日設置許可→75年２月16日開院 |
| 度会 | 2 | 中教院 | 74年８月設置願(教部大輔宛)→９月24日許可→10月25日？開院 |
| 大阪 | 3 | 中教院 | 74年10月以前設置 |
| 滋賀 | 3 | 中教院 | 74年４月設置 |
| 京都 | 3 | 教導職講究所 | 73年２月12日設置決定→２月23日改定 |
| | | 中教院 | 73年11月設置→74年11月移転 |
| 堺 | 3 | 仮中教院 | 73年１月30日以前？開院 |
| | | 教導職出張所 | 73年８月設置 |
| | | 中教院 | 73年10月22日以前？開院 |
| 奈良 | 3 | 仮中教院 | 74年３月仮中教院設置 |
| | | 中教院 | 74年５月改称許可→12月17日移転 |
| 和歌山 | 3 | 仮中教院 | 74年12月７日仮中教院開院 |
| 兵庫 | 3 | 合議所<br>中教院 | 73年８月５日中教院設置願(教部大輔宛)→８月20日差し戻し(規則方法など熟議要求)→10月８日再度設置願(大教院詰教正宛)→10月27日合議所設置伺(教部省宛)→11月７日許可→74年８月17日中教院開院→９月21日設置許可→75年１月31日移転開院 |
| 飾磨 | 3 | 仮中教院 | 73年10月12日設置伺(教部省宛)→10月27日同上申(教部省宛)→11月７日許可 |
| 岡山 | 3 | 講究所 | 74年２月以前設置 |
| | | 中教院 | 74年２月設置願(県参事宛)→３月７日県許可→３月31日設置上申(教部大輔宛)→４月５日許可 |

| | |
|---|---|
| 徳島冨田浦・持明院廃寺跡 | 類纂180・181 |
| 高松・浄願寺（真言宗）<br>洲本・江国寺（臨済宗妙心寺派） | |
| 中島・誓願寺（浄土宗）→白神社 | 『広島県史』近代1、511～512頁 |
| 場所不明 | 類纂183・185 |
| 杵築・出雲大社 | |
| 松江天神街 | |
| 愛染寺（真言宗） | 類纂186 |
| 設置不明 | |
| 設置不明 | |
| 愛染寺（真言宗） | |
| 笠岡 | 『広島県史』近代1、512頁 |
| 山口・八坂神社 | 『山口県史』史料編近代1、872～874頁 |
| 教院＝十五大区六小区・阿沼美神社内田内逸俊宅、講究所＝同区大林寺 | 類纂190 |
| 光永寺（真宗大谷派） | 類纂166・167 |
| | |
| 磨屋町・薬師寺自暁宅 | |
| 篠山町・素盞嗚神社→高良神社 | 類纂192<br>『久留米市史』6、212頁 |

| | | | |
|---|---|---|---|
| 名東 | 3 | 中教院 | 1874年４月設置願(教部大輔宛)→５月18日同上申(同前)→５月19日許可→６月16日祭典式 |
| | | 中教支院 | 75年１月19日大教院より支院設置願提出指令→２月設置願(教部大輔宛)→３月25日許可 |
| 広島 | 4 | 中教院 | 73年８月開院 |
| 島根 | 4 | 教院 | 73年６月22日設置伺(教部大輔宛)→７月12日許可 |
| | | 仮中教院 | 73年10月19日設置伺(教部大少輔宛)→11月５日上申(教部省宛)→11月12日許可→11月15日設置 |
| | | 中教院(移転) | 75年３月16日移転→３月23日同届(教部大輔宛) |
| 北条 | 4 | 仮中教院 | 73年２月設置 |
| | | 中教院 | 73年９月９日設置願(大教院七宗管長宛)→10月９日設置願(同前)→10月19日神官僧侶合議の上再出願を指令 |
| | | 合議所 | 73年12月３日設置願(教部省宛)→12月19日上申(同前)→12月22日設置場所決定後再出願を指令 |
| | | 中教院 | 74年９月19日設置願(教部大輔宛)→９月27日許可 |
| 小田 | 4 | 教院→中教院 | 73年２月開院→同年11月改称開院 |
| 山口 | 4 | 中教院 | 73年12月改称設置願(教部省宛)→74年２月２日許可 |
| 愛媛 | 4 | 仮中教院(教院事務所／講究所) | 73年10月設置願(派遣教導職宛)→10月18日設置願(県参事宛)→10月30日設置願(教部省宛)→12月20日上申(同前)→12月28日設置場所確定後再出願を指令 |
| 長崎 | 5 | 仮中教院 | 73年２月22日設置願(教部省出張官員宛)→３月20日設置願(教部省宛)→４月13日許可→同年春に設置 |
| | | 九州諸宗取締所 | 73年11月九州諸宗取締所への改称願(大教院詰各宗管長宛)→12月２日改称願(教部省宛)→12月４日頃不許可→12月８日六宗取締所への再改称願(教部省宛)〈不許可？〉 |
| | | 中教院 | 74年２月16日設置願(教部中録宛)→３月31日県令許可→４月25日設置願(教部省宛)→５月２日許可→５月17日開講 |
| 三潴 | 5 | 中教院 | 73年８月設置願(教部省宛)→８月25日設置願(同前)→９月24日許可→74年６月以降設置→75年移転 |

| | |
|---|---|
| 西寒多神社→駄原村・元良福寺→荷揚町・浄安寺(浄土宗) | 類纂169 |
| 第一大区一小区上ノ町・旧西満寺跡<br>県庁下中村街 | 類纂177<br>『宮崎県史』史料編近現代２、731～735頁 |
| 松原神社 | 類纂191 |
| 新潟東大畑 | 『新潟県史』通史編６、529頁<br>『新潟市史』３、136頁 |
| 相川羽田町・広永寺(真宗)→相川一丁目・元広源寺(浄土宗) | 類纂179 |
| 富山餌指町・宣教館跡 | 『富山県史』通史編近代上、1069頁 |
| 善光寺内常智院<br>武井神社 | 『長野県史』近代史料編10(１)、77・83～88頁 |
| 上杉神社→南町・金蔵寺(真言宗) | 類纂161 |
| 会津高田・伊佐須美神社 | 類纂154<br>『福島県史』21、619頁<br>藤田325～326頁 |
| 青森・蓮心寺(真宗本願寺派)<br>青森寺町・常光寺(曹洞宗) | 類纂194<br>『青森県史』９、124～125頁 |
| 寺町・勧学舎(真宗) | 『秋田県史』資料明治編下、981頁 |
| 盛岡油丁・大泉寺(浄土宗) | 『岩手県史』10、784～786頁 |
| 場所不明 | 『奥羽八県往復綴』 |

| | | | |
|---|---|---|---|
| 大分 | 5 | 中教院 | 1874年1月以前設置願→74年1月9日場所変更の上同設置願(県権令宛)→1月15日設置場所困難に付落着の上再出願を指令→5月25日設置願(教部省宛)→6月10日上申(教部大輔宛)→6月19日許可 |
| 宮崎 | 5 | 仮中教院 | 73年12月14日設置願(県参事宛)→12月17日設置願(教部省宛)→74年2月3日上申(教部大輔宛)→2月5日許可 |
| | | 中教院 | 74年9月3日設置 |
| 鹿児島 | 5 | 中教院 | 74年3月28日中教院設置を県許可→3月29日設置願(教部大輔宛)→5月4日許可→11月12日開院 |
| 新潟 | 6 | 中教院 | 74年9月11日開院 |
| 相川 | 6 | 仮中教院 | 73年10月以前設置伺(教部大輔宛)→候補寺院移転先難航→10月設置場所献納伺(県参事宛)→10月27・28日設置再伺(教部大輔宛)→11月17日許可→74年6月15日開院 |
| 新川 | 6 | 中教院 | 73年11月6日開院 |
| 長野 | 6 | 合議所 | 73年9月中教院設置届→難航→12月15日合議所設置届 |
| | | 中教院 | 74年7月17日中教院開院 |
| 置賜 | 6 | 仮中教院 | 73年8月設置伺(大教院宛)→9月10日設置伺(教部大輔宛)→9月25日設置伺(教部省宛)→10月5日許可→74年12月27日移転届(教部大輔宛) |
| 若松 | 6 | 中教院 | 73年11月14日設置願(教部大輔宛)→12月10日同設置届(教部省宛)→12月16日開院 |
| 青森 | 7 | 中教院 | 73年10月1日設置届(教部省宛)→11月4日再度届(教部省宛)→12月22日許可〈その後設置されず〉 |
| | | 中教院(除真宗) | 74年6月7日設置届(県権令宛)→6月11日同届(教部大輔宛)→6月16日開院→7月4日許可 |
| 秋田 | 7 | 中教院 | 74年1月10日設置許可→3月17日開院 |
| 岩手 | 7 | 中教院 | 73年8月設置願(教部省宛)→9月16日設置 |
| 水沢 | 7 | 仮中教院 | 73年10月5日？設置願(県令宛)→74年3月以前開院 |

| | |
|---|---|
| 国分町 | 類纂163<br>『宮城県史』12、489～490頁<br>藤田330頁 |
| 国分町元寺小路・観音堂脇 | |
| 山形地蔵町・祠官佐伯菅雄宅 | 類纂156<br>『奥羽八県往復綴』<br>『山形市史』別編３、815頁 |
| 磐前郡荒川村・龍門寺(曹洞宗)→子鍬倉神社(新築予定) | 類纂157<br>藤田326～328頁 |
| 磐前郡北目村・飯野八幡社元境内(龍門寺も併用) | |
| 福島・到岸寺(浄土宗)<br>→福島・常光寺(曹洞宗) | 『奥羽八県往復綴』<br>藤田328～329頁 |
| 函館・願乗寺(真宗本願寺派) | 『函館港奥羽三県往復綴』<br>『函館市史』通説編２、1338頁<br>類纂152<br>『新札幌市史』２、403頁 |
| 札幌神社→札幌・東本願寺官刹(真宗大谷派) | |

※『函館港奥羽三県往復綴』『奥羽八県往復綴』は京都大学文学部図書室所蔵。
※藤田：藤田定興『寺社組織の統制と展開』(名著出版、1992)

| | | | |
|---|---|---|---|
| 宮城 | 7 | 合議所 | 1873年春設置 |
| | | 中教院 | 73年４月以前設置（改称？）→７月22日開院→73年11月中教院設置届（再編？）→74年夏開院 |
| 山形 | 7 | 合議所 | 73年６月13日設置届→８月11日中教院改称設置願（大教院・県参事宛）→８月22日上申→８月24日許可→74年１月５日設置 |
| 磐前 | 7 | 仮中教院 | 73年11月18日設置願（県権令宛）→74年４月18日設置再願（県権令宛）→４月20日許可・教部省へ上申指令→４月22日設置願（教部大輔宛）→５月３日同上申（教部省宛）→５月７日許可 |
| | | 中教院（移転） | 74年９月２日移転願（県権令宛）→９月29日許可 |
| 福島 | 7 | 合議所 | 73年４月17日設置届→４月19日設置 |
| | | 中教院 | 73年９月20日設置（改称？）→74年６月28日以前設置願→７月以降開院 |
| 開拓使 | | 函館中教院 | 73年２月５日設置願（教部省宛）→２月18日許可→５月初旬開院 |
| | | 札幌仮中教院→札幌中教院 | 73年６月30日設置願→73年12月中教院設置願→74年１月許可 |

※1873年改定の七大学区の順に示した。
※未設置の県や調査中の県は省略。
※類纂：『社寺取調類纂』（簿冊番号）。

【表6】　筑摩県中教院の主なメンバー

| 氏　名 | 寺社名 | 宗　派 | 等　級 |
|---|---|---|---|
| 佐々木了綱 | 正行寺住職 | 真宗大谷派 | 権少講義 |
| 白馬運善 | 郷福寺住職 | 真言宗 | 少講義 |
| 安達達淳 | 霊松寺住職 | 曹洞宗 | 中講義 |
| 松橋宥中 | 仏法寺住職 | 真言宗 | 権中講義 |
| 小原仙量 | 頼岳寺住職 | 曹洞宗 | 権訓導 |
| 林　甕臣 | 諏訪社権宮司 | 神道 | |
| 小松了照 | 安養寺住職 | 真宗本願寺派 | 権少講義 |
| 林　吉金 | 筑摩神社祠官 | 神道 | 権少講義 |
| 岩波順治 | 諏訪社禰宜 | 神道 | 少講義 |
| 中山広学 | 王徳寺住職 | 真言宗 | |

※典拠　『長野県史　近代史料編』第10巻（1）、『長野県教育史』第9巻、『松本市史』（旧編）、「社寺雑件」

べつつ、実は「一旦衰運に属せるの仏教再ひ興復を謀らんと企」ており、「剰へ旧県の措置を挙て以て非虐に陥れ、或は巡回官員の説諭を誤解して却て謗言を訴る等、一々挙て地方官に抗衡し神教と相闘はん」としている、と痛烈な批判を浴びせた〔六―二、県55～56〕。庶務課の側から見て安達らは、「過去未来迂遠の妄説を講義し義を生前に忘れて死後の幸福を願ひ、自田へ水を引く如きの我儘の説を以多衆を誑惑せしめ、民治上に妨害ある」存在であった。そして、三条教則にもとづく説教のみに専心せよ、との譴責処分を県上層部に提案したのである。このような激しい口調の根底には、先の太政官布告に対する見解の相違があった。

> 神仏葬義《ママ》信仰に任すとの御趣意、自田へ水の論、又松本の如き神葬盛んなる所より見れば、神葬をして仏葬に換えしむる事と誤解したるとみへたり、啻虚心に信向に任すと見るべし、尤仏葬の盛んなる所よりみれは中興仏に之なくてはならざりしを、竟畢神に改る事の自由なる方とみて可ならん乎　〔六―二、県56〕

庶務課の側から見れば、安達らこそ、太政官布告をして神葬祭を仏式に改めることと誤解しているように思われた。両者の認識は正反対であった。すなわち、安達らは従来の廃仏に対する歯止めとして、逆に庶務課は神葬への改典の公認として、太政官布告を把握したのである。三条教則にのっとった教化（「神教」）と神葬とを重視する庶務課と、仏葬回復を目指す僧侶教導職との、対立が顕在化していた。(19)当時庶務課には、諏訪神社宮司であった県中属・赤司重春もおり、神道側に立つ傾向の強い部局であったと言える。とすれば、この状況で僧侶側の運動が県に阻まれぬよう、対策を講じねばならない。そこに、三条教則に則した説教を（たとえ表面上であっても）従順に実施することで、批判をかわすという方法が浮上してこよう。

### （3）説教の意味

では、安達は実際にどのような教化活動を行っていたのか。残念ながら、「社寺雑件」、あるいは新聞史料や地方文書にも、その姿を明確に見出すことは出来ない。しかし、それをもって説教活動を全く行っていなかったと片付けるのは早計であろう。ならば次善の策として、説教をどう位置づけていたのかを窺うために、安達が残した著作、あるいは学習したテキストを探る作業が必要になる。

そこで注目したいのが、『三条教憲講録并説教』(20)と題した、説教についての解説・テキストを収録した書である。著者の中村孝三（一八三四〜一九一二）は幕臣の出と伝えられ、鎌倉円覚寺では漢学を、上洛して頼三樹三郎に師事し儒学を、また東寺では真言学も学修し、明治二年（一八六九）には大町へ移り漢学塾を開いたという経歴の持ち主である。この頃は大町の小学校・入徳館（一八七四年に仁科学校と改称）助教も務めていたという。(21)この『講録』のうち、「三条教旨誘奨録」の章に「紀元と申して今日まで二千五百三十三年など暦にもしるしてあるでござる」と書かれていることから、執筆年代は一八七三（明治六）年と判断できる。

『講録』の執筆動機は、序文に示されている。すなわち、祠掌や住職になるために「神事祭式　臣民葬祭式　両式の祭文」「神代三部の書の内一書の大意講義」「三条教憲の提〔採〕題説教」の試験に及第せねばならないが、これについて「郷社神明宮の祠掌、霊松寺住職、大沢寺住職等の懇請により、大区長の添請止を得ずして公務の暇夜々灯下に筆を執りて与えたるものなり」という。一八七四年四月二〇日に各中教院での教導職試験の地方官員立会いが義務づけられており（教部省達第一二号）、それ以前に筑摩県中教院で任用・昇級試験の科目が制定されたと見てよい。よって、中教院が開設された一八七三年一〇月から同年末までの間に、安達ら大町近在の神仏教導職は中村に対し、試験対策として三条教則の解説と説教テキスト執筆を懇請したことになる。

『講録』の本文は大きく分けて、①「三条略解便蒙」②「五倫之略解」③「三条教旨誘奨録」④「三条教旨誘説大意」からなる。このうち、①と③がその骨格と言うべき章である。まず①は、三条教則を神官・僧侶向けに講義した章である。その特徴の一つとして、曹洞宗本山編『三条略解』の解説という叙述方法が挙げられよう。『三条略解』は、全国の末寺僧侶に向けて編纂した三条教則の解説本で、わずか一〇丁ほどの簡易なものである。[22] 安達上京中の霊松寺では、同寺滞在の修行僧に対する学事教授の補佐を近隣の漢学塾主・中村に依頼している。[23] おそらくその経緯から、中村は曹洞宗僧侶向けの解説本をもとに解説する、という体裁を採用したと考えられる。

では①の内容を見てゆこう。まず三条教則が必要な理由として、キリスト教侵入による「軽神蔑国」、人心の浮薄ゆえの「祭政不一致」、そして武家が国政の実権を握ってきたため生じた「皇道陵夷」と、嘆かわしい三つの現状を挙げる。それらは仏教や儒教では立て直せるものではなく、ひとえに上古の如き神恩の崇敬で克服すべきである（以上第一節「興意」）。だが僧侶には「愚夫愚婦もみな帰依す」るから、その教化の力量に期待して神官と僧侶を教導職に選んだ（第二節「来由」）、とする。ついで第三節「大意」・第四節「題目」では、『三条略解』の該当箇所を逐一追って説明する。中村はどうやら「略解」の語を、煎じ詰めて「略」しながら「解」説することと考えていたようで、三条教則も「敬神」「人道」「遵守」の六文字に集約できる、と説く。さらに、神徳が天地の自然物を生成し「万民を保持する」のだから「神を敬するは人道の常」と言い、「敬神」を「人道」に収斂させる。同様に、「愛国と云も行はさるは人道をしらさるなり」「朝旨遵守の四字ことく〳〵人道に収入するなり」「天理の外に人道なし」と論を展開し、結局「人道」の二字に尽きるとの見解に至る。「人」と「道」は「不二一体」である。選ばれた「人」が「道」を伝えることで、天下の「人」を「道」ならしむる、それが説教という営みである、と述べて節を閉じている。

そして以降の節では、神代や祭祀の由来について、記紀を中心に長々と叙述しているが、ここでは次章に②を配置している点が重要であろう。おそらくそれが、中村の言う「道」の具体的実践内容だからである。第二節「来由」で、儒者は学校教育を担う存在であるとして、彼らを教導職という〈道を説く人〉から除外している。しかし、結局説くべき「道」は、君臣・父子・夫婦・兄弟・朋友の「五倫」にほかならなかったのである。

次に③である。冒頭に「神官と僧侶の説教の原本として請ひに応じて筆を執りしなり」（一丁表）とあり、この部分が説教テキストとして書かれたものであることがわかる。前口上では、「愚暗無才の身」（一丁裏）と謙遜しつつ三条教則を略説すると述べる。本文は語り口調・ルビの多用と、当時の通俗本と共通する面もあるが、欄外に「引文は二度づゝ敬てよむべし」（一四丁表）と朱書きが入るなど、説教上の実践的工夫も盛り込まれている。「あまり下手の長坐は睡の手伝になれば、一休の上にて」（五丁表）と各章末に休憩を挟むあたりも、その工夫の一つであろう。

③の内容はどのようなものか。まず前置きとして、説教とは「決して仏法と説て各々を出家にさするためではござらぬ、ただこの三条の尊慮をわけのわかるやうに申し通る」（四丁裏〜五丁表）ものと規定している。そして、国家の大任である説教者が正しく説かねばならないのと同様、聴聞者もよく聴いて家の者へ「能く教ねばならぬ

ことでござります」（六丁裏）と、聴衆へも注意を喚起する。国家→教導職→聴衆→その家人という、上意下達の関係を意識づけていると言えよう。ここから本論に入り、「敬神愛国の旨を体すべき事」という第一条を、「敬神」「愛国」「体する」との三語に分解、さらに「敬神」を「敬」「神」と分解した上で、それぞれ語について意味の解釈、まつわる誤解の打破、そしてその結果もたらされる利益、の三点に分けて説明すると宣言している。①でみられた「略解」の姿勢とは逆に、やや冗長なほど、噛んで含めるように展開してゆく。その中では、神棚を拝むという「敬神」実践を推奨したり、「古来から父母の苗字を用れば何神の御末と云事がしれるもの」（一〇丁表）と、姓を通じて人々に「神国」の民たることを強調したりするなど、思想的に目新しいことを述べてはいない。

だが①との際だった違いは、随所に現れる排仏的な姿勢である。苗字の問題にしても、僧侶は「己れが手造のごた苗字を付て大天狗面をいたして居る」「氏姓《うじすじゃう》のしれぬ蛆虫同様のものに成り下られた大頑物《おほばかもの》」、と痛罵される（九丁裏～一〇丁表）。明治五年九月一四日太政官布告第二六五号で僧侶への苗字使用義務化が達せられた際、「釈《しゃく》」「禿《かむろ》」「獅子吼《ししく》」といった、仏教者を自認する姓を付けた者らへの激しい非難である。もっとも安達達淳の場合、これは当たらぬ難癖と言えよう。しかし最大の問題は、葬儀について触れた部分である。中村は、父母を祀った仏壇を放置せず、神棚に次いで同様に敬えと説いた後、こう述べている。

> 仏葬〳〵とて喋しく噪立ながら、元日から先祖の前で永代受る御恩の御礼さへせぬものならば、それほど仏壇がきらひならば、速に打破て川へでも流して、先祖代々を神の棚へ合併祭にして神葬祭になるがよろしいでござる。是についてはいろ〳〵申さねばならぬ事がありますが、又た後日申でござる。（第二則四丁裏）

仏葬復活の声も喧しいが、祖先を敬う気持ちもなく形骸化しているなら、いっそ神葬祭にしてしまうがよい、という。しかもまだまだ言い足りない様子である。この部分は、仏式の祭祀を採用し続けるなら形だけでなく真に敬意をもって行え、という叱咤と読めなくもない。だが少なくとも、仏葬復活に奔走する安達には、許容しがたい部分であったろう。

『講録』の内容はまだ検討の余地もあるが、これ以上の深入りは避ける。むしろ、ここに浮上する重要な二点を指摘しておくべきであろう。一つは、安達が三条教則に沿った「正しい」説教のあり方を了解していなかったことである。教部省は僧侶教導職の説教につき、明治五年（一八七二）一一月の段階で神仏教導職の管長に対して、「僧侶の内説教には公席にて三条を略し解き、私席に於て説法談義法談と唱へて専ら宗意のみを弁し、三条に悖戻する不少哉の趣き以ての外の事」と通達した。さらに翌年二月一〇日付教部省達第九号では、仏教教義を交えるのは構わないが三条教則を体認した説教を行うよう、改めて警告していた（第一章第一節（2）参照）。先に挙げた一八七三年四月一〇日付の安達の伺い書も、この教部省達第九号を念頭においたものである。だがその安達自身も、こと説教の内容面については乏しい知識しか持ち合わせていなかった。しかもその点は神官側でも同様であり、郷社である神明社の祠掌さえ、いかなる説教内容にすべきかという問題には窮していた。そのため、中村にテキスト執筆を依頼したのである。

もう一つは、安達の説教に対する意欲の程である。中村は教導職ではなかったが、前述の通り霊松寺学僧への指導を担うなど、その漢学の学識は充分周囲に認知されていた。だが、大町で最初に挙行された神葬祭を指導した人物も、実はほかならぬ中村であった(24)。となれば先に挙げた③の引用部分は、やはり仏教への叱咤ではなく、神葬改典の勧奨と解すべきと考えられる。①では、神仏合同を配慮してか三条教則の説教を「道」＝「五倫」に集約させていたが、いざ③の実践編となれば、「敬神」の部分を縷々述べ、安達の神経を逆撫でするような仏教批判さえ記していた。そのような人物に、安達はわざわざ説教内容の指導を請うたのである。おそらく安達にとっては、住職資格と脈絡づけられた教導職試験が、いわば第二の排仏政策と映ったものと思われる。そこで慌てて身近な知識人の力を借りようとした、というのが実情であろう。もちろん、このテキストを安達が鵜呑みにしたかどうかは別である。とはいえ、『講録』序文の通り、安達にとっては眼前の試験をしのぐという目的が第一であり、そのためなら神葬祭を許容する人物の指導を仰ぐのも致し方なかった。『講録』の存在は、三条教則に沿った説教を行い、人々の「信従」を得ようとする積極的な姿ではなく、むしろ試験及第のため仕方なく三条教則の理解に関わる知識を求めるという、安達の説教意欲のなさを示していると解すべきなのである。

これ以後も、安達の活動ぶりは「社寺雑件」から垣間見ることができる。その一端を列挙すれば以下のようになる。

・一八七三年一一月　安曇郡等々力村・保高村など五村で廃寺調査［六―一］
・一八七四年　五月　佐々木らと「筑摩県管下諸寺院同心協力」を謳う皇恩講結成を申請［七―一］
・一八七四年　六月　同志である安養寺住職・小松了照（真宗本願寺派、前章参照）とともに伊那郡へ向けて出張し、該地僧侶の組織化を図る［七―一］
・一八七四年　八月　「諸宗総代」僧侶、「智徳兼備」の人材と評して安達の教導職階級昇進（中講義→大講義）を県へ上申［七―一］（このときは実現せず。大講義補任は一八七七年四月［一〇―五］）
・一八七四年　九月　帰農した安曇郡真々部村の元臨済宗僧侶を、再出家させ自分の徒弟とすべき旨申し出る［九―五］

このうち最後の事項は、臨済宗の僧侶が宗派の異なる安達に弟子入りを志願したという点で、注目に値する。それだけ、安達の影響力と旧藩の廃仏政策に対する批判姿勢が、県下仏教界で広く認められていたことを示唆しているからである。実際、安達は徳運寺（筑摩郡里山辺村）・金松寺（安曇郡梓村）などの廃寺復興、末寺の本山直末化（青龍寺、大町から松本へ移転新築）、他宗派廃寺の保存再興（浄土宗・生安寺（松本本町））など、他宗派や広い領域にまでわたる成果を挙げていった。[25] しかし、これらの実行に説教が一定の寄与をなしたという形跡は、少なくとも史料上にはあらわれない。教導職・安達にとっての説教とは、県や神官教導職との摩擦を避け、また教導職試験に及第するためのものであった。言い換えれば、仏教復興活動を継続し成功させるための、せいぜい外向けのポーズとして、説教を受容したにすぎなかったと言えるのではなかろうか。

## （4）教化活動に対する地域有力者の反応

こうした説教のありようは、決して安達だけのものではなかった。地域住民は、その点を鋭く看破していた。一八七三（明治六）年一二月二日、県は県下の区長・学区取締などから選出された六二名の下問会議議員に対し、教導職の説教実施状況につき意見を求めた。[26] その回答は翌年二月ごろに寄せられ、伊那郡の議員一二名からのものが記録に残っている。以下、長きにわたるが該当箇所を抜粋・引用しておく。各地域の情勢を知る有力者たちが一八七四年初めの段階で抱いていた、教化活動への率直な印象が記されているからである。

高松了慧答議

但神官僧侶開筵候ても聞人稀に其席寂寥に付、情実本庁え上申すへし

第七番原九右エ門

右は僧侶等は日時を定説教仕候向も有之候得共、多くは其任に当る人材無之。神官と雖も我輩の如き実に其任に無之不徳不才にして、身に勤行を能せさる者、弁舌のみを巧に百方説教なすといへとも誰か之を信

用せん。信用せされは来会して聴聞する勿るへし。是説教の行はれさる謂か、宜しく其任に当るへき人材を得は布教の行はる丶日を期して待へし

第十一番館松千足

神官の向未説教無之、僧侶并教導職拝命之内には適相開候向も有之候へ共、敬神の条抔はいかゞの説も有之候歟

第十五番太田伝蔵

当飯田市中の僧侶説教表札を相掲け候通り村落も同様にて集会有之由。三則は首唱のみ、各自之道に誘引する者も有之趣伝聞仕候。少校学事掛は銘々永昌院にて講習、祠官祠掌は本県中教院にて是又講習、独僧侶のみ講習等を不聞、検査之上奉職相成候は当然之義と奉存候

十六番高松了慧

教導職に教部省より拝命のものと管長より申付の試補のものと有之。当伊那郡には拝命のもの纔に一二名にて、其余すへて試補に候。其中神官の輩定て勉強と存候得共、社頭にて説教の儀承り不申。僧侶には処々に開筵仕候。然し二三会にて休業の者有之、其情状を按し候に、教導職素より俸給無之、終日説教して一文銭に抵らす、托鉢御禁止勧財不相成、終に朝飢夕凍に至んことを憂へ、又学業未熟腹中の書に乏く、随て舌頭渋り、聴者次第に減し晨星の如く寥々、右等に依り休業仕候歟と奉存候。以来教会取結、会中申合を以て適宜に出金し説教会費に充、又小教学院を設け三条十一説等講究候様被仰付候は丶、奮起可仕候得共、方今の説教景況は面々勉強とも難申上候

十六番高松了慧

拝命のものは権訓導たりとも教部省におひて判任の御取扱にて、実に僧侶の光栄従前に比すれば啻霄壌のみならす難有洪恩と奉戴仕候。然るに僧徒此の谷鶯遷喬の日にありなから、御布告を誤解し、寺院僧侶御廃しと心得候哉、什物等を売却し私宅を造営候者有之、衆庶の信を失ひ自棄人亦棄、説教所寂寥に候

　右過日一紙差上置候得共、昨日見聞に付更に申上候

三十三番前沢清嶺

神官僧侶是迄説教相勤候者稀に御座候処、過日厳重御達に付尓後神官は必勉強可仕奉存候事

三十七番城子甚三

神官僧侶三条之上旨を奉し説教致し、婦女子をして勧善懲悪之道を教ゑ、文明之いきに誘導可致職務勿論に候。然る所教導拝命之僧侶其他拝命無之者も夫々其任をつくし可申御趣意に付、方今一般説教致候と雖も、中には兎角弊習難去三条之上旨を誤解し、我か法徳を唱ひ老婆婦女子をまとはし、却て開化の妨を成し候か歎け敷義と奉存候。説教致し候諸宗僧侶は御試けん之上教導致候様相成候は丶可然と奉存候

四十一番内桶義安

未た親敷聴承不仕候得共、時々説教は有之由。尤三条の教憲は大眼目にして、其人の才不才・徳不徳に依て優劣勤惰あるは各職皆然り。何れを勉強と云へ何を懶惰と申は臣未た目撃不仕候

十九大区二小区原英二

三条の教憲を体し教導のもの稀ならんと存候。依て偏境の人民開化不仕寺庵仏像なとを尊敬し何とも歎け敷至り、夫故学校の邪魔にも相成候間、三条の趣意柄奉戴不致僧なとは速に退職被仰出、教導職のもの月々三回位廻教いたし候様いたしたく、僧侶えたいし偏頗の致方とも可存候得とも何そ可憂哉。右等のか

と因循いたし候半々自然開化にをくれ、可恥の一ならんと存候間、奉短智述候

四十八番北原信綱

神官僧侶合躰にて教開之見込相立居候得共、不勉励之形に御座候。僧侶之説教には従前之説法成教説間々有之、黒墨〔ママ〕神道派之説教は空にして、只婦女小児聞易き而已、中には古人の説を誹謗し敬神之原由を不知、説教之名を仮て従前之所業有、教導之命恐入迂遠成事に候。願は敬神の道は神国之風儀三ヶ条も元は敬神之二字に有之候間、取締を御撰挙有て御掛之官員毎々御志問被成、官下となく万事の基に候間、尽力し盛大之廉相顕候様仕度奉存候

今村善吾

小区の内村々日を定め、当日は区長正副并最寄近村之戸主聴聞会上し、教職面々巡村説教せは、教憲に謬まらす、私なく勉強して盛大ならんと奉存候

南条村下井孫七

右は見込無御座候(27)

議員番号や住所が付されている者や、氏名のみの者、また繰り返し回答している者と、表記は区々である。だがいずれも、教導職に対して非常に手厳しい、という点では共通している。

僧侶教導職については、原九右衛門（伍和村）をはじめ、神官の館松千足（上郷村）、飯田町近郊の太田伝蔵（米川村）らが、「説教の実施が不十分」「三条教則は最初に唱えるだけ」「「敬神愛国」の解説より各自の教義を話している」、といった事態を指摘する。さらに城子甚三（里見村）は、「かえって開化を妨げるので、説教をする僧侶を試験で精選せよ」とも提言している。もっともこうした批判は僧侶だけではなく、神官教導職や黒住教の説教に

も向けられており、神官の説教はいまだ実施されていない（館松千足）、黒住教の説教はただわかりやすく話すだけで古人を誹謗し敬神の趣旨を誤解している（北原信綱）、などの言葉も並んでいる。

とはいえ、僧侶教導職の説教に対する風当たりは概して強かった。城子甚三のような提言は、まだ僧侶の影響力を認めていたがゆえのものとも言える。だが飯田町・善勝寺（真宗大谷派）住職で権少講義の地位にある高松了慧でさえ、僧侶教導職の説教が最初の二、三回だけ行われて以後実施しない者もいる、と説教が長続きしていない様子を認めざるを得なかった。高松の分析によれば、教導職が無給であることや学業の未熟、および寺院什物を売却し私宅を構えるといった信仰を失う態度が、説教会場の寂寥、休業を招いている。その打開策として、説教開催費用を出し合ったり、教化活動の研究機関を設置したりという提言がなされるが、それも現状では厳しい、と述べている。【表7】には、大教院体制期における県下教導職説教実施の申請事例の一端を示したが、これらにしてもどれだけ継続して実施されたかは不明である（もちろん「社寺雑件」以外にも、説教実施を示す史料は散見されるが）。

僧侶教導職が自宗派の教義に沿った説法を行う傾向が強かった点については、先述のとおりである。右に挙げた伊那郡の有力者たちの言葉を読む限り、それは安達のように県内随一の上級にある教導職も、各村の教導職試補でも、当てはまると言えそうである。

安達が仏教復興活動を推進する際に、三条教則の解説という意味での「説教」を積極的に用いた形跡はなかった。実施する契機や意欲に乏しく、その知識も欠落していたために継続して実践されなかったという、当時の筑摩県における僧侶教導職の説教の実情が、ここに読み取れるだろう。

【表7】 筑摩県下教導職説教申請／実施状況

| 年 | 月 | 日 | 申請者／説教者 | 神仏 | 場所 | 実施日など | 典拠 |
|---|---|---|---|---|---|---|---|
| 73 | 3 | 9 | 舎鶏野陶宗／諏訪郡下桑原村 温泉寺住職 | 臨済宗 | 諏訪郡下原村慈雲寺ほか7ヶ寺 | 毎月3・8・5・10の日。筑摩郡3名・伊那郡2名の同宗試補とともに、8ヶ寺(諏訪5・筑摩2・伊那1)を説教所として高遠から飯田まで巡回説教 | 県71～72頁 |
| 73 | 3 | 23 | 茅野光豊／諏訪郡北真志野村 蓼宮社祠掌 | 神道 | 諏訪大社参籠所 | 毎週日曜。奇数日は上社、偶数は下社で。「氏子中職業之暇」に実施 | 『明治九年御廻章留』(長野県立歴史館所蔵(複写版)) |
| 73 | 4 | 10 | 安達達淳／安曇郡大町村 霊松寺住職 | 曹洞宗 | ? | 管内巡回 | 六―二 |
| 73 | 6 | 10 | 小松了照／筑摩郡三溝村 安養寺住職 | 真宗本願寺派 | 安養寺 | 12・19・28日 | 六―一 |
| 73 | 9 | 29 | 松山令仙／筑摩郡福島町村 興禅寺住職 | 臨済宗 | 興禅寺、原野村林昌寺ほか2ヶ寺 | 3・8の日。3の日は興禅寺、8の日は他の3ヶ寺で | 六―二、県73～75頁 |
| 73 | 10 | 27 | 水野立月／筑摩郡大村 玄向寺住職 | 浄土宗 | ? | 15・30日 | 六―二 |
| 73 | 11 | ? | 青山忍海／諏訪郡三沢村 真福寺住職 | 真言宗 | 真福寺 | 13日 | 六―二 |

| | | | | | | | | |
|---|---|---|---|---|---|---|---|---|
| 73 | 11 | ? | 寺居大雅 | 諏訪郡駒沢村昌福寺住職 | 真言宗 | 昌福寺 | 28日 | 六―二 |
| 73 | 11 | ? | 森山栄精 | 諏訪郡東堀村平福寺住職 | 真言宗 | 平福寺 | 23日 | 六―二 |
| 73 | 12 | 15 | 富岡海翁 | 伊那郡芦沢村真福寺住職 | 真言宗 | 真福寺 | ? | 六―二 |
| 73 | 12 | 15 | 山岸実遍 | 伊那郡山田村成就院住職 | 真言宗 | 成就院 | ? | 六―二 |
| 73 | 12 | 28 | 西方真孝 | 諏訪郡埴原田村紫雲寺住職 | 浄土宗 | 紫雲寺 | 5日 | 六―二 |
| 73 | 12 | ? | 成田央 | 諏訪郡西山田村真秀寺住職 | 真言宗 | 真秀寺 | 8日 | 六―二 |
| 74 | 1 | 26 | ? | ? | ? | 四大区七小区・筑摩郡上今井村 | この日に説教あり | 『明治七甲戌年説教説諭聴聞帳　四大区七小区上今井村』（松本市文書館所蔵） |
| 74 | 3 | 24 | 滝早見 | 筑摩郡王滝村御岳岩戸神社祠掌 | 神道 | 桐林寺 | 1・11・21日 | 『御廻達留控』（木曾郡王滝村滝重則家所蔵、県80頁） |
| 74 | 4 | 12 | 前沢清嶺他 | 伊那郡田島村祠掌 | 神道 | ? | 6・16・26日。橘舜沢、橘蓴州とともに | 『御用留　片桐村ノ内七久保　明治七年四月』（国立史料館所蔵） |

| | | | | | | | | |
|---|---|---|---|---|---|---|---|---|
| 74 | 6 | 24 | 寺田綱山 | 筑摩郡松本下横田町芳仙寺住職 | 真宗大谷派 | ？ | 16日↓11・26日、監獄教誨も実施。懲役人への説教回数増加申請 | 七—一 |
| 74 | 6 | ？ | 白尾是証他 | 大野郡高山了心寺住職 | 真宗大谷派 | 高山小教院 | 1・6の日 | 七—一 |
| 74 | 7 | 4 | 丹所知円 | 筑摩郡三溝村正慁寺住職 | ？ | ？ | 26日。懲役人説教実施願 | 七—一 |
| 74 | 7 | 23 | 茅野光豊 | 諏訪郡北真志野村蓼宮社祠掌 | 神道 | 北真志野村 | 26日。区内村々で輪番説教 | 『明治七年北真志野村御布告留』(長野県立歴史館所蔵(複写版)) |
| 75 | 4 | 19 | 寺田綱山他 | 筑摩郡松本下横田町芳仙寺住職 | 真宗大谷派 | 松本北深志町宝栄寺 | 岡田社祠官近藤正教、岡宮祠官梶原調も説教 | 八—一、県91～95頁 |

※ 年は西暦、18を省略　?：記載なし　典拠の項、数字のみ：「社寺雑件」番号、「県」：『長野県史』近代史料編10(1)

## 第二節　信仰と布告講読――岩本尚賢の建言書から――

### (1) 神官の給与問題と「布告講読」

前節では僧侶教導職について、仏葬復興、および教導職試験の及第という課題が、教則学習や説教実施の動機となる場合があったことを指摘した。だが神官側の言説を検討すると、また違った側面が見えてくる。諏訪神社宮司・岩本尚賢(一八三五～一九〇七)も、その手がかりとなる人物である。岩本は諏訪郡上諏訪(現諏訪市)出身、高島藩士として諏訪家に仕え、平田国学を飯田武郷より学んだ。慶応四年（一八六八）三月には、甲州路を進む討幕軍の嚮導隊半隊司令士として、開城された甲府城の授受責任者を務めたという。ついで一一月には高島藩軍務方勤務、神道国教化政策期には同藩宣教掛に転じており、その頃から国学という学問的素地を踏まえ教化活動に関わってゆく。明治五年（一八七二）一〇月には諏訪神社の禰宜となり[28]、翌年権大講義に任じられ、その年末には宮司に就任している[29]。当時神官教導職としても県下で最も階級が高い一人であり、諏訪郡のみならず県内の神社関係者のなかでも発言力の強い立場にあったと言えるだろう。

筑摩県における岩本の行動を直接に語る史料は、そう多くはない。判明しているのは、赤司重春のあとをついで諏訪神社宮司に就任した一八七三年末、年中神事や御柱祭についての古今の事跡を調査して『諏訪上下両社年内祭祀之大略』[30]にまとめたことや、同年五月に神葬祭への改典願を出していること〔六―一〕、大教院解散後に筑摩県神道事務分局の局長を務めたこと〔九―三〕、などである。ちなみにこの神葬祭の届出書には、「第十三大区九拾五小区下桑原村五拾八番屋敷居住士族岩本尚賢」とあり、当時の住所がわかる。

これ以上の個別情報は、とりたてて見あたらない。それでも彼を取り上げるのには、大きな理由がある。それは、一八七四年三月二七日に権令永山盛輝へ提出した一通の建言書〔八―三、県128〜131〕が、県下神官の動向を知る上できわめて重要な意味をもつと思われるからである。この建言書は、前書と「神官教職之儀に付見込条々」と題した本文からなる。そこには、諏訪郡を中心とする在地の神官が置かれていた状況と、その改善策が書き連ねられている。

さっそく検討してゆこう。岩本が訴えたのは、神官への給与問題である。一八七三年二月二二日、太政官第六七号により郷村社祠官掌給与の民費課出が廃され、以後は「人民之信仰に任せ支給」されることになった。そのため諏訪郡の神官はそれまで得てきた収入を失い、「既に一ヶ年無俸給之体にて相過き、中には拝命以後従前の産業をも相止め奉職仕候に付、一家生活の道を失に至」る者さえ現れている、と岩本は現状を慨嘆している。(31)従って岩本の主眼は、窮状打破のため給与支給を制度化することにあった。具体的には、諏訪郡の祠掌一人当たり一小区の業務を受け持つことで、氏子が約五〇〇戸として各戸毎月三厘で一円五〇銭の給与支給が可能、という概算を立てていた。

給与を得るからには、当然「信仰」を得ることが条件になる。岩本は、そのための具体的な方法を本文中に列記している。県に対し、産土社祭礼の勧奨、大祓の定着促進、神道教会設置などを要求したのだが、その一項目として、葬祭改典自由の確保も挙げられた。

> 葬祭之儀は人々信仰に任せ改式不苦旨追々御布告御座候処、是迄の頼み寺へ改式の儀相断り候ても事を左右に寄せ、早速承引不致、或は種々の方便を廻らし改式の儀を見合呉候様頼み込候類も有之由、甚しきに至ては説教の席にて、神葬祭は亡者に対し不敬に当り候抔と妄言に及候輩も有之哉に伝聞仕候、右等の儀は大に開化の進歩を妨け候事に付、村吏等にて致注意候様予め被命置度事

仏葬確保に躍起な僧侶によって、人々の神葬祭改典が妨げられていることを非難し、行政の対処を求めている。岩本自身も先述の通り、神葬祭への改典を伺い出ており、仏葬回復運動の激しさを強く感じとっていた。その激しさは、実際の説教の場における神葬祭批判にまでエスカレートしていた。おそらくその矛先は、安達らの説教に向けていると見て間違いあるまい。これは神官にとっては「信仰」を得る際の重大な障害であり、葬儀をめぐる神仏対立が激しい様相を呈していたことが窺える。

だが岩本が最も力説したのは、教導職による「布告講読」という手段についてであった。布告講読とは、県達

などの布告を人々に講義・解説することであるが、岩本はそれを教導職本来の職務と捉え、以下のように述べた。

教導の職たる素より高尚の理を諭し歯遠の事を語る為に非す。専ら衆庶をして日用彝倫の道を悟らしむるに在り。御布告講読の如きは教導中至要の条件なれは其職にて相勤候様仕度〔中略〕猶今後毎月説教の次には必す御布告の講読を兼候様相成らは、自然政教一途の御旨にも協ひ衆庶信仰の念も生し可申、何卒右之趣を以て御告諭相成、適宜の給料必す支給候様方法相立可申旨、厳重御布告被下度

神官教導職が給与を得る際、岩本も説教の実施が重大な問題と考えていた。この建言とほぼ同時期の三月二〇日、岩本は「諏訪郡村社祠掌増員願書」を県へ提出している〔八―二、県79〕。諏訪郡では、村社祠掌一八名のうち、一小区を担当する者が九名、二小区兼担が七名、あとの二名で三小区を分担という氏子受け持ちの体制をとっていた。これでは、各小区で毎月三度の説教を実施する際に負担が大きいうえ、彼らが給与を得る場合も小区によって負担額に差が生じ不都合である。よって一小区一名という割合になるよう神官の増員を願いたい、これが願書の内容であった。説教、とりわけ布告講読のような民衆の日常生活にかかわる内容を説諭すること、それが教導職の重大な職務であり、増員によって充分に実施できれば、「信仰の念」を得て給料の支給へつながるであろう。ましてや、教導職は原則として無給で、説教活動にかかるコストは各自で捻出せねばならなかった。岩本の目論見はそこにあった。それが、他に列挙した方策と異なって、唯一建言書の前書きと本文の両方で布告講読について強調した所以であった。

しかもそれは、単純な思いつきでも、非現実的な願望でもなかった。説教内容に新たな諸政策の解説を盛り込むことを、政府の側も求めつつあったのである。

第一章でも述べたように、教部省では一八七三（明治六）年二月に十一兼題を定め、翌三月の田中頼庸『三条演

義』編集、七月の仮名垣魯文『三則教の捷径』刊行と、神道を中心に儒教を交えた人倫道徳の鼓吹を目指す説教の路線を定めてゆく。これは復古的な天皇崇拝への脈絡を重視したものであったが、それと並行して、「開化」路線の説教も模索していた。同年六月には「往々説教中に云々するは云々の罪に陥る所以を懇諭し、教法実際に被相行候様」にと、刑法の熟知・解説を盛り込むことを勧め（教部省達無号）、一〇月には「開化」的な徳目を十七兼題として制定し、新たな諸政策への理解・遵守を説くことを求めた。府県レベルでも、これも先述したが、たとえば同年八月宮城県参事宮城時亮は、中教院に地租改正や徴兵令といった「開化」的諸政策の説教を要請している(32)。安丸良夫が「むしろ野放図に近代的で進化主義的」と教導職の説教を評したように(33)、いわば「開化」の伝道者としての教導職像が、浮かび上がってくる。

それは各府県が、政策ないし布告を正確に伝えて住民の理解を得ることに苦慮し、誤解や摩擦を引き起こしていた状況と符合する。先に例示した宮城県もその事態に直面して教導職を利用したのだが、筑摩県の場合、その担い手は当初、あくまで教員であった。一八七三年八月一〇日、県は学校のある村々で新聞（特に『日新真事誌』）記事と布告の解説につき指令した。学校または戸長宅において、「学校教員、区長、学区取締、正副戸長、学校世話役等」が実施すべきことと定めたのである［教110］。また同年一〇月には、各教員に民情報告を義務づけ、県権令へ宛てて月一回報告書を郵送せよと命じた。そこでは「神官僧侶及ひ区戸長学区取締捕丁等言行勤惰」や「御布告現実奉体するや否」などの項目が並べられており［教980～981］、筑摩県では、監視する教員、監視される神官・僧侶、という関係にあったと言えよう。

そこに変化が現れたのは、同年一二月二三日の県達である。布告の趣意不徹底につき、月三回程度の布告講読実施を県下へ通達したが、依然として会場は学校、実施主体は教員・村吏と規定し、戸主・子弟ともに参集せよ、と改めて命じていた。だが注目すべきことに、その達しの中に、新たに「神官僧侶何人にても講談出来候もの村吏を助ける妨くるなし」という文言が明記されたのである〔教115〕。県民への法令伝達の困難ぶりとともに、それを講話できる人材として、神・仏の教導職が浮上してきたことを示しているからである。一八七三年末段階の県の認識では、教導職は教員の監視対象というより、ある程度布告講読の能力を買われ見直されつつあったと言えるであろう。岩本の提起は、この直後になされたものであり、いわば時宜に適う方法として浮上したのである。そこには、県政の側に立つ説教方法を示すことで、神葬祭を非難する僧侶教導職へ対抗するという政治的意図も、多分に含まれていたと思われる。

### （２）教導職説教とのセット

ではこの岩本建言は、県にどのように扱われたのか。一八七五（明治八）年二月一四日、翌月の県会議開催に向けて、議員へ下問がなされる。その第一条は、ほかならぬ「教導職説教之儀は、以来村々御布告講読日、教導職村吏申談、同場両事取行之事」であった(34)。そして三月一九日には、布告講読と最寄りの教導職の説教とを「毎月三回位適宜の場所相定」めて同日同会場にてセットで行うこと、理由なく二回以上欠席し聴聞せぬ者は県官が取り質し説諭すること、を県下に通達する〔教156～157〕。

これは、岩本の提起とは微妙に異なる。教導職に布告講読を担わせるのではないからである。なぜこのような方法をとったのであろうか。建言書を県がどう取り扱ったかが問題となるが、その返答や議論の過程は残念ながら不明である。そこで、岩本が建言した一八七四年三月から五月にかけて、権令永山盛輝が行った諏訪・伊那両郡巡回から、県の意図を推測してみたい(35)。

この永山巡回は、筑摩県の学校教育史を語る上で必ず言及される事柄である。今日、「長野県は教育県」という位置づけ・自己言及が往々にしてなされるが、その基礎となった歴史的裏付けとして挙げられる代表的な事項である。[36] 永山は六〇日間で二三〇余の小学校を巡視し、自ら学事の重要性を説いて回った。その際の学事勧奨の文言や村々の様子については、県官吏がまとめた『説諭要略』[37]に記録されている。その中で注目されるのは、寺院への帰依がいき過ぎて学校への出金が疎かになっている、との批判が非常に目立つことである。たとえば、伊那郡上穂村へ赴いた際、同地最大の寺院である安楽寺を学校校舎として仮用しているのを知って、永山はこう述べている。

昔し仏寺を建立せしに。皆僧侶の方便にて。勧誘し。此立派なる寺を営めり。即是村民誑惑を受るを不知。莫大の財を費したり。是も当時の勢たるへし。今や文明に遇逢し。汝小民何と心得たるや。因果応報の邪説に拘泥し。地獄極楽なとの詭説を信するか。中には心得違の者もあるへし。抑仏は死する先を頼み。現在生きたる人を教育するに。此寺に布施すると違ひ。学資を出さす。教場に尽力せす。生るより死する方楽きなるへし。余り地を易へたることにて。可憐なり。〔教132～133〕

寺院と地域民衆との結びつきを赴く先々で目の当たりにした永山は、学校教育と仏教とが資金や場所をめぐり対立せざるを得ないことを改めて認識するとともに、信仰の根強さを別の方向で利用する方策を模索した。すなわち、僧侶の村落における影響力を説教への動員力に転化する、という方向である。

とはいえ説教は、松本小教院事件の教訓から、学校教育と直接摩擦を起こさぬように組織・実行される必要があった。従来布告講読の会場を「学校」と定めていたのを、一八七五年三月の県達で「適宜の場所」と書き改めたのも、そのためであろう。あくまで県は学校教育と教化活動の場の分離を意識していた、と考えられるのである。

県は、岩本が意図した神官側の利害のみを念頭においたわけではなかった。僧侶の村落における影響力を説教への動員力に転化する狙いのもと、教導職全体の問題として、この布告講読とのセットでの説教を実施したのである[38]。これを僧侶教導職の動向に即して見た場合、次のように言えるだろう。仏教は、仏葬回復などの活動で檀家との結びつきを再構築しつつあり、復興途上にある。他方で、説教実施は不十分という社会的批判を受けている。前者の復興状況のもとで、後者の批判点を改善するため、いわば布告講読を梃子として僧侶教導職の積極的な説教実施を促そうとしたのだ、と。

いうまでもなく、この巡回における永山の発言は、きわめて大きな問題に直結している。すなわち前章の最後に挙げた、学校教育が宗教を〈踏み台〉にする、という仮説である。前節(4)で紹介した下問会議の議員も、この点について既に指摘している。原英二（伊那郡上郷村）の回答には、人民が「開化」しない理由は寺院・仏像への尊崇にあり、それが「学校の邪魔」になっている、とある。永山の認識も原と同様であった。学事振興をはかるために、「文明」の世にあっては「現在生きたる人を教育する」学校にこそ出金すべきであり、寺院に布施をするなど死後のために浪費する「心得違」にすぎない、と痛罵したのである。学校への称賛が、仏教を「詭説」として貶めることと一体になっていることがわかる。それと同時に、永山は仏教を単純に弾圧するのではなく、その教化主体としての影響力を利用しようとしたわけである。ここにおいて仏教はまさしく、おさえつけつつ利用する、〈踏み台〉と見られていたといえるのではないだろうか。かくして、布告講読とのセットで説教を行うという方策が採られる背景には、県そして永山の思惑が重なっていたのである。

さて、実際の「セット説教」はどのようなものであったか。一八七五年四月一九日に松本下深志町・宝栄寺で開催された説教については、幸いにも記録が残っている［八―二、一部は県91〜95］。その夜説教する教導職は、岡宮祠官・梶原調、岡田社祠官・近藤正教、芳仙寺住職・寺田綱山（真宗大谷派）の三名であった。まず近藤が三条教則を読み上げ、ついで副戸長三原某が布告講読を行った。この日解説された布告は、同年三月に開社式が挙行された開産社についてであった。開産社とは、凶荒および貧民に対処する資金を備蓄しつつ、開墾や養蚕、牧畜、水田造成、石炭や蒸気機械による産業開発といった殖産興業のために、その資金を年一割二分の利子で希望者へ貸し付ける施設であった。前身である勧業社（七年四月業務開始）を改称し、開産社条例および同規則を設けており、三原はその条例・規則を解説したものと思われる。そして説教へと移り、梶原→近藤→寺田の順で行った。その内容は【表8】に示したとおりである。これは後に中教院の取り調べを経て県へ提出した記録であり、体裁を繕うための粉飾も考慮せねばならないが、それでも概要を知るには充分と判断した。

その上で指摘できる第一の特徴は、布告講読の内容に三名とも言及している点である。詳細な条文内容には触れてはいない。むしろ、開産社について「衆庶御引立」「人民保護の御仁恵」として受容すべきであり、それが三条教則の皇上奉戴・朝旨遵守および敬神につながり、「神護を得」るに至るのだ、という趣旨で説教している。いわば「開化」政策に対する「心がけ」の次元で、三条教則に基づき説いたのである。

第二に、就学督促への言及である。梶原の説教記録に「只今も御布告御聴聞之通り」とあるように、布告講読ではこの話題も論じられたようである。近藤も、学校は「人たる道を教へ人を育て天職を尽さしむるなれは、畢竟御国政の関り係る処重」いありがたい存在である以上、恩義を感じよ、課金拠出を渋るな、と述べている。また近藤は「今子弟の教育以前に比すれば世話なく学につき道を知る、其恩言語に尽す」と旧式の教育と対比し、開産社同様、新時代のものとして学校を強調し称揚してもいる。

以上二点から考えるに、布告講読とのセットは、神・仏教導職共通の話題を説教するという効果をもたらしたと理解できる。直接の布告解説でなくとも、教導職自身は定期的に新たな布告に注意を向け、自分なりに咀嚼し、結果的に新時代の情報・知識の発信者という機能を果たした、ということになるだろう。その過程で通俗本や新聞といった活字メディアを通じ学習するわけだが、【表8】のように、必ずしもそれらの学習が表に出てこない場合もあった。むしろ、セットという形式が課せられたことで、教導職が布告内容に沿った学習をするようになった点こそ、ひとまず強調さるべきであろう。

そして第三に、神官・僧侶の「不協和」が明瞭にあらわれたことである。実は説教終了後、教導職によって内容に齟齬がある、と聴衆より苦情が出された。その「不協和」とは、やはり葬儀をめぐるものであった。芳仙寺住職・寺田が、神官の葬儀執行を大いに皮肉ったのである。維新以前には、神官は全く葬儀には関与しなかったのに、今日では逆に神葬祭も許可された。葬儀の後も死の不浄など問題にもせず、神前に出てゆくといった変貌ぶりである。このような事態は「何ちゃか角ちゃかさっはりわからぬ」――神官の近藤は、神葬祭を朝廷の意思とみなし、従前の仏葬を全て誤りと片付けるのは行き過ぎだと述べていたが、寺田の口吻はそうした穏健な説明を否定し去るものであった。

県は、岩本の提起とは微妙に異なる布告講読とのセットで説教振興を図った。そこでは新たな政策を理解し遵守せよという、教導職共通の話題が説教に盛り込まれることになった。セット説教の大きな意図は、学校教育と教化活動の摩擦をうまく避けつつ、仏教信仰の根強さを利用するという点にあった。松本小教院事件の教訓が、教導職に学校教育の振興を説教させるという方策によって「生かされた」のである。また坂本紀子が明らかにした事例と対比するなら、静岡県御宿村では湯山半七郎個人の活動であったが、筑摩県での事例は、「開化」政策に

**【表8】** 一八七五（明治八）年四月一九日、松本宝栄寺における説教内容

| | 梶原　調（岡宮祠官・訓導） | 近藤正教（岡田社祠官・訓導） | 寺田綱山（芳仙寺住職・権少講義） |
|---|---|---|---|
| 葬儀につき | （言及なし） | 先年仏葬の頃親を始め家内の欲せさる事も信仰の偏りを尽せし事あり、是僻なり、又旧知事公の勧意にて神葬に化せし以後は朝廷も御神葬なれは、吾生て氏神と祈り死して神葬となる、生涯神国の道に渉る事善しと思ひ込み、前義等閑にせし事ありて後に心付は過ちと思し事あり、是亦偏僻なれは別して御注意ありて、何事も敬ひ慎みの誠のはなれぬ様心に問て心を責め、物事其節に叶の工夫あり度 | まつ敬神について皆様に替て問て云ふ、当時敬神々々と頻に被仰か能々思へは、御一新前は神官たる者は生穢死穢と云て人の生れたときと死た時は火迄も別にして更に死体に近よる事なし、それてこそ敬神とも思はるれ、然るに今日に至ては溷穢の義は御廃止に相なり、汚れ不浄と云事はさっはりなひと仰せられ、神葬祭迄御免あらせられ、神官葬儀を執行ひ其儘神前に詣ても罰も当らぬ、もし昔か真となら今は虚歟、今か真なら昔日は虚ちや、何ちゃか角ちゃかさっはり分らぬ |
| 布告講読につき | 猶又県庁に於ては開産社被設、夫々勧業の御手当等、皆何れも衆庶御引立之御趣意厚く体認し、報恩の志少も忘却無之様にと懇篤弁説にをよひ退席なす | 御布告講読ありし開業舎の事別して心得厚くなけれは欲に引かれ若くは庁旨を凌くに至る焉、実に御規則を弁へられ資本乏きは此御助けを受け業を励けみ遊民の罪を受けさる様に職業を尽すに至れは、第一皇上を奉戴する意に叶い、又朝旨を遵守する義にして、則ち敬神の誠も現れ諸神も其肺肝を御感しありて必す神護を | 開産社と云は乍恐権令閣下を初として諸官員の御積みなられた金額もあり、又諸人の分に応して積立た金穀もあり、申さは上下共有の金穀にして上の物にして上の物に非す、民の物にあらす、全く人民保護の御仁恵より開かせらる丶処の社にして、郷に無職の戸なく戸に無産の人なき為、且又飢年凶歳等の予防の御備ちゃか |

| | |
|---|---|
| | 学校教育につき |
| | 又只今も御布告御聴聞之通り、其身貧くして無余義子弟不就学の輩えは御詮議の上金子も可被下 |
| 得て幸福なるへし | 又方今屡学校の御世話ある中に元資の迷惑苦情あるをきく、是心得違あらん歟、今子弟の教育以前に比すれば世話なく学につき道を知る、其恩言語に尽す、然るに元資を厭ふは罪なり、素有志の主意なれは上より強て御勧めの訳には之なく、若有志の仁勧ありとも不活計実算なれは是誠なり……元と学校は人たる道を教へ人を育て天職を尽さしむるなれは、畢竟御国政の関り係る処重く、又恩義浅からされは徒らに暮す事なく、暇まあらは精を出し稼き之を積て此恩義に報するの志を存し、元資進献の心を尽すへし |
| ら、たとへは商は仕度か元資かなひ、農を開度か資料かなひとか、詑度目度か立た処て拝借を願ふ訳ちゃ、尓るを、万一心得違て、開産社は利足か安ひてこれを借て遣へは勘定かよひなと、、算盤持て云々するは大な心得違て有ますから、人民保護の御趣意を忘却なく心得違なひ様になされませ | （言及なし） |

※典拠：「社寺雑件」八―二、※傍線は筆者付す

準拠した説教を行政指導のもと全県レベルで試みたもの、と位置づけることも出来よう。

だが、葬儀をめぐる神仏対立は結局解消できぬまま、一八七五年五月末に神仏合同の大教院解散を迎えた。一般的に大教院体制の崩壊要因として、神仏合同の原理的矛盾や真宗の離脱が指摘される。だが、その点は地域での教化政策を見据えたとき、おのずと留保が必要になる。筑摩県に即して言えば、神仏合同の矛盾は、あくまで葬儀という具体的問題で顕在化した。また真宗離脱といっても、どの府県でも一様に現象したのではなかった。先の宝栄寺のごとく、大教院が解散するその直前まで、神官と真宗僧侶の合同説教が実施される場合があったのである。(39)

(3) 大教院解散後の状況

大教院解散直後の一八七五年七月一〇日、神官教導職は早々にセット説教から離脱、(40)同一四日には筑摩県神道事務分局（局長は岩本）を設置し、そこを拠点として独自に説教を行ってゆくことを宣言する〔県100～101〕。おそらく、同年四月二日に県社祠官以下神官への給与支給を定める県達が出されたことが(41)大きな理由であろう。その意味で、岩本建言は所期の目的を達成したと言える。それは別の面から見れば、「開化」的知識・情報を伝達する存在としての神道教導職が、その存在意義を変質させたことになる。

そして説教と入れ替わるように、また説教を遙かに凌ぐ隆盛をみるのが、政談演説会であった。その当時松本の開智学校生徒であった木下尚江は、よく「見物」として宝栄寺での演説会に行き、「予の祖母なぞも『坊様の眠むたい説教よりは元気が良くて面白い』とて、開会毎に出掛けられた」、と回顧している。(42)演説に対する熱狂は一八七七（明治一〇）年前後から全国的に高まっていくが、それが説教と対比的に捉えられていたことは注目される。

しかも、木下と祖母が通っていた演説会場が、先述した説教会場・宝栄寺であったことは実に象徴的である。布告講読とのセットによって、いわば公的なオーラルメディアとして機能するはずであった説教の命脈も、松本においては演説熱に呑まれるように断ち切られていったのである。そこには、大教院体制解散後の仏教各宗教団による組織再編・強化も、大きく影響していた。どの教団でも、機構の整備や財政の立て直し、あるいは僧侶養成に力が注がれていったが、説教については新たな教化指針樹立に向けての動きも鈍く、[43] 全体として停滞傾向にあったことは事実であろう。

とはいえ、各教団も宗派ごとに中教院を置いて、定期的に説教を実施しようとしていた。たとえば真言宗では一八七七年三月二三日、同宗中教院の開筵式を明後日に挙行するとともに、毎月二五日に説教を実施する旨、同宗僧侶松橋宥中より上申している［一〇―六］。曹洞宗の場合も、同年六月七日に同宗仮教院（極楽寺）での定日説教日の追加を申請している［一〇―五］。またセット説教も、僧侶教導職の側が引き継いでいったと推測される。一八七六年一二月六日に伊那郡中箕輪村の法界寺住職・川上珽誉が浄土宗部幹事を通じて県へ提出した伺書では、次のような要望が出されている。

奉言上候。拙寺末当郡南箕輪村八小区四番地西念寺儀従来支配仕候処、無檀に付明治七戌年縫針学校に貸置候処、方今教部省の御趣意も有之、耕内の人民右西念寺に於て御布告并に説教等毎月両度拝聴仕度旨申合も有之候間、拙僧兼務法用修行仕度、依之右寺庭前え立札の儀御聞済御指令被成下置度、此段奉懇願候。以上

［九―四］

南箕輪村の住民がセット説教の実施を要望しているので、それに応えて実施したい、そのため寺院の庭前に説教開催の立札を建てたい、というのである。布告講読のセットによって、説教は住民に必要な知識を得る場とし

て認識されていたことがうかがえる。たしかに前述の通り、松本のような市街地では演説熱が高揚していた。だが都会でも山村でもひとしなみに演説が隆盛をきわめたと考えるのは、おそらく実態には合わないだろう。とくに後者では、説教も依然オーラルメディアとして重要な位置を占めていた可能性もあるのである。

また一八七〇年代後半には、各宗派で地方巡回を頻繁に行う僧侶も出てくる。筑摩県および合県後の長野県でも、すでに一八七六（明治九）年五月に畔上楳仙（曹洞宗権少教正、足柄県関本村・最乗寺住職）、同六月に獅子吼観定（浄土宗大講義、東京府深川・霊巌寺住職）、一〇月には大谷光尊（真宗本願寺派法主、大教正）が来県している［いずれも九―一］。そして翌年六月には、松本小教院事件にも関わった佐伯領巌（浄土宗中講義、東京府小石川・宗慶寺住職）が、浄土宗中教院の教師として来県・滞在することを届け出てもいる［一〇―五］。大教院解散後の各宗派説教の実相について掘り下げた研究は極めて乏しく、これらの事例を整理・検討することは今後の課題とせざるをえない[44]。だが、宗派を問わず各地で招請され説教を行う佐田介石（一八一八〜一八八二）のような僧侶が脚光を浴びる状況を念頭におけば[45]、僧侶とその説教がもつ社会的意義を、もう少しタイムスパンを広げて見直す必要もあるのではないだろうか。

さて一方、布告講読から離脱した神官の側はどうか。一八七六（明治九）年四月下旬から五月末にかけて、岩本率いる筑摩県神道事務分局は、県下の神官教導職たちを県内巡回説教のため派遣した。たとえば伊那郡においては、六つの小区を回って説教を行い、一回あたり約一五〇〜四五〇名の聴衆を動員した［九―二、一部は県105〜106、教1116］。翌年にも個人的な実施が三例見られる［一〇―一・四・六］。「社寺雑件」を見る限り、それ以後巡回説教が行われたという形跡はない。前述の演説熱に加え、一八八〇（明治一三）年前後に神道界を揺るがした「祭神論争[46]」が――説教内容を規定する教義解釈に関わる問題である以上――、神官教導職の説教実施の衰微に大きく作用したことは間違いないだろう。誤解を恐れず言えば、一八八二年一月、神宮および官国幣社神官の教導職兼補廃止（内務省達丁第一号）以前に、神官教導職の説教に対する情熱は、むしろ教派神道の布教活動へと〈転生〉していくことになるのである。(47)

## 第三節　「教」の行方――筑摩県の教育と教化の分離政策――

### (1)「人」の分離

安達は自身の教導職試験及第のために、岩本は給与支給の前提となる神官の社会的有用性をアピールするために、教導職としての説教という職務を受容した。一方で、県は松本小教院事件以降、学校教育と教化活動の関係のありようを模索してゆく。布告講読と教導職説教のセットもその一環であったが、そうした内容面だけが取り沙汰されたわけではない。筑摩県の教化政策の展開は、松本小教院事件を重大な転機としている以上、黒川益清が指摘した問題に着目せねばならない。すなわち、教導職の学校教員兼務、そして教化資金の問題である。

まず、前者について考察する。中教院設置申請書にも名を連ねた筑摩神社祠官・林吉金は、黒川の来県当時、松本・温知学校の教員を務めていた。前章で見たように黒川は、教員としての職務に熱心なあまり本職が疎かになっている、と林を批判していたのである。もっとも、一八七三（明治六）年八月二八日には教導職と学校教員の兼務禁止令が出され、こうした事態は原則的になくなるはずであった。県はこの兼務について、同年九月二〇日に文部省小督学・柳本直太郎へ、教導職未任命の神官・僧侶ならば教員兼務は構わないか、と問い合わせた［教980］。柳本は「伺之通」と許可し、県は一〇月一〇日付でその旨を県下へ通達している。(48) これを見る限り、教導職の教員兼務を認めない文部省の原則に従い、学校教育と教導職の民衆教化とを人的に峻別するのが県の基本方針だと理解できる。教員を兼務する神官・僧侶にとっては、学校教員になるか、教導職となり教員を辞めるかの選択を迫るものであった。

しかし、この原則が即座に貫徹されていったとは言えない。【表9】は一八七三（明治六）年一一月現在、県が把握する限りの神官・僧侶の学校教員兼務者（旧信濃国四郡のみ）を示したものである。これによると、筑摩・安曇郡には兼務者は少なく諏訪郡・伊那郡に偏っている／曹洞宗が多く真宗はゼロ／諏訪郡の僧侶では真言宗が過半数以上／平均年齢は神仏とも四〇歳代前半／俸給の額は単純計算しにくいものの神官のほうが若干高い／二校にまたがる兼務もある、など諸々の事象が読み取れる。ただ、実態の完全な把握は困難であり、各学校の年史類と付き合わせると、助教（正教員の補佐）をはじめ記載漏れと思われる事例も少なくない。人的「分離」という県の原則が、この段階では徹底していなかったと言える。それは先の林吉金が、一八七三年一一月段階でも教導職との兼務を継続していることにも端的に表れている。

その点で、前節の岩本建言に次のような提起がなされていたことは見逃せない。

是迄祠官掌にて学校教員を兼勤致居候者多分有之候処、今般試験の上薦挙に及ひ教導職致拝命候はヽ、兼ての御規則通り教員は被免候儀に可有御座、左候はヽ偏僻の村里にては学校にも不都合之次第可有之哉、且薄給の神官是迄兼勤の俸給を仰き相勤候様の向も不少、自然神官一方にも相成候はヽ、活計の為め不得止神官を辞し、学校を冀望候類の儀も相生し可申哉（中略）地方の適宜に任せ、当分教導拝命にても学校教員兼勤被差許候様相成候はヽ、双方共に便宜たるへく候事　［八―三］

第一節で触れたように、県は官員立会いのもとでの教導職試験実施を予告していた。その試験に合格し教導職を拝命した者は、学校教員との兼務禁止規定によって、教員退職を余儀なくされる。それは経済的に苦しい神官

【表9】一八七三（明治六）年一一月筑摩県における神官・僧侶の教員兼務

| 校名 | 小学区 | 郡 | 村 | 氏名 | 年齢 | 身分 | 俸給 | 備考 |
|---|---|---|---|---|---|---|---|---|
| 温知 | 17 | 筑摩郡 | 筑摩村 | 林　吉金 | ？ | 県社筑摩神社祠官 | 40 | |
| 上大池 | 17 | 〃 | 大池村 | 青山　察天 | 33 | 宗福寺住職（曹洞） | 24 | |
| 牧村 | 17 | 安曇郡 | 牧村 | 西牧　龍昌 | 47 | 平民（還俗） | 48 | 嘉永元～明治4、真福寺住職 |
| 曽根原 | 17 | 〃 | 曽根原村 | 神咲　本明 | 52 | 盛蓮寺住職（真言） | 36 | |
| 貴船 | 17 | 〃 | 木船村 | 竹内　多 | 61 | 村社祠掌 | 24 | 他に米12俵 |
| 温習 | 18 | 諏訪郡 | 下諏訪町 | 岩波　順治 | 41 | 旧高島藩士 | 60 | 明治5・10諏訪社権禰宜、6・3権少講義 |
| 〃 | 18 | 〃 | 〃 | 菅沼　屯 | 41 | 旧高島藩士 | 60 | 明治5・10諏訪社主典、6・3権訓導 |
| 〃 | 18 | 〃 | 〃 | 増沢　静雄 | 35 | 村社祠掌 | 60 | 諏訪社事務奉仕経験 |
| 東山田村 | 18 | 〃 | 東山田村 | 長谷川慧達 | 43 | 法泉寺住職（浄土） | 50 | |
| 柴宮 | 18 | 〃 | 東堀村 | 森山　栄精 | 40 | 平福寺住職（真言） | 50 | |
| 岡谷 | 18 | 〃 | 岡谷村 | 今井麻須美 | 35 | 士族 | 30 | 嘉永元～明治5・10諏方社神官 |
| 〃 | 18 | 〃 | 〃 | 城山　宥朝 | 29 | 照光寺住職（真言） | 30 | |
| 〃 | 18 | 〃 | 〃 | 青山　忍海 | 40 | 真福寺住職（真言） | 30 | |
| 〃 | 18 | 〃 | 〃 | 林　登 | 30 | 農 | 30 | 文久2～明治5・10諏方社奉職 |

| | | | | | | | | |
|---|---|---|---|---|---|---|---|---|
| 柳原村 | 18 | 〃 | 新倉村 | 寺居　大雅 | 48 | 昌福寺住職(真言) | 50 | |
| 徽典 | 18 | 〃 | 南真志野村 | 岩本　正簡 | 51 | 諏方神社主典 | 72 | |
| 啓蒙 | 18 | 〃 | 上桑原村 | 松橋　宥中 | 41 | 仏法寺住職(真言) | 72 | |
| 愿志 | 18 | 〃 | 上原村 | 有賀　盛忍 | 46 | 極楽寺住職(真言) | 120 | |
| 勧善 | 18 | 〃 | 塚原村 | 茅野　玄洞 | 39 | 宝勝寺内(曹洞) | 60 | |
| 迪蒙 | 18 | 〃 | 矢ケ崎村 | 〃 | 〃 | 〃 | 50 | |
| 歓喜 | 18 | 〃 | 柏原村 | 白旗　周岸 | 40 | 歓喜院住職(浄土) | 40 | |
| 可頼 | 18 | 〃 | 中村 | 円　泰慇 | 33 | 正光寺住職(浄土) | 38 | |
| 長泉 | 18 | 〃 | 払沢新田村 | 諏訪天多僧 | 44 | 長泉庵住 | 65 | |
| 興譲 | 18 | 〃 | 立沢村 | 立岸　祐応 | 49 | 高栄寺住職(真言) | 58 | |
| 致格 | 18 | 〃 | 上蔦木町村 | 田中　日城 | 47 | 遠眼寺隠居 | 60 | |
| 博我 | 18 | 〃 | 御射山神戸村 | 新田　葆荅 | 58 | 瑞雲寺住職(曹洞) | 35 | |
| 易得 | 18 | 〃 | 安国寺村 | 矢島　正守 | 19 | 諏訪社権禰宜 | 60 | |
| 〃 | 18 | 〃 | 〃 | 茅野　光豊 | 35 | 蓼宮社祠掌 | 60 | |
| 本立 | 18 | 伊那郡 | 荊口村 | 石田　日明 | 42 | 僧 | 9 | 「文学習字」担当、助教か |
| 朝室 | 18 | 〃 | 山室村 | 望月　日瑞 | 32 | 遠照寺住職(日蓮) | 20 | |
| 昇徳 | 18 | 〃 | 非持村 | 上条　宥元 | 40 | 観音寺住職(真言) | 24 | |
| 至誠 | 18 | 〃 | 溝口村 | 山口　俊竜 | 44 | 常福寺住職(曹洞) | 16 | |
| 〃 | 18 | 〃 | 〃 | 埋橋　朝賢 | 31 | 熱田社祠掌 | 16 | |
| 善開 | 18 | 〃 | 市ノ瀬村 | 熊埜　円造 | 28 | 円道寺住職(臨済) | 5 | |

| | | | | | | | | |
|---|---|---|---|---|---|---|---|---|
| 文明 | 18 | 〃 | 杉嶌村 | 滝沢　宗庵 | 65 | ? | 6 | 僧 |
| 雪光 | 18 | 〃 | 浦村 | 玉浦　徳鳳 | 27 | 長久寺住職（曹洞） | 5 | |
| 日要 | 18 | 〃 | 羽広村 | 壬生　照範 | 51 | 仲仙寺隠居（天台） | 30 | |
| 抽秀 | 18 | 〃 | 西伊那部村 | 北村　僧膽 | 40 | 長松寺家族（曹洞） | ? | |
| 神随 | 18 | 〃 | 東伊那部村 | 宮下　正方 | 52 | 村社祠掌 | 15 | 他に米1斗5升8合 |
| 開識 | 18 | 〃 | 青島村 | 永　詮隆 | 54 | 洞泉寺弟子（曹洞） | 15 | |
| 文尋 | 18 | 〃 | 川手村 | 永　俊乗 | 44 | 洞泉寺住職（曹洞） | 15 | |
| 精一 | 18 | 〃 | 赤羽村 | 大推　大演 | 48 | 真金禅舎住職（曹洞） | 17 | |
| 横川 | 18 | 〃 | 横川村 | 白鳳　楚穎 | ? | 瑞光寺住職（臨済） | 35 | |
| 格致 | 18 | 〃 | 松島村 | 千葉　廉三 | 40 | 松島村祠掌 | 102 | |
| 宮木 | 18 | 〃 | 宮木村 | 矢島　定綱 | 55 | 宮木村祠掌 | 60 | |
| 明倫 | 19 | 〃 | 上飯田村 | 橘　雲霞 | 52 | 長久寺住職（臨済） | 18 | |
| 南条 | 19 | 〃 | 南条村 | 館松　千足 | 40 | 旧神官長男 | 8 | 明治5・9権訓導 |
| 耕文 | 19 | 〃 | 吉田村 | 宮原　祐善 | ? | 光専寺住職（浄土） | 20 | |
| 明性 | 19 | 〃 | 大島山村 | 順応 | ? | 瑠璃寺住職（天台） | 15 | |
| 赤津 | 19 | 〃 | 上赤須市場割 | 小町谷八津玉彦 | ? | 郷社祠官 | 24 | |
| 慶寿 | 19 | 〃 | 田原村 | 田原　慶寿 | 51 | 宗福寺住職（曹洞） | 10 | |
| 誘文 | 19 | 〃 | 栗林村 | 宮脇　長富 | 51 | 祠掌 | 20 | |
| 日化 | 19 | 〃 | 大草村 | 宮沢　普山 | 25 | 松福寺住僧 | 12 | |
| 選福 | 19 | 〃 | 福与村 | 藤沢　篤宗 | 52 | 嶺岳寺住職（曹洞） | 12 | |

| | | | | | | | | |
|---|---|---|---|---|---|---|---|---|
| 浪級 | 19 | 〃 | 河野村 | 一宗　説三 | 50 | 渕清寺住職 | 25 | |
| 訓蒙 | 19 | 〃 | 法全寺村 | 粗民 | 18 | 法全寺留守居（臨済） | 5 | |
| 栄学 | 19 | 〃 | 和田村 | 遠山　敬助 | 37 | 祠掌 | 12 | |
| 純精 | 19 | 〃 | 向方村 | 寛豊 | 31 | 瑞光院弟子長松寺留守居（曹洞） | 12 | |
| 浅葉 | 19 | 〃 | 浅野村 | 佐々木毛登米 | 61 | 祠掌 | 8 | |
| 知方 | 19 | 〃 | 向関村 | 竹村　伝誉 | 54 | 宗円寺隠居（浄土） | 15 | |

※「官立学校設置伺　筑摩県」（長野県立歴史館所蔵）より作成。
氏名：教導職ないし神官・僧侶である、或いは以前そうであったことが確実な者のみ収録。
俸給：基本的に年俸（円）。月謝と判別しがたい低い額のものもそのまま記載。

には打撃であり、逆に神官を辞めて教員専任の道を選ぶ者さえ現れるだろう。こう予測した岩本は、教導職と教員の兼務許可を願い出ていたのである。県の方針とその不徹底を看破していたものと評することが出来よう。

次に資金面についてであるが、大教院解散後の一八七六年二月ごろ、諏訪郡上諏訪村の高国寺住職（日蓮宗）・作是意日龍から、県へ請願がなされた。学校関係の資金徴収が厳重なあまり、人々は教化活動への醵金にまで余裕がなく、結果として教化活動が滞ってしまっている。それゆえ、学事醵金を減少または緩和願いたい。こう上申したのである。対する県は、学校への出資は人民一般の義務であるから「心得違無之様」に、と作是意をたしなめ、結局上申は撤回されるに至っている［九―五］。作是意ら教導職が、地元住民にどれだけの醵金を希望していたかは詳らかではない。学校関係の課金が実質的に重かったかどうかという問題以上に、それが教化活動との対比のもとで把握されていることを、ここでは確認しておきたい。

**【表10】　筑摩県における小学校校舎種別**

| 設立（年） | 新築 | （%） | 寺院 公有 | 寺院 借用 | 寺院 不明 | 堂宇 | 民家 | 学校 | 郷蔵 | 舞台 | 役場 | 社殿 | 不明 | 計 |
|---|---|---|---|---|---|---|---|---|---|---|---|---|---|---|
| 1870 | | | | | | | | | | | 1 | | | 1 |
| 1872 | 14 | （31.8） | 8 | 14 | | | 6 | | | 1 | 1 | | | 44 |
| 1873 | 93 | （32.5） | 56 | 74 | 1 | 9 | 34 | 2 | 1 | 11 | | 3 | 2 | 286 |
| 1874 | 79 | （43.9） | 36 | 32 | | 5 | 28 | | | | | | | 180 |
| 1875 | 15 | （36.6） | 2 | 10 | | 1 | 12 | | | | | 1 | | 41 |
| | 201 | | 102 | 130 | 1 | 15 | 80 | 2 | 1 | 12 | 2 | 4 | 2 | 552 |

※『長野県教育史』別巻より作成

## （2）「場」の分離

むしろ県が重視したのは、第三の問題と言うべき別の事柄であった。場所である。

筑摩県において、寺社を校舎に利用する状況は【表10】のとおりである。

一八七三年一二月二七日、安達達淳は安曇郡千国村（現北安曇郡小谷村）の旧源長寺を説教所として使用したいと願い出ているが、この旧寺院は学校となっていた。伽藍も手広く好都合であり、学校教育の邪魔にならぬよう学校世話役とも協議済みゆえ許可して欲しい、というのが安達の言い分であった〔六―一二〕。もっとも、同村の正副戸長兼学校世話役が同月二〇日にその許可を県へ申し出た際に、「格外の御仁恤を以て御許容を」下されたいと述べているように〔六―一二〕、学校校舎の説教所としての利用は県の既定方針から大きく外れるものであった。

翌一八七四年三月一〇日の県達は、その方針を明確に示している。すなわち、説教と学校のカリキュラムは区別すべきものであり、「中には各小学校に於て教導職之面々示談を以説教日等取定候趣相聞候。右は教則之時間を妨け不都合之至に付以来一切不相成候」、としたのである。この県達には「近々布達之通」「更に相達候」とあるので、以前にも（一八七四年初頭か）同趣旨の通達を行っていたものと思われる。再通達の背景には、学校を説教所に用い、正規カリキュラムの時間内に説教を行う教導職がいるせいで教育が妨げられている、という現状認識があった。達の但し書きにおいて県は、「各社寺旧舞台は勿論、相対示談を以手広之人家并旧舞台等貸渡説教候義は素より不苦」と述べ、寺社や旧舞台、広い人家での説教を認めてはいる〔以上教119〕。しかし【表10】のごとく、寺院は学校校舎として借用される場合が少なくなかった。そうした寺院は校舎としての利用を優先するため、説教所には使えなくなってしまうのである。ここに至り県は、学校での説教を実質上禁止する方針を明確にしたと言えるだろう。

説教する場の縮小につながるこの方針に対し、中教院は反発した。同年五月九日、中教院詰仏法寺住職・松橋宥中らは、寺院・神社（旧舞台）が校舎使用中のため説教不可となる事態について、「当然の順席を失ひ候次第にて、往々苦情申立候向も有之候」と述べ、せめて日曜日の使用許可を、と県に訴えている。明治五年（一八七二）一一月の教部省達（無号）では、全ての寺社は小教院＝説教所と規定されており、中教院の反発もそれに依拠していた。

にもかかわらず、県は学校教育の場としての存在を優先したことになる。県は中教院の訴えを容れたが、廃寺を使用した校舎は対象外であり、説教活動をあくまで学校教育外のものとする県の方針が貫徹しているといえるだろう。その方針は、この段階での教部省の考えとも符合していた。一八七四年五月一〇日の教部省達乙第二二号には、教院は教導職養成機関および庶民向けの説教所で、小学校は子どもが学ぶ場所であるが、「教院を以一般の教育場同様相心得候向も有之哉に相聞、不都合不少候」として「判然区別相立」てるよう指示している。また、先述の布告講読と説教のセット実施を指令した一八七五年三月の県達でも、従前なら会場について「学校」と明記されていたのに対し、「適宜の場所」と規定されている。県は、いわば「教育と教化の分離」を「場」の次元で行ったのであり、それが学校教育振興にまず必要な作業だと認識していたことがうかがえよう。

このように、教導職の学校教員兼務の厳禁よりも、場の峻別がまず重視された理由については、別の指摘も可能である。まず、学校という場をどう位置づけたのか、という問題である。伊那郡駒ヶ根村の医者蘆沢蠖斎・邏卒尾崎八十八の両名は、一八七五年八月二〇日付で下問会議に次のような興味深い提案を寄せている。

従前寺院に於て初更或は五更の鐘と唱へ打鳴するを断然被廃止、各校に半鐘を設置、洋時間を打鳴し人民一般に耳習為致候は丶開化の一歩に超越せんことを

但当分の内打鳴するを日勤世話役之れを主とり校中学業の時間進退は大皷を以てす　［教828］

寺院は鐘による時報で、人々の生活リズムを司る村落の中心的存在として認識されてきた。その機能を学校の半鐘が担い、いわば近代的時間を人々に伝える「開化」の場として、寺院からの主役交代を印象付けるべきだという提言であった。直接に説教所の問題とは関わらないが、旧き時代の寺院と対比して学校との峻別をはかるという姿勢が、学事推進の立場をとる者からなされていることは注目される。

### (3) 再び「人」の問題

学事推進のもう一つの側面が、ここで再び浮かび上がる。教員確保と兼務希望者の増加という問題――再び「人」の問題に戻ってくる――である。県は一八七五（明治八）年六月二日付の達で、「各学校の内目今教員無之、教育に差支候向も有之哉に相聞、甚以不相済事に候」として、至急適任者を探して教員とするよう指示していた(49)。教員兼務の禁止という原則は、教員不足の現実を前に有名無実化せざるをえない状況にあったと言える。他方僧侶の側でも、教導職の職務より教員や学校世話役として学校振興に励む者や、そのために僧籍自体から外れよう

とする者も出てきていた。曹洞宗の筑摩県教導取締・鶴澤古鏡が一八七六年二月二二日付で同宗管長・久我環渓へ宛てた伺い書には、教導職試補の徒弟僧侶が「蓄髪俗服を常として文部村校の助教或は世話掛等専務とし、宗学支校上の儀は余事とし一日たりとも出勤」しない有様だ、と述べられている［九―二］。また、長野県との合併後の一八七七年一月には、筑摩郡奈川村在住の徒弟僧侶・村井泰健が次のような願書を県権令楢崎寛直へ提出している。

私儀去八年七月より右奈川村奈川学校之仮教員に被雇、当今在勤仕居候所、今般教師及生徒取扱規則等夫々更に御改正に相成候に付而は、自今一層奮勉し修業依願仕度、就中校中に於ても協議之上、爾来在勤致呉候様依願に付、猶一層尽力仕師範学科修業仕度志願に御座候得共、従来南第七大区五小区福島村臨済宗長福寺住職富田湘山弟子に御座候に付、僧侶之名称ありて教授仕候は御規則にも違背可相成奉恐入候に付、今般師匠富田湘山え熟議に及ひ納得の上、師弟の契約を解し、実家村井嘉兵衛方え復籍仕、其上学事奮勉仕度志願に御座候

［一〇―七］

村井は臨済宗長福寺の徒弟であったが、近在の小学校に仮教員として勤務するうちに、学校教育へ力を注ぎたいという気持ちが高まっていった。折しも、一八七六年八月の筑摩・長野の合県に伴い、同一一月に「長野県師範学校教則并に生徒取扱規則」［教1045～1049］が改正布達された。村井はこれを機に、長野県師範学校（松本支校）への入学ないし講習受講を希望した。それとともに、僧侶のままでは「御規則」、すなわち教導職の学校教員兼務禁止という一八七三年八月の文部省達に抵触するため、還俗を決意したのである。このように僧侶が教員を兼ねたとき、そこで得た経験によって学校教育か、あるいは布教・葬儀執行か、どちらか一方に専念することを決心した者もいた。教導職試補以上であることが住職の条件となり、また教導職では教員になれないとすれば、教導職

に任命される前に教員へと転じたほうがよい。村井の下した決断は、そういうものであった。

このような葛藤は、おそらく全国の無名の教導職、あるいは徒弟僧侶たちの間でも生じたものと思われる。その一端として、大教院解散前の北条県（現岡山県北東部）の事例を見てみよう。

一八七四年六月八日、北条県真言宗取締・大講義竺道契から同宗管長へ宛て、県下の同宗僧侶四名（うち教導職試補三名）が師範学校の入試に合格して入学した件について、伺書が出されている。これは「文教兼務は本より不相成御規則と奉存候。就ては住職并に試補御辞令書返上致し、□□籍ゑ引取らせ可申乎、亦は兼務不苦候哉」と教員兼務の可否を問い合わせたものだが、伺いの本質は、兼務を許せば教化活動が疎かになり「自然他宗ゑも伝染」して僧侶の本分を忘れてしまうにちがいない、という危惧にあった。竺は同宗派の僧侶を統括する立場からだけではなく、県下仏教界全体の問題として、教員兼務に警告を発したと言えよう。この伺い書は管長から教部省へ上申された後、入学の事実につき北条県へ確認の問い合わせがなされ、北条県参事が翌七月一八日に返答している。それによると、北条県では彼ら四名を「篤志の輩」と称賛しつつ、教導職を辞め還俗してから再度入学手続きをするよう指示していた(50)。僧侶か教員かという選択を、彼らは教団と行政の双方から迫られていたのである。

以上のように、筑摩県政における教育と教化の分離は、学校校舎と説教所との分離という「場」の問題が第一に重視されたと言える。一方で「人」の分離という原則も標榜したが、それは教員不足などの理由により形骸化し、実際には教員となる神官・僧侶も少なからず存在していた。それでも、分離の原則の前に葛藤する者は、教育か宗教かという二者択一を前に、自ら決断を下すことになった。

もちろん、葛藤もなく兼務を継続する者も、それ以前に教育にも教化にも消極的な者もいたとは思われる。だが村井泰健が下したような個々の決断を、単なる個別事例、あるいはレアケースとして片付けることはできまい。自分の進むべき方向を模索し、教育と教化の理念や、その道で生計を立てるに際しての現実を考えた末のものであろう。そこには、「教育」「教化」とは何なのか、思いを巡らせる営みが介在しているはずである。その営みの蓄積が、近代日本学校教育における「教育と宗教の分離」という今日的常識を形成する土壌の、一つの地層をなしていると見るべきである。

## おわりに

本章では、僧侶・安達達淳の動向や神官・岩本尚賢の建言書から、教導職の説教に対する意欲や動機、県が打ち出した「セット説教」、そして教化と教育の分離政策などについて、その実相を考察してきた。最後に、章の冒頭で挙げた諸々の論点に即して考察を加えつつ、まとめておきたい。

まずは、教導職の多様性と共通性という点について、静岡県駿東郡の湯山半七郎と安達らを比較しておこう。安達は、湯山のように、必ずしも地域社会において啓蒙的な役割を果たしたというわけではなかった。安達にとって、説教活動は県や神官教導職との軋轢を回避し、また教導職試験に及第するためのものであり、自身が精力的に行った仏教復興運動にはほとんど（少なくとも残存する文書史料の上では）関係をもたなかったようである。その点、湯山と近いのは岩本のほうであったと言えるだろう。岩本は教導職が布告講読を行うというプランを県に提示し、教導職に「開化」の世にふさわしい役割を与えようとした。だがその直接的意図は、地域社会のリーダーとして住民に接するためではなく、地元神官の社会的地位を向上させることで経済支援を得るという、いわば実績作りにあった。

次に、教導職の教化活動なるものが同時代に有した社会的意味についてである。教導職は、新たな時代の情報・知識の伝播に無視し得ない役割を果たしたことは確かであろう。だがそれは、必ずしもそれを意図した結果ではなかった。おそらく国家の指令に従順に実行した、というより、安達や岩本らの姿勢から垣間見られるように、仏葬回復運動や神官給与の獲得といった、教導職個々が置かれた事情のなかで説教を行い、たまたま情報・知識の伝達役を担ったという場合が大多数であったろう。

「国民」形成の一回路として、為政者―教導職―民衆という脈絡を考える場合、教導職は媒介者ではあっても、決して素直な末端官吏ではなかった。また安達ら大町の神仏教導職のように、説教のしかたを民衆の側へ尋ね聞くという事態を見れば、少なくとも後二者の関係は一方向的ではあり得ない。おそらく、明治初期の「国民」形成におけるこの媒介者の本領は、〈揺れ動き〉にこそある。そこには二つの側面が指摘できる。一つは、教導職は国家の教化綱目を受容する側でもあり、伝達する側でもある、という点である。また国家の要請と重なりつつも微妙にずれる、地方官の要請に応じた説教内容についても、受容・伝達せねばならない。セット説教はその典型例である。もう一つは、教化する側にありながら、聴衆の反応や要求を受け止める側でもある、という点である。説教に対する「不協和」の非難や、南箕輪村住民のようなセット説教実施の要求も、受け止めねばならない。こうした側面は、教導職個々の動向を捉える際に必ずしも注視されてきたとは言えないだろう。

翻って、筑摩県の側に焦点を移してみよう。県は、永山権令の巡回で各地の学校教育推進を称揚するが、それは寺院への非難と表裏一体のパフォーマンスであり、同時に僧侶・神官を教化者化するという方針を伴っていた。県にとっての「教化」とは、県政を賛助する説教を県民に施すこと（布告講読とのセット説教）にほかならず、それに従事しない者は学校「教育」との対比のもとで愚昧視された。しかも、「教化」と「教育」の場所をはっきり峻別して、前者に後者の補助的役割を担わせることにより、「教育」の地位を高め、喧伝することになった。前章の最後に示した仮説は、永山権令の巡回という教育史的事件のなかにその〈踏み台〉の実例を見いだしうるのである。これが当時随一の就学率を誇った筑摩県ならではの事象なのか、あるいは「教育先進県」に限らない一般的なものなのかは、多くの地域事例の解明をもとに今一度論じるべき問題ではある。だが、今後も教化政策を考察する際念頭に置くべき視角であることもまた確かであろう。

この点に関して、「宗教」者、とくに僧侶は、前近代からの民衆教育の担い手という側面をもっていたがゆえに、「教化」「教育」のどちらにも携わりえたはずである。だが、有力な僧侶は廃仏毀釈からの復興に専心するあまり、両者から距離を置くことになった。また教員を兼務した末端の僧侶の中には、行政の方針に従って僧籍を捨て、「教育」を選択する者もいれば、それでもなお（意識的にか無意識のうちにか）両方に関わる者もいたのである。

「教化」と「教育」、さらには「宗教」も、それぞれ未分化のまま重なり合うなかで、葛藤をへて、峻別され、また重なってゆく。そうした近代社会形成期における重要な一局面を、松本小教院事件を起点として、在地の教導職と地方官の動向というプリズムを通して探ろうとした。それが、前章および本章の主眼であった。

これを明治政府による「日本型政教分離」（安丸良夫）の形成と受容の過程を、「教化」と「教育」のはざまからより広く捉える試み、と言うといささか大げさかもしれない。教部省の民衆教化政策とその頓挫の過程は、決して長い期間ではないのだから。だがそこに分け入れれば、「国民」の内面を形成する「教」の諸回路が整序されてゆく——たとえば「教育」が「教化」を介して「宗教」を〈踏み台〉にしてゆくような——様相が、さまざまに照らし出されるのである。そして近代日本社会で「教化」「教育」「宗教」といった語に付されていった意味も、雑誌記事や官僚・知識人らの言説分析[51]にとどまらず、教導職のようなその「はざま」に身を置いた個々人の動きや葛藤、決断の局面から見いだされるはずである。第一部で行ってきた一連の考察は、そのような作業の第一歩である。

（1）第二章注(2)に掲げた宮地、清水、松村各論文、および藤堂恭俊「徹定による中教院設置勧告――新出二資料による明治七年の西下道中記から――」（『仏教文化研究』三六、一九九一）、永井隆正「養鸕徹定上人の巡回説教――とくに静岡中教院の設立について――」（『浄土宗学研究』一八、一九九一）、など。

（2）この史料は、清長の子孫である浅井正が翻刻・刊行している（『清長の懐旧録』私家版、一九八九）。

（3）その他、教導職の残した史料としては、第一章注(65)で挙げた兵庫湊川神社宮司・折田年秀の日記や、埼玉県秩父郡下吉田村（現秩父市）の教導職試補・田中千弥の日記などが知られている（大村進・小林弌郎・小池信一共編『田中千弥日記』埼玉新聞社出版局、一九七七）。田中は秩父事件との関係で扱われることが多かった人物だが（井上幸治『秩父事件』中央公論社、一九六八、など）、それ以前の動向についても、森川輝紀『近代天皇制と教育――その問題史的検討――』（梓出版社、一九八七、第二章第一節）、最近では佐藤宏之「近代初頭における「教導職」の動向と村落社会――『田中千弥日記』を通して――」（『歴史』一〇〇、二〇〇三）で論じられている。特に佐藤の研究は、単なる神官ではなく、下吉田村という地域社会における「思想的指導者」として田中を捉え、幕末から世紀転換期までの動向を日記に即して論じており、示唆に富んでいる。

（4）坂本紀子『明治前期の小学校と地域社会』梓出版社、二〇〇三、第二章。

（5）たとえば、渡辺奨『村落の明治維新研究』（三一書房、一九八四）の第三章では、神奈川県第八大区長・石坂昌孝が、一八七四年二月にキリスト教防遏のため小教院を設置して、大集会を開催するに至ったという、一連の「文明開化」政策の動向について論じられている。地域社会と指導者層との関係から教化活動を捉える点で教えられるところ大ではあるものの、石坂自らが教導職となったわけではない。その点は鶴巻孝雄「教育、文明・国家、そして民権――明治前期中間層の秩序観――」（『人民の歴史学』一三七、一九九八）でも同様である。また金原左門『福沢諭吉と福住正兄――世界と地域の視座――』（吉川弘文館、一九九七）は、箱根湯本の温泉宿主で報徳運動の指導者であった福住正兄（一八七三年に権少講義）を扱っているが、教導職としての福住の活動に焦点を当てたものとは言い難く、貴重な研究ではあるが本章のねらいとは若干ずれている。

（6）坂本前掲書、一三二頁。

（7）『北安曇郡誌』一九二三、九七二頁。

（8）唐沢貞次郎「松本藩廃仏事件調査報告」（前掲『神仏分離史料』中巻）、六四八頁。

（9）『大町市史』第四巻、一九八五、一二四七・一二五七頁。

（10）同右、一二六二頁。

（11）小松芳郎「寺院再興と土地問題――松本藩廃仏毀釈後の兎川寺の場合――」（『信濃』三一―一一、一九七六）、一二九～一三〇頁。

（12）杉本尚正編『教導職職員録』東京・杉本蔵版、一八七五。川口義照「明治仏教における教導職職員（下）」（『曹洞宗研究員（研究生）研究紀要』一九、一九八七）、一五五頁。

（13）阪本是丸「神葬祭の普及と火葬禁止問題」（『国家神道形成過程の研究』岩波書店、一九九四年）、四三〇～四三四頁。

（14）前掲唐沢「松本藩廃仏事件調査報告」（前掲『神仏分離史料』中巻）、六七七～六七八頁。

（15）前掲『教部省記録　筑摩　明治六年』、通番659～661。

（16）『信飛新聞』一〇号、一八七二年一一月付。

（17）一二月一三日に、高山の水無神社権宮司代理日枝社祠官・津野五三二、法華寺住職・鈴木日身らが松本に到着し、同一八日に退去するまで、中教院永続方法について協議したとある。

（18）『松本市史』（旧編）下巻、一九三三、七六三頁。

（19）庶務課は、県の御用新聞である『信飛新聞』に、同様の文章を含む記事の掲載するよう上申している。すなわち、「畢竟旧松本知事治下神葬に改典せしを遺恨に存し、此機会に乗し仏葬に挽回せんとの念慮、則我田に水を引と云ものなり。教導の職を襲ながら我皇国の民にして敬神愛国を外に為すこと、僧侶の方向を誤る、浅間しきことならすや」［教111］と、明らかに安達を対象に非難を浴びせている。

（20）「山西孝三文庫」一七一二一、北安曇教育会（長野県大町市）所蔵。中村孝三はのちに山西姓を名乗る。

(21) 大町市文化財審議会委員長・篠崎健一郎氏のご教示による。
(22) 『三条略解』は『曹洞宗選書』第一巻、同朋舎出版、一九八二、所収。
(23) 山西孝三「古事記伝贈与之理由」、北安曇教育会所蔵。
(24) 中村孝三「弊法可斥論」、同前。
(25) 前掲『北安曇郡誌』、九七三～九七四頁。
(26) 『長野県史』近代史料編二、県政、一四頁。
(27) 「明治六年　下問会議書類」長野県立歴史館所蔵。
(28) 岩本の略歴については、諏訪史料叢書刊行会編『諏訪史料叢書』第一巻、一九二五、例言六～七頁。
(29) 一八七三年一二月八日に、宮司を赤司重春から岩本へ交代したい旨が県から教部省へ上申され、同月一九日にそれを承認する返答が出ている。『社寺取調類纂』一四八。
(30) 前掲『諏訪史料叢書』第一巻所収。
(31) 翌一八七五年一月一三日においても、諏訪神社の末社の祠掌総代から、窮乏を訴える上申書が岩本のもとへ届けられている［八―二、県90・91］。
(32) 『教義新聞』三五号、一八七三年一一月付（『明治仏教思想資料集成』別巻、同朋舎出版、一九八二、一五七頁）。
(33) 安丸良夫前掲「近代転換期における宗教と国家」、五二九頁。
(34) 『長野県史』近代史料編第二巻（一）、県政、八三頁。
(35) 永山とその県下巡回については、『長野県史』『長野県教育史』のほかに、上沼八郎「絶対主義地方官僚の教育政策――筑摩県権令永山盛輝の場合――」（『教育史研究』六、一九五八）、など参照。また翌一八七五年に行った旧飛騨国地域への巡回についても、中野谷康司「一八七五年筑摩県権令永山盛輝の飛騨巡回の一考察――高山町煥章学校の新築を中心として――」（『岐阜県歴史資料館報』二〇、一九九七）、などの研究がある。
(36) 小林洋文「教育県の社会史・序説――「教育県・長野」の考察――」（『叢書産む・育てる・教える五　社会規範――タブーと褒賞』藤原書店、一九九五）参照。
(37) 長尾無墨『説諭要略』筑摩県、一八七四（復刻版は唐沢富太郎編『明治初期教育稀覯書集成』第二輯―三、雄松堂書店、一九八一)。

(38) さらに言えば、県には神仏教導職の対立によるトラブルを回避したい、という意図もあったと思われる。前節(3)で触れたように、一八七四年五月、安達は佐々木らとともに講社「皇恩講」結成を申請している〔七―一、県735〕。僧・俗問わず入社でき、「信者喜捨の金穀を積み、以て社中疾病困難を救ひ吉凶斉く礼儀を尽す」との活動を定めていたが、条文中には「人の信仰に任せ神仏葬適宜に可執行、尤祖先は勿論父母の祭日には必ず其墳墓に詣」でることも明記されていた。この祖先祭祀の励行は、たとえ神葬祭に改典した者であっても、仏式で葬儀を挙げた祖先の墓へ参ることを意味し、暗に仏葬への追慕を喚起する内容となっている。こうした安達を中心とする僧侶教導職の行動は、中教院内部の神仏対立も葬儀を争点に深まってきたことを如実に表していたといえる。県も同年一二月には、「兎角管内教導職の者、僻見を以て岐を分ち互に相抗せんとする機、既に相動き候〔中略〕中教院も自然衰微に及ひ弊害不少と見込候」〔県90〕と率直に危惧を表明していた。そこに、神仏教導職とも説教に専心することで、対立を止揚するという方策が考えられたとも言えよう。

(39) この点は、葬儀をめぐる神仏対立の激しさからすれば、いささか奇妙な現象にも思える。それだけの対立があれば、合同説教など行うはずがないではないか、と。解明すべき問題ではあるが、さしあたり右の注(38)で述べた対立の止揚が成果を上げていたため、と解しておきたい。

(40) 「明治八年　公文編冊　全　番外旧筑摩県布達留」長野県立歴史館所蔵。

(41) 『信飛新聞』四一号、一八七五年四月五日付。県社祠官五円、同祠掌三円五〇銭、郷社祠官四円、同祠掌三円と定められた。

(42) 木下尚江「懺悔」(『木下尚江全集』第四巻、教文館、一九九四)、六一頁。

(43) たとえば曹洞宗の場合、一八七九年に辻顕高によって『曹洞教会説教大意并指南』が編まれたが、説法を饒舌として否定的に受け止める宗風もあり、具体的な教化指針はなかなか定まらなかった。むしろ、還俗して教団の外にいた大内青巒によって、仏教を民衆に平易に伝える手段が模索された。一八八七年二月に大内が中心となった『洞上在家修証義』が刊行され、一八九〇年一二月になってそれを修訂した『曹洞教会修証義』が宗内に公布されている。桜井秀雄「総説　明治期・曹洞宗団概史」(前掲『曹洞宗選書』第一巻)、一五～二四頁。

（44）その点で、原武史の研究は示唆的である。原は、明治天皇の巡幸と重なる時期に東西本願寺法主も盛んに地方巡教を行っていることを指摘し、その状況を「並立するカリスマ」という語を用いて、具体相の一端を検討している（原『可視化された帝国』みすず書房、二〇〇一、五四～六一頁）。

（45）佐田介石の活動については、拙稿「〈奇人〉佐田介石の近代」（『人文学報』八七、二〇〇二）、および「周旋・建白・転宗――佐田介石の政治行動と「近代仏教」――」（明治維新史学会編『明治維新と文化』吉川弘文館、二〇〇五）で詳論した。

（46）祭神論争については、藤井貞文『明治国学発生史の研究』吉川弘文館、一九七七。

（47）桂島宣弘は金光教の布教者に多くの教導職がいることを指摘し、「明治一〇年代半ば以降に教導職として活動することとは、「宗教」とは何か、神道とは何かということを絶えず問いかけられた時期であったはずである」と述べている（「教派神道の成立――「宗教」という眼差しの成立と金光教」（『江戸の思想』七、一九九七）、二一頁。同論文はのちに桂島『思想史の十九世紀――「他者」としての徳川日本――』ぺりかん社、一九九九、に収録）。

（48）「公文編冊　管内布達全書　自明治五年至仝七年」、長野県立歴史館所蔵（複写版）。

（49）前掲「明治八年　公文編冊　全　番外旧筑摩県布達留」。

（50）以上『社寺取調類纂』一八六、「僧侶文部師範学校ヱ入校に付伺」。

（51）たとえば「教育（的）」の語に関しては、広田照幸「戦前期の教育と〈教育的なるもの〉――『教育的』概念の検討から――」（『思想』八一二、一九九二。のち加筆され『教育言説の歴史社会学』名古屋大学出版会、二〇〇一、に収録）、「宗教」という語に関しては、序章注（44）に挙げたような諸研究を念頭に置いている。

# 第二部　仏教と教育
## ――明治一〇～二〇年代――

# 第四章　明治一〇年代前半の僧侶教員兼務論

## はじめに

第一部においては、明治初年の民衆教化活動と学校教育との関わりについて叙述してきた。そこで浮かび上がってきたのが、寺院や教導職となる僧侶といった、「場」や「人」を有する仏教という存在である。第二部では、教部省期に続く、一八七〇年代後半から九〇年ごろにおける仏教と学校教育との関係に焦点を当てて検討する。

まず本章では「人」の問題、すなわち僧侶が小学校をはじめとした公立学校の教員を兼務するという行為（以下「兼務」とのみ記す）について、特徴ある言説が登場する一八八〇（明治一三）年前後を中心に、その実態と言説の両面から考察してみたい。

この対象設定の意図は次の三点である。第一に、第一部で論じた問題との連続性である。学校教育と民衆教化活動が同時に展開されるなかで、実際の推進者となる地方官によって、両者は「場」と「人」の両面から分離・峻別されようとした。すなわち、校舎という「場」は、説教所との区別を明確に打ち出され、また当初多かった寺院の借用から徐々に新築へと比重を高めていく、という分離過程を辿った。その一方で、教員という「人」は、宗教者と完全に分離された存在であったかどうか。少なくとも今日の日本において、兼務はありふれた事象に属するといってよいが、そこに至る経緯はいかなるものか。第三章でも論じたが、ここでも兼務する「人」をめぐる問題に焦点をあててみたい。

第二に、政教分離という西洋近代的理念を受容し「適用」しようとする際、あるいは一つの争点となっても不思議ではない兼務が、近代日本において特に大きく取り沙汰されてはこなかった、という点である。断っておくが、ここで筆者はそれを「問題視」すべきと言いたいのではない。現に教育基本法第一五条（旧法第九条）など(1)では、宗教者が国公立学校の教員を兼務すること自体を禁じてはいない。原理的には、仏事と教育とが別物であると認識し、寺院と学校との場の違いをわきまえ、教育の内容に特定宗派の教義・儀礼を持ち込まないということは、兼務者個々人の内面的努力にかかっているとも言える（もっとも私立学校の場合は、日本国憲法の定める信教の自由に基づき、一定の宗教教育が許されている）。

現在、この兼務者数自体を把握することは難しいようである。たとえば、一九九六（平成八）年、日蓮宗が四年ごとに行っている同宗住職・教師・寺庭婦人を対象にした調査では、五、四七七名の対象者のうち、教職員を兼ねる者は二四七名（四・五％）という結果が出た。(2)だが、これとて国公私立・小中高大あるいは専門学校などの別までが判明するデータではない。こうした数字は管見の限り、文部（科学）省や地方公共団体も、特に調査・公表してこなかったようである。先に「兼務はありふれた事象に属する」と述べたが、実はそのこと自体も、十分検証されてきたわけではないのである。ではこの兼務に対する認識状況、つまりそれが当たり前のことであり、そもそも争点になりえないという発想が常識化してきた状況は、何を意味しているのであろうか。それについては戦後占領期(3)にのみ重きをおけばよいわけではなく、学校教育と宗教とが多様な局面で交差した時代である明治前期に遡って歴史的に検討してゆく必要があると考えられる。

そして第三に、「僧侶は速に普通教育に従事すべし」という論説が一八八八（明治二一）年八月に発表されたことを挙げたい[4]。著者は、島地黙雷。第一章で見たとおり「教育と宗教の分離」論の代表的受容者であった島地が、一〇年余りの年月を経て、このような表題の論説をものしたのである。内容は本論中で吟味するが、まずは島地の唱えていた説が大きく転回したことに当惑せざるを得ない。考えるべきは、何がこの変化をもたらしたのかである。島地自身の内在的な検討もさることながら、前提となる一八八八年以前の状況を把握する作業は不可欠であろう。そこで、当該期における僧侶の「普通教育に従事」、すなわち兼務の実態や、それをめぐる言説を分析してゆくことになる。

戦後の近代仏教史研究の第一人者、吉田久一は「寺院を学校に利用し、寺僧を教師にしようという議論はかなり多い」と述べ、一例として養鸕徹定『仏法不可斥論』（明治三年（一八七〇））や角田米三郎「献言書」（『協救社衍義草稿』二号（明治二年（一八六九））といった、明治維新期における議論の存在を指摘している[5]。しかしそれを深めた先行研究は乏しく、教育史の倉沢剛[6]、教育学の山口和孝[7]らが若干言及しているにすぎない。もちろん、実態を伝える文献史料や、基本的な統計（例えば兼務の総数など）の欠如がその大きな原因でもあると考えられる。よって、新聞・雑誌記事などの史料の掘り起こしにも力を入れ、兼務論のありようを如実に示す言説の動向を跡づけたい。

ただし、本章で扱う言説は冒頭に述べたように一八八〇年前後のものを対象とする。というのも一八八〇年代半ば（明治一七年から一八年）を境にして、仏教界での教育をめぐる言説に質・量ともに変化が生じるように考えられるからである（この点は次章以降で明らかにする）[8]。周知の通り、学校における修身教育は「学制」期から常に問題とされてきた。一八七〇年代末は伊藤博文と元田永孚による「教育議」論争、その後の儒教主義教育路線とその挫折、そして一八八七（明治二〇）年からは加藤弘之や杉浦重剛、能勢栄、西村茂樹らによる徳育論争が繰り広げられ、決着を見ないまま一八九〇年の教育勅語発布に至る。(9)そのなかにあって福沢諭吉は早くも、「徳育余論」（一八八二年）において「全国一般の徳育は宗教を頼むの外に方便ある可らず（中略）民間の道徳は全く仏法より生じたるもの」ゆえ、さしあたり仏教に依頼せよ、と述べている。(10)とはいえ、福沢も具体的に僧侶を教員にするなどの方法を提示しているわけではない。また、仏教界に焦点を当てれば、右のような論争と必ずしも軌を一にして言説が生み出されているわけでもない。よって一旦、そうした通説的理解とは距離を置き、第五章でその背景を十分検討したうえで、第六章で改めてその後の言説へと対象を移し、先に触れた島地の論も考察することにしたい。

## 第一節　僧侶の教員兼務規定と実際

### （1）兼務の制度的保証

本節では、僧侶の学校教員兼務についての制度的な側面、およびその運用について考察する。第一章で述べたように、一八七三（明治六）年八月二八日の文部省達第一一五号で教導職の教員兼務禁止が達せられた。だが、実際には兼務禁止が貫徹されたわけではなかった。**【表11】**は、教員兼務に関して各府県から文部本省や督学局へ提出された、伺書の一部を示したものである。そのうち一例として、翌一八七四年四月に文部卿木戸孝允に宛てて出された、宮崎県の伺文を見てみよう。

学校教師を教導職より兼勤為致度儀に付伺

昨六年御省第百十五号を以学校教師を教導職より兼勤せしめ候義、不相成旨御達相成候処、不開之当県従来人才乏く村落等に至つては僅に壱両人の稍事理に通し、少しく書算を解する者あり、之を学校師員に用ゆれば教導職其人なく、之れを教導職に挙れは学校師員□□若し師員を他方に求んと欲すれば貧窶の小民其給料を弁する能はす、乍去学校及教導偏廃すべからざるは勿論並に興隆致し度所存に候得共、何分右之次第にて殆と当惑の仕合に候、依て村落等不得止分は学校師員を教導職より兼勤為致度、尤彼是事務差支無之様為執計可申候間、何卒情実御洞察速に御聞届相成度、此段相伺候也(11)

学校教員になりうる人材の乏しい当県で、教導職が教員を兼務できなければ学校教育も教化活動も立ち行かなくなる、として、当面の兼務許可を要請したのである。これに木戸の代理・田中不二麿は、「不苦候」と返答する。人材不足を理由に教導職の教員許可を申し出る県に対して、文部省は基本的に止むなしという姿勢を示したのである。「学制」末期の一八七八年段階で、公私立小学校の教員数が六五、六一二名に対して、師範学校卒業生数は統計の残っている七六年からの三か年で七、九八七名にすぎない。正教員不足は全国的に深刻な問題であり、それは師範学校制度が軌道に乗り出すとされる一八九〇年代でも続く(12)。したがって文部省は師範学校で教員が養成されるまでの重要なつなぎとして、建前上禁止・実際上容認という方針を採ったと言える。

この方針は、仏教側の賛同を受ける場合もあった。次に示すのは一八七五（明治八）年の千葉県の状況を報じた新聞記事である。

各地方にては教導職に学校教師の兼務を命せらるゝ向が往々あるそうで御座りますが、千葉県下などは尤とも多き由にて、曹洞宗ばかりも凡そ十八九人ほどありて、其が為に布教上に不都合の廉もあるとて長谷大棟・服部元良・端〔瑞〕穂俊童の三名より県令へ伺がはれしに、此義は文部省達しの次第もあれば同省へ伺がひの上にて余儀なく当分のうち兼務いたさせてある義ゆへ、追々に教員を養なひ立し上は引換る積りだといふ指

に関する伺提出状況

| 返答 | | 典拠 |
|---|---|---|
| 年月日 | 返答文 | |
| 1873.10. 4 | 「伺之通」 | 『長野県教育史』9、980頁 |
| 1873.10.10 | 「伺の通」 | 『明治初期静岡県史料』4、391頁 |
| 1873.10.19 | 「〔教導職〕本職之者……差許候義、不相成候事」 | 『山口県史』史料編近代1、874頁 |
| 1873.12.28 | 「伺之通」 | 『岩手県史』10、391頁 |
| 1874. 2. 2 | 「至当之教員有之迄教導職仮用候儀は不苦候事」 | 『山口県史』史料編近代1、874～875頁 |
| 1874. 5.17 | 「目今不得止分のみ……不苦候……教導職に無之神官、僧侶を教員に致し候儀は差支無之事」 | 『宮崎県史』史料編近・現代2、887頁 |
| （伺い案文のみ） | | 『愛媛県・「学制」時代教育関係史料』1、73頁 |
| 1874.11. 2 | 「不得已事実に相見候条申立之通聞届候事」 | 『奈良県教育百二十年史』資料編、54頁 |
| 1874.12.27 | 「無余儀相聞候に付聞届候」 | 「埼玉県史料」（『府県史料』国立公文書館所蔵） |
| 1875. 2.19 | 「兼職差免候事」 | 『群馬県史』資料編17、812頁 |
| 1875. 5.22 | 「無余儀相聞候に付聞届候」 | 『佐賀県教育史』1、837頁 |
| 1876.11.22 | 「公学私学一般の儀と可相心得」 | 『東京教育史資料大系』3、55～56頁 |
| 1877. 4. 9 | （文面なし） | 『府中市教育史』資料編1、192頁 |
| 1877. 9. 5 | 「無余儀相聞候条、当分聞届候事」 | 「大阪府史料」（前掲『府県史料』） |
| 1878.11.19 | 「伺之通」 | 『茨城県立歴史館史料叢書』2、311頁 |
| 1880. 6.18 | 「伺之通」 | 『藤沢市教育史』史料編1、583頁 |

**【表11】** 教導職の教員兼務

| 伺い | | | |
|---|---|---|---|
| 発信者 | 年月日 | 宛先 | 内容 |
| 筑摩県 | 1873. 9.20 | 少督学柳本直太郎 | 教導職以外の神官僧侶の兼務 |
| 足柄県 | 1873. 9. - | 少督学柳本直太郎 | 教導職との兼務 |
| 山口県 | 1873.10. 3 | 文部省 | 教導職の家塾開業および教授 |
| 岩手県 | 1873.12. 9 | 文部少輔田中不二麿 | 教導職との兼務 |
| 山口県 | 1874. 1.18 | 中督学西潟訥 | 教導職との兼務 |
| 宮崎県 | 1874. 4.23 | 文部卿木戸孝允 | 教導職との兼務 |
| 愛媛県 | 1874. 5. - | 文部卿木戸孝允 | 教導職との兼務 |
| 奈良県 | 1874.10.20 | 文部大輔田中不二麿 | 教導職との兼務 |
| 埼玉県 | 1874.12.19 | 文部大輔田中不二麿 | 教導職との兼務 |
| 群馬県 | 1875. 2.13 | 教部大輔宍戸璣 | 教導職の教員採用 |
| 佐賀県 | 1875. 4.25 | 文部大輔田中不二麿 | 教導職を講習所に通わせた上で兼務 |
| 東京府 | 1876.11.18 | 文部大輔田中不二麿代理九鬼隆一 | 私立学校における教導職との兼務 |
| 多摩地域学区取締 | 1877. 4. 7 | 六小区戸長副 | 教導職との兼務 |
| 堺県 | 1877. 8.27 | 文部大輔田中不二麿 | 教導職との兼務 |
| 茨城県 | 1878.11.16 | 文部卿西郷従道 | 教導職以外の神官僧侶の兼務 |
| 神奈川県高座郡学務委員 | 1880. 6. - | 神奈川県 | 教導職との兼務 |

令がありて、各区の区戸長へは県下の師範学校にて専ぱら教員の養なひ方に取掛りて居ることなれとも、尚ほ各区にても教員に相応なるものを撰挙して成べくたけ引換る様にいたすべき旨を達せられたさうて御座ります(13)

千葉県下の曹洞宗有力僧侶三名が、兼務者が多いと本分である布教に支障が出る、と県令へ訴え出た。県は順次専任の教員に替えてゆくつもりだと答え、その上で各区戸長に対し、目下師範学校で養成中だが、その前に各区で教員にふさわしい人材がいれば兼務者と交代せよ、と通達したという。前章で見た筑摩県と同様、教員兼務を望む僧侶教導職が多く、それへの抑制が必要という認識を県の宗派統括者レベルの僧侶が示していたのである。(14)

もっとも文部省も、教導職未補任である神官・僧侶の教員兼務に対しては「差支無之事」と宮崎県へ告げており(15)、宗教者の教員兼務を一切否定したわけではない。しかし、一八七四(明治七)年七月一五日の教部省達第三一号によって教導職試補以上の補任が住職の条件と定められると、以降教導職の数は増え続け、一八七九年には【表12】のような数字に達している。教導職未補任の僧侶の割合が、きわめて低い状態となったのである。したがって兼務禁止令を厳密に適用すれば、教導職から教員を供給できなくなることは明らかであり、宮崎県の訴えはその点をいち早く見通してのものであったと言える。(16)

そこで文部省は、一八七九(明治一二)年一一月一二日に兼務を正式に解禁する(文部省達第四号)。歯止めの利かない教員不足の実態に合わせる形で解禁がなされた、と言えるだろう。条文の全文は「文部省明治六年八月第百拾五号布達廃止候条此旨布達候事」という非常に簡潔なものであった。この点を厳密に捉えれば、宗教者として「西教伝教士」、すなわちキリスト教宣教師と同じ位置づけがなされていた教導職(第一章参照)が、そこから離脱したことになる。

**【表12】** 神道および仏教各宗派別教導職数

| | 1874年 | 1877年 | 1879年 | 1880年 | | |
|---|---|---|---|---|---|---|
| | | | | （教導職） | （試補） | 総　数 |
| 神　道 | 4,204 | 6,939 | 9,493 | 9,011 | 12,410 | 21,421 |
| 天台宗 | 198 | 1,119 | 1,585 | 1,532 | 3,222 | 4,754 |
| 真言宗 | 449 | 2,807 | 3,923 | 3,821 | 5,585 | 9,406 |
| 浄土宗 | 633 | 4,432 | 5,650 | 5,604 | 5,032 | 10,636 |
| 臨済宗 | 236 | 1,752 | 2,587 | 3,000 | 3,504 | 6,504 |
| 曹洞宗 | 459 | 4,046 | 6,063 | 6,006 | 10,707 | 16,713 |
| 真　宗 | 728 | 2,518 | 5,031 | 5,040 | 19,664 | 24,704 |
| 日蓮宗 | 296 | 1,661 | 2,383 | 1,887 | 3,561 | 5,448 |
| 時　宗 | 42 | 200 | 274 | 274 | 231 | 505 |
| 融通念仏宗 | 2 | 88 | 123 | 120 | 189 | 309 |
| 黄檗宗 | 0 | 90 | 155 | 190 | 298 | 488 |
| 総　計 | 7,247 | 25,652 | 37,267 | 36,485 | 64,403 | 100,888 |

※典拠：『太政類典』外編（自明治四年至十年、教法）、『統計年鑑』第一回、「内務省年報」社寺局第二回・第三回）

この現状追認的な解禁は、同年九月に定められた教育令の理念に沿ったもののように思われる。だが、地方の実情に合わせたこの教育改革の産物とのみ見るのは、正確ではないだろう。翌一八八〇年一二月の改正教育令公布に際しても、解禁は継続されたからである。「自由教育令」から政府による統制強化へという教育政策の路線転換は、教員不足を僧侶らの兼務で補充する方法の放棄を意味しなかったのである。

その後、一八八四（明治一七）年八月に教導職制が廃止されると、神官・僧侶の教員兼務についての法的規定自体は消滅することになる。以後の兼務問題はどう処理されたのだろうか。一八八五年四月一〇日、初等教育に関する最初の勅令として小学校令が公布されたが、それについて規定は特に設けられてはいない。とはいえ、教育現場においては兼務をどうするかという「問題」は依然存在した。たとえば同年四月三〇日、静岡県富士郡長から浄土宗の宗務所に宛てて、ある僧侶を小学校教員として県に申請したいがその際「御宗規上御差支之有無」があるか、という問い合わせがなされている。これに対して同宗務所は翌月、「差支無之」と回答している。(17) この往復に見られるように、郡や市町村のレベルで兼務につき各宗教団へ照会し、許可をとってから採用を通知する、という手続きが存在した。

またそうした事例が積み重なり、県単位で文部省へその手続きを確認する動きもあった。たとえば一八九二(明治二五)年七月二五日付神奈川県照会「神官僧侶と小学校教員に関する件」と同年九月一五日付普通学務局長の応答は、次の通りである。

〔神奈川県〕神官及寺院住職等にして小学校教員たるの資格あるものは市町村立小学校長及教員に任用し、又市町村立小学校長及教員にして神官及寺院の住職等兼務の儀は、別に差支無之儀に候哉差掛候儀有之候に付、至急御回報有之度此段及御照会候也。

〔普通学務局長〕七月二十五日付を以て神官及寺院住職等にして小学校教員たるの資格あるもの小学校長及教員に任用等の儀に付御照会の趣了承、右は教育上弊害なしと認むへきものは総て御見解の通と存候。此段及御回答候也。(18)

神奈川県の主張通り、教育上別段支障はないから構わない、との見解を示したのである。

ところが、一八九四年七月の内務・文部両大臣宛和歌山県伺書では、「兼務せしむるは教育上弊害ありと認め候に付本県に於ては自今一切之を兼務せしめさるの方針を取り度」との意見に対して、「兼務せしめさる件聞置く」と返答している。(19) 神奈川県と正反対の方針を出してきても、特に意見することなく容認したのである。ここに見出されるのは、各府県の方針に任せる、という文部省および内務省の姿勢である。この点は宗教と学校教育の関係に対する、政府の基本方針とも関わる重要な問題と言えるが、ここでは一八九〇年代前半まで政府内で定見がなかったこと、そして市町村を含めた地方官の裁量にかなりの程度任されていたことを確認しておくにとどめる。

## (2) 兼務の実際

では、解禁された兼務自体は、実際どれほど行われていたのだろうか。残念ながら、それを示す数的データは皆無に等しい。先に引用した史料では、千葉県が兼務者の最も多い県であり、曹洞宗で二〇名弱の兼務者がいる、ということが述べられている。だが、この数字への検証材料も乏しく、全体像を把握するのはきわめて困難と言わざるを得ない。とはいえ解禁前から、筑摩県の場合でも見られたように、僧侶が兼務に没頭する事態は少なくなかった[20]。そこから推測すれば、教員不足の打開策として一定の効力を持つほどの人数であった、とさしあたり解すべきであろう。そこで角度を変えて、兼務に関するいくつかの史料を示し、その実態の諸相を垣間見るという方法を採りたい。

当時の仏教系新聞各紙には、各地方における仏教界および僧侶の状況などが報じられており、兼務が全国的に行われていることもそこから見てとれる。たとえば一八八二(明治一五)年四月二〇日付『明教新誌』では、静岡県田方郡桑原村(現同郡函南町)の宗源寺住職について、「薄禄にて檀徒も二戸のみなれば、住職は小学校教員を兼務するも止むを得ざるなり」と報じている[21]。これに典型的に見られるように、兼務の大きな理由の一つが経済的困難という切実な問題であったのは確かだろう。一方同じ記事中には、同郡中村長源寺についても触れられている。長源寺は二つの末寺を有し、宗源寺とは対照的に比較的裕福な寺院であったと思われる。その記事には、「現住某は小学校の事務にのみ勉励せり、その勉励を布教に換えば何にあり難からんにとの巷説あり」とある。この「事務」とは必ずしも教員兼務ではなく、学校運営に従事する世話役という無給職の意味合いが強いと思われる。以上の二例だけで単純に一般化はできないものの、貧しい寺院僧侶が教員兼務を、経済的にゆとりのある僧侶が無給の学校運営事務を行うという構図が、ほの見えてこよう。同時に、地域において僧侶が学校教育を拒絶したわけではないこともわかる。

このような地域での状況を、地方官は敏感に察知していたようである。同じ静岡県で、同年六月に引佐郡気賀村（現浜松市北区）長楽寺の真言宗僧侶・今澤実孟が兼務に際して提出した誓約書を見てみよう。

誓約

遠江国引佐郡気賀村

長楽寺住職

教導職試補　今澤実孟

這回該地の民情を拒絶仕り難く遂に今般小学教員願書差出候処、即ち地方庁より御照会相成り候に付ては、拙僧儀就職中も御改正制規の条款確守仕り、宗教の体面汚穢致す間敷、且亦児童教育の際も宗教上の修身徳義を薫陶し、且つ毎月第三日曜日には宗意安心外教防禦の説示仕り、扶宗護法の念慮廃亡仕間敷俯して誓約書仍如件。

明治十五年六月十八日

右　今澤実孟

右誓約の通、相違無御座保証仕候也。

信徒惣代　桶田彦七郎

真言宗管長権大教正三条西乗禅殿[22]

この史料によれば、兼務の手順は次のようになる。まず兼務者がその志願書を役所に提出する。ついで県庁から「御照会」があり、それに応える形で兼務者が誓約書をしたためる。そして檀家総代の保証の一筆とともに、自宗派の管長へ提出する、という具合である。ではこの「照会」とは何か。当時の静岡県令・大迫貞清は、徳育の問題に関して「教導職にて小学教員を務むる人を見るに多くは宗教の如何を顧みざる人のみにて宗教に益を与ふること稀」ゆえにはなはだ不都合、という認識を持っていた。そこで、教員採用について各宗管長と協議し、こうした誓約書を書かせることに決したようである[23]。すなわち、僧侶として各宗の規則を遵守するとともに、教員として児童を教育する際にも仏教的な薫陶に努める、との誓約を求めた「照会」であったと考えられる。今澤実孟は「照会」に応え、毎月第三日曜には教義とキリスト教防遏の講話を行うことをも約している。また静岡県は旧幕臣を先頭にプロテスタントの布教が盛んな地域であり[24]、県下の仏教界としても、それに対抗する必要性があったのである。

さらに注目すべきは、「該地の民情を拒絶」できず、という冒頭の一文である。今澤本人の希望と言うよりは、地域の教員不足という事情を見かねて、あるいは地域住民の申し入れを受けて、という事情が浮かび上がる。『静岡県学事年報　第一回』によると、一八八二年末現在で就学者人口八二、五二四名、公立小学校数六八四校で、訓導七四五名・准訓導一六名であるのに対して、授業生・助手が二、四七八名、となっている[25]。他府県と同様の正教員不足状況と言うべきものであった。したがってこの大迫県令の構想は、学校教育における徳育の混迷と教員不足という課題を、兼務によって一挙に解消しようとするものであった。しかもそれは、教団の末寺僧侶統括という課題を持った各宗管長とのタイアップで行われていたことになる。

もっとも、県内では兼務に対する不満の声も挙がっていた。ある雑誌記事には、翌一八八三年末における県内の教育状況について講評している箇所がある。そこには、大規模な学校では一校あたり七、八名の教員を有しているので教員不足とは言えないように思えるが、実際は未熟な授業生や浅学の僧侶を教員に充当している学校が多く、住民もそれを甘受して不満も感じていない、と述べられている。(26) 兼務者の中には、カリキュラム通りに、また教科書の内容を的確に教授できる能力に欠けていた者も少なからずいたであろう。しかし、住民が不足を感じていないという指摘は、記事の筆者としては不満の表明であったが、逆に僧侶が教員となること自体を概ね好意的に受けとめる住民の存在を明示している。先の今澤の誓約書における「該地の民情」も、おそらくその好意を指していると思われる。大迫県令の施策は、こうした住民感情まで斟酌したものかどうかはわからない。だが少なくとも、先に述べた教員兼務や学校世話役への従事が盛行している状況を、充分了解してのものであった。

一方、解禁自体が十分に認知されていない事例も見受けられる。ここでは、長野県更級郡若宮村（現千曲市若宮）の佐良志奈神社祠掌であった教導職（訓導）豊城豊雄の場合を見ておきたい。僧侶ではないが、更級郡における神道・仏教双方の教導職の状況を端的に示す一つの事例と考えられる。豊城は一八八一（明治一四）年三月末まで、同郡上山田村の山田学校に教員として奉職し、次年度もその契約を更新する予定であったが、更級郡役所からの達しによって、辞任届けを出すことになる。

私儀本年三月三十一日迄同郡上山田村山田学校教員依頼に付、御認可状頂戴従事仕、猶本年も勤続之内約も致し居候処、御庁より左之御達に付奉遵退校仕候。

其校教員本月限りにて満期に候条、早々代員雇入約束相結可差出、且是迄之教員は教導職に候条、小学教員に従事不相成筈に付此旨為心得相達候也。

明治十四年三月廿三日　　更科郡役所

上山田村　戸長

山田学校　学務委員　中(27)

教導職は教員をしてはならない、というのが更級郡の通達の内容であった。だが豊城は、ただちに「おかしい」と気づく。

午後熟考仕候処、私壱人に限り候御文面に無之教導職に関し候事と考察仕候。然るに隣郡に教導職にて学校教員兼勤之近例も有之、殊に明治六年八月文部省第百十五号御布達は明治十二年十一月同省第四号御布達にて御廃止に相成候処、兼勤不相成之例私より相始り候様にては、他日同職より被問糺候節答辞に差閊り困難至極奉存候。勿論御規則に依り候事と奉存候間、為心得御指示被下度奉伺上候。以上

明治十四年五月廿五日　　右　豊城豊雄

更級郡長吉松集躬殿

教導職にして学校教員に従事の義別紙伺書差出候処、当所より山田学校へ相達候文中教導職云々の件は誤達に付取消候旨、概校へ相達置候条、其旨可相心得候也

十四年六月二日　　更科取扱所

豊城豊雄殿(28)

更級郡役所は、兼務解禁の文部省達を失念したまま、豊城の解雇を勧告してしまったのである。また、自分が

兼務不可の先例となっては他の兼務者から糾問されてしまう、という豊城の危惧からは、兼務が周囲の教導職に広がり、それが彼ら更級郡近辺の教導職にとり重要事であったことが読み取れる。重要事となっていた理由は静岡県同様、彼らの糊口の問題と、地域の要請との交点に存すると推測される。いずれにせよこの事例では、解禁の達が更級郡役所にとって存在感の薄いものであり、逆に兼務者にとっては当然の拠り所であった、と言える。先の静岡県が兼務を積極的に利用しようとしたのとは、好対照をなしている。当たり前のことではあるが、解禁に対する捉え方に地域差があった、という点も確認できる。前項に述べた政府の統一見解不在と地方官の裁量への一任が、ここにも表れていると言えるのではないだろうか。

## 第二節　仏教側の兼務論

### (1) 解禁への関心——浅野義順の意見——

一八七九（明治一二）年一一月の教導職教員兼務の解禁は、仏教界にどのような反響を呼んだのか。また、解禁後の兼務論はいかなる特徴をもって語られたのだろうか。前節で考察した実態面に続いて、それに絡み合う言説面を探ってゆきたい。注目すべきは、それらが端的に現れると考えられる仏教系新聞雑誌の論説・投稿記事である。とりわけ、隔日刊の仏教総合紙『明教新誌』はその主たる対象として検討に値する。ここでの「総合紙」とは、さしあたり特定宗派の利害に関わっていない、通仏教的ということを意味する。仏教系の新聞雑誌は宗派の機関紙、ないし関係の深いものである場合が多いが、『明教新誌』は基本的に特定宗派に偏るものではなかった。

既に何度も引用しているが、改めてここで少し『明教新誌』について説明しておこう。一八七四（明治七）年二月一日、前身である『官准教会新聞』が大教院新聞課により創刊された。隔日刊行であり、大教院廃止に伴い休刊される翌年四月三〇日（一三四号）まで刊行され、神・仏の教導職が読むべきものと位置づけられていた。その後同年七月一二日、明教社（東京府銀座二丁目三番地）が譲り受け、同名で一三五号から再出発する。編集および印刷総長は居士・大内青巒で、官報・各宗録事・論説・雑報・寄書・稟告などの八頁構成であった。一四八号から『明教新誌』と改題し、以後一九〇一（明治三四）年二月二八日（四六〇三号）をもって日刊紙『日出国《やまと》新聞』と合併するまで、仏教系新聞随一の刊行部数を誇った。【表13】は一八七〇年代末における、神道・キリスト教も含めた宗教関連新聞雑誌のデータであるが、その部数が他の類似した定期刊行物の追随を許さないものであったことは十分うかがえるであろう(29)。とすれば、明治前期における仏教界で、そこに掲載された論説などは大きな影響力を有したことが予想される。

では、『明教新誌』における解禁に関する記事はいかなるものであったか。八九八号（一八七九年一一月一四日付）の「官報」欄に兼務解禁の布達文が掲載されたのち、九一二・九一三号（同年一二月一四日および一六日付）の「寄書」欄にその重大性を指摘する文章「読文部省第四号達書」が寄せられる。著者は東京浅草在住の僧侶、浅野義順である。この人物の詳しいプロフィールは管見の限り不明だが、『明教新誌』ではちらほら登場する名前である(30)。まず浅野はこの二号に渉る投書の執筆動機について、こう述べている。

> 世の同胞諸師は該達書を読了し何なる感想を発起したるや。意ふに諸師は此等の件は尋常一様の事項にして敢て歯牙に繫るに足らずとなし軽々看過して顧問せざる乎。吾輩は該達書の大いに我宗政の伸縮利害に関係し容易ならざる影響を将来に与へ、且つ之に由りて幾分か布教の方法伝道の線路に変動を生ずるなき能はざるを自信し、聊さか鄙意を吐露し以て大方の諸師に質すところあらんとする(31)

「我宗政の伸縮利害」すなわち仏教の勢力拡縮に関わる見逃せぬ問題として、解禁を捉えている。さらに、同年

【表13】 明治初期宗教系新聞雑誌の刊行部数

| 誌名／年度 | 1874 | 1875 | 1876 | 1877 | 1878 | 1879 |
|---|---|---|---|---|---|---|
| 日要新聞 | 817 | — | — | — | — | — |
| 世益新聞 | 3,320 | 5,015 | 373 | — | — | — |
| 教院講録 | 4,370 | 2,105 | — | — | — | — |
| 教門雑誌 | 3,150 | 4,150 | — | — | — | — |
| 共存雑誌 | 1,230 | 2,520 | — | — | 12,243 | 32,622 |
| 報四叢談 | 30,750 | 14,300 | — | — | — | — |
| 明教新誌 | | 258,100 | 422,928 | 340,296 | 369,123 | 358,764 |
| 説教叢録 | | 6,350 | 4,067 | — | — | — |
| 神教新誌 | | 3,700 | ①4,367 | — | — | — |
| 教法集説 | | 2,810 | — | — | — | — |
| 七一雑報 | | 21,953 | 43,563 | 41,526 | 44,424 | — |
| 掌珍新編 | | | 685 | — | — | — |
| 神教叢語 | | | 43,195 | 12,552 | 7,320 | 6,271 |
| 居士林叢談 | | | 1,986 | — | — | — |
| 三宝一鳥 | | | | 5,760 | ②2,096 | — |
| 教化雑録 | | | | | 12,300 | — |
| 弘教新聞 | | | | | 41,088 | 92,460 |
| 法の灯火 | | | | | 51,433 | 55,830 |
| 興隆雑誌 | | | | | 1,825 | 19,948 |
| 諸宗説教案内誌 | | | | | | 6,171 |
| 妙法新誌 | | | | | | 2,495 |
| 真宗説教叢誌 | | | | | | 1,209 |
| 真宗説教新誌 | | | | | | 900 |

※『内務省統計書』より作成。年度は７月～翌年６月。
※空欄：未刊行かデータなし、「—」：廃刊か休刊
※①道之栞と改題、②説教要誌と改題

一一月二七日から東京大学文学部において曹洞宗僧侶・原坦山の仏書講読が開始されたことにも触れ、いまや「我同胞たる仏法社会の諸師が将来如何に国家教育の事務に参預し、如何に教学の関係を改良し、如何に政府の希望する所に応答するや否やを考察尋究す」べき時節が到来した、と筆に力を込めている。こうした認識から、僧侶の学校教育への参画について、宗教と学校教育との関係、そして政府の文教政策への対応を、具体的に論じてゆく。[32]

浅野によれば、「凡そ国家教育の事たる、欧亜内外に論なく、渾て往古は宗教者が専任従事する慣習」があったものの、「第十六世期教会改正《レホルマチオン》」、すなわち宗教改革によって西欧では学校教育と宗教とを完全分離する制度へ移行していったという。そして、教育と称して実は教会の儀礼や神学の習得に専念させてきた「旧慣悪弊」を除去することが、「欧米各国に行なはる、学士の通論」となっている、と述べる。一方日本では、ごく最近まで僧侶が「学事の先導者」であり、維新後にようやく文部・教部両省の並立により「分離」が目指されることとなった。しかし、「往々寺院住職のものか旧来の慣習と寺檀の義務上より檀家の子弟を教育し、若くは寺院を学校同様に見做せるもの少なから」ずというのが、現状である。

とはいえ、浅野は欧米と比較して日本の現状を単純に嘆くというわけではない。宗教と学事は、教育の総体として「風俗を善良にし国家の元気を養成する」点で密接不可分である。両者が父母のごとく教育に従事することで「学制の完全整備」が果たされる。今回の文部省達第四号は、まさにその一環なのである。浅野の認識では、宗教との「分離」が進んでいない日本の学校教育の現状は、むしろ「宗教と学士」両者が参与することで補完し合う可能性を有している。よって、解禁は好意的に受け止められることになる。

学校教育の見地からだけではない。浅野はこう続ける。

教導職が学校教師を兼勤する道の維に開けたるは、最とも我が布教伝道の良便にして、凡そ人々幼童少年の時に教導鞠育せらるゝの恩義は終生忘るべからざるものにして、その宗教の尊否を弁ぜざるものも教師を尊崇するの思想、自からその宗教を尊崇するに至り、法味の善悪を知らざるものも教師を信仰するの精神、遂にその教旨を信仰するに至るものは、抑も師弟親睦の至情より生ずる良縁にして、是れ則はち欧米宣教師が到る処の居留地に医学法学等の学舎を造建し、若くは官立の学校に雇はれ教授の余暇宗教を伝播し信徒を増植せしむる所以にして、豈に昔し我祖宗先徳が機に投じ時に応じて人心の望む所に随がひ円融無礙応病与薬の英策妙工に何を以て異ならんや(33)

幼少時の恩義は終生忘れ得ぬものである。また、生徒が教員に対して尊敬の念を持てば、おのずとその教員の信ずる宗教をも尊崇するようになる。したがって、僧侶が幼少の者たちを教育すれば、彼らに生涯にわたる仏教信仰を持たせることができるであろう。この最良の布教手段は、キリスト教宣教師のそれと同様であるが、昔日において仏教も行ってきた方法と変わらないではないか。このように浅野は、信者獲得の側面からも解禁を大いに歓迎するのである。

それだけに、普通学教授と布教とを両方行いうる人材の問題が、その成否の鍵を握ることになる。この点についての浅野の現状評価は、非常に手厳しい。宗学生徒の教育を見てみると、師僧による徒弟の扱いは「牛馬奴隷の如く」、「己れが無学不明より徒弟の開明上達を厭忌」しており、仏教の命脈を絶ちかねない状態にある。このままでは教育に携わり「日本帝国の独立を翼助」することなど到底不可能、と嘆息するのである。しかし浅野は、東京大学での仏書講読開始を大きな転機と見ている。なぜなら、欧米諸国が大学に神学科を設けてキリスト教宣教師を養成しているように、日本政府も仏教の保護と「抜群の人才」、すなわちエリート僧侶の養成に向かう可能性を示しているからである。全国の諸師がこの「好機会」を捉え、普通学の教授と優秀な僧侶の養成に尽力することを切に望む、と述べて、浅野は論を結んでいる。

以上より、僧侶による学校教育への参入と僧侶のもつ教育能力向上とが、浅野の主張の核をなしていると理解されよう。たしかに、西洋諸国に対する認識などは首をかしげざるをえない部分もあろうが、ここではその妥当性が問題なのではない。浅野の議論の特徴として、僧侶が庶民教育を担当してきたという歴史が強調されること、そして草創期の学校教育への批判として、また布教上の絶好機として兼務が捉えられていること、これらこそが重要であろう。かつて僧侶は教育の担い手であったとするこの歴史認識は、近世排仏論でも見られ、また第一章で見たように、渡欧時（一八七二年）の島地黙雷も同様の言辞を述べている。排仏論者も僧侶も、こうした共通認識を有していた。その上で、前者ではその時代は終焉したと論じ、逆に後者は僧侶の教育担当を当然視する根拠としたわけである。

## （2）解禁への無関心？――学校教育への懐疑――

とすれば、この浅野の投書は仏教界にもいかほどかの波紋を呼んだと推測されよう。しかし、少なくとも『明教新誌』上では、直接の反論あるいは同調を表明する投書などは、実は全く現れなかったのである。『明教新誌』は「寄書」欄での論争が非常に活発で、たとえば一八七八（明治一一）年九月から翌年四月にかけて行われた仏教天文学をめぐる論戦などは、約八か月にわたり誌上をにぎわしていた[34]。だが、浅野の指摘はあまり注目を引かなかったようである。『明教新誌』では文部省の布達も他省庁に比して頻繁に掲載され、学校教育へも関心を示していた。にもかかわらず、それに関わって記事を掲載することはなかった。

なぜなのか。いくつかの推測が可能であろう。伝統的な排仏論者の見解に連なる愚かな意見として、黙殺されたこと。先に見た長野県更級郡の事例のように、兼務解禁自体の認知度が高くなかったこと。実際の多くの兼務事例にもかかわらず、それを仏教の布教展開と結びつけることが想定されていなかったこと。あるいは浅野の意見が現状の僧侶教育に対する痛烈な批判でもあり、教団人もその的確さに逆に沈黙せざるを得なかったこと、などである。それらは事態の一部分を言い当てているとは考えられる。だが、当時の『明教新誌』にあらわれる仏教者の論調を端的に言うなら、現状の学校教育に対する批判・懐疑ゆえに教員兼務の形での参与を忌避する、という姿勢であった。それを示す言説はさまざまに存在するが、当時の典型的なものとして、兼務解禁直前期の三つのケースを挙げてみたい。

まず一八七八年一月、広島県豊田郡中河内村（現東広島市）の真宗本願寺派立栄寺住職・武野某に対して、檀家である大多和某・藤野某の両名が問い質した文章を見てみよう。両名は、神祇不拝の教義をもって考えれば神宮大麻の受領、神棚の設置などは宗意に悖るのではないか、といった伺い書を檀那寺に提出しており(35)、熱心な安芸門徒であったことがわかる。その彼らが再び武野某へ伺い出た七箇条の質問書のうち、第四条にはこうある。

方今国に無学の徒なく家に無識の児なからしめんと政府特命を下し、各郷に学校を設け六歳より十四歳迄の児は悉く登校せしめ、人智を開達せしむ。其教ふるところ学ふところ皆造化説にして因果説はなし、勧善訓蒙なとは最も神徳の著じるしきを説き明せり、之を学ふものは自つと神を信するに至らん。神を信して宗意に悖らは、真宗の徒は小学校に登ることを固辞して可なりや。政府其不就学を推糺あれは宗教に違反するを以て固辞すと上申して苦しからすや(36)

学校での教育内容は、『泰西勧善訓蒙』（箕作麟祥訳）に代表されるキリスト教的造化説で埋め尽くされ、仏教の因果応報説は全く説明原理とされていない。ここで学べば神への信仰心を持つに至るであろうが、それは教義に反する。したがって、真宗門徒は小学校に通う必要はないのではないか。この両名の疑義に対して、住職武野某がどう返答したかは定かではない。だが『明教新誌』では、この質問書の内容について、「論説」欄で六回にわたり詳細な論評を加えている。なかでも第四条に論及した部分は、特に多くの紙幅を費やしている。それは、他の条に比して「此疑問のみ稍その説を得たるものにて、善くも疑ひ出されたりと称すべき」[37]指摘だからであった。

この論説は続けて、「我輩も久しく之を胸間にたくわひ、数々有識の諸家にも議り、殊に当局の人すなはち文部の官員にも幾回か其不是を論ぜしことありたり」と述べている。よって、知識人や文部省の役人とも意見を戦わせたことがあるという人物、『明教新誌』編集長・大内青巒の執筆と考えてよいだろう。大内は、「凡そ仏教を奉ずる者の子弟は、決して此の如き異教の学校に入学することを欲せずと云て、之を固辞し苦しからざるなり」と、大多和・藤野に賛意を表している。その根拠は「教部に於て一旦信教を民の思想に一任すと公言せらる」、すなわち一八七五（明治八）年一一月に教部省が出した信教の自由口達（第一章参照）にあった。学校教育を通じて造化説を押しつけることとは、信教の自由に反するから拒んでも構わない、という論法である。とはいえ、両名と同様の口吻を示しているわけでもない。政府も神田孝平文部少輔、西村茂樹・九鬼隆一文部大書記官の各府県視察や、南摩綱紀の御用掛就任による教科書改正という動きをとっているから、気に病むことはない、と述べて論を結んでいるのである。

このような視点——特定宗派（ここではキリスト教）の布教の場としてはならない——からすれば、それを裏返した形で仏教的な因果説に基づく教科書を編纂することはもちろん、僧侶が教員を務めればよい、という発想などは出てこないであろう。大内は、教育に対して関心をもっていないわけではなかった。[38]だが彼が関心を抱く教育問題の焦点は、僧侶養成にあった。一八七八年現在、東京府の曹洞宗寺院二八〇余寺で徒弟わずか八名、という現実を慨嘆した文章において大内は、「ちと教育に力を入られ、確実に法灯相続の見込ある原種をは製造にならねはなりますまいと存じます。是は各宗とも然ること乍ら、殊に禅門は授戒や普度会で婆さまや爺さまに有難がられた位ては祖風の光揚は出来ますまい[39]」と述べている。将来を見越して若い僧侶を確保・教育しておくことが、結局仏教の教勢維持に役立つという見解である。浅野の主張のうち、優秀な僧侶の養成という側面だけ見れば共通点はある。だが、そこに学校教育への参与という方策は見えない。

学校教育に不満を持ちつつ、むしろ教育問題としては僧侶養成を優先するというこの大内の姿勢は、当時の仏教界でも一定程度共有されていたようである。第二の例として挙げるのは、一八七九(明治一二)年に東京府本郷区駒込に設置された、真宗以外の僧侶を対象として漢学・洋学を講ずる私塾「共慣義塾」である。これはもともと南部藩の子弟を教育する施設として一八七一年に成立、翌年閉校したものの、還俗僧・神原精二が継承・再興したとされる[40]。この塾のなかに、僧侶を引き受ける課程および施設を設けたのである。その「共慣義塾僧侶漢洋学規則」を見てみると、

方今諸宗僧侶の漢洋両学におけるや、之を諸宗各寺に講ずれば其専業ありて粋精なる能はず、尋常学校に就くや僧俗相混して動もすれば其僧行を失ふ者あり。是におゐてか諸宗管長碩徳と協議し、本塾内仮に一寮を設け僧侶をして専ら漢洋両学を講習せしめんとす[41]

と謳われている。この私塾内に僧侶養成の一環として設けられたわけであるが、公立学校がその充分な修学の妨げになってしまうことが警戒されている。その理由とは、俗人と交わると僧侶らしからぬ所業をなす者がいる、というものであった。この神原の見解からすれば、教員兼務は俗人と交わる行為にほかならない。また教員にな

るために師範学校へ通うことも、「僧行を失ふ」行動と認識されたことであろう。実際、山梨県山梨郡岩手村（現山梨市）の曹洞宗信盛院徒弟・二森仙洲のように、教導職試補でありながら教員を志望したために破門・帰俗を命じられる、という事態も生じており[42]、由々しき行為という見方をする者も少なくなかったと考えられる。

また、別の理由で僧侶養成を学校教育との対照において論じる者もいた。第三の例は、増上寺住職・福田行誡である。同じく一八七九年、浄土宗東部学校設置に際して福田は、「方今世間の学校その数幾千万、みな在家の子弟を勧導して文化の域に誘引す。然れば村童巷児も文字を知り馬郎舟子も皆道理を説く。是の時に当りて之が師標たる僧伽にして、豈学解を等閑にすべけんや〔中略〕今学校を設くるは国賊素餐の名を免れんと欲するなり。東部の幼僧ねがはくは速かに来りて入学せよ[43]」と訴えた。学校教育で子どもや下層民にまで文字や道理などが広まってゆくのに対して、本来その師匠にあたる側、すなわち僧侶の学問が不十分というのでは問題である。よって、無為徒食との誹りを受けぬようにするためにも、こちらが学んで四民を教えねばならない。そう述べて、東日本の浄土宗僧侶子弟へ同校への入学を勧奨するのである。

以上のように、大内・神原・福田は、それぞれ兼務解禁の達しが出される直前期に、僧侶養成への精力傾注を主張していた。しかしながら、学校教育についての論及は三者三様であった。造化説に偏する内容に不満のある大内、俗人との交流が問題であるとする神原、仏教無用視を促進する脅威として捉える福田、といった具合である。さらに、こうした不満の背景には、やはり大教院体制期の経験が存在したと考えられる。つまり、寺院が学校の校舎に借り上げられ、説教所さえ確保できない状態となり、教勢を削がれる小さからぬ原因にもなっていたため、である。そこで、第一節で述べたような「学事の先導者」という近世的自負ないし歴史認識は、学校教育とは別の領域で絡むことになった。むしろ檀家庶民の師匠たる僧侶のレベルアップが叫ばれることになり、その道程は仏教界の社会的地位向上につながる、と唱導されることになったのである。これが、「学制」末期から教育令期にかけての、主として福田ら教団人の典型的な考えであった。

いずれにせよ、教導職の師範学校入学を勧奨する真宗本願寺派法主・大谷光尊の建言書（第一章参照）が出された一八七三（明治六）年初めと比べれば、仏教界における認識変化は明らかである。一八七五年の大教院解散後、各教団は組織の再編・強化が進められるなかで、教員兼務は余業にかまけた行為でしかない、という仏教界の大方の認識形成が進んでいったと言えるであろう。

## 第三節　非仏教者による兼務論——先駆としての岩手県吏員の建言書——

浅野につぐ兼務論は、仏教者以外から現れた。

一八八〇（明治一三）年一月、岩手県一等属の平川靖が兼務直後の前年一二月に県令・島惟精を通じて文部卿へ提出した、建言書の全文が『明教新誌』に掲載された。明示こそされていないが、一一月の解禁を受けて出されたものと見て間違いないだろう。平川は当時、岩手県第一課長兼第五課長という立場にあった。第五課は学事を扱う部署であり（のちの学務課）、当然平川は県内の学事状況に精通していたと考えられる。岩手県では【表11】でも見たとおり、教員不足を教導職で補うという方法を解禁以前からとっていた。また、教育令では教員年齢を一八歳以上と定めていたが、岩手県では一八歳未満でも授業生として雇う、との達しを一八八〇年一月一五日付で出している。教員不足が大きな問題であり、具体的な手も打っていたことから見て、解禁が県下学事関係の責任者である平川の目に留まったのも、ある意味当然であった。

以上の背景を確認したうえで、平川の建言へと入ってゆこう。まず平川には、民権運動への不満と道徳退廃という現状認識が存在した。「輓近往々自傲不遜の心を長じ、軽浮放肆の行に慣れ、自由なるもの却つて風俗を紊るの根となり、勇進なるもの却つて道徳を毀るの基とならんとす」(47)。こうした道徳退廃を嘆く声は、いつの世にもみられる。だが民権運動期における府県庁の嘆きは、たとえば一八八二年一二月の地方官会議における三重県令岩村定高の「特に倫理道徳の教育最急務とす」、滋賀県令籠手田安定の「教育は更に倫理道徳を明にし最憂ふへきは耶蘇教なり之を防くには従来の宗教を施して下等の人民を教導せは其功少なからす」といった主張にも示されている(48)。それらが一八九〇（明治二三）年二月の地方長官会議における「徳育涵養の義に付建議」(49)の底流を成し、そこから同年教育勅語の制定へと至ることも考え合わせれば、平川の慨嘆は決して聞き逃せないものと言えるだろう。

ではその現状をどう変えるべきか。その方法は「只教育の法宜きを得るの一途あるのみ」である。一八七八年九月に「学制」から教育令へと転換したが、それは官の干渉が強いために改革されたのではなく教育法が不完全であったためであり、妥当と考えられる。とはいえ、教育令のように人民の自由に任せては、教育の方向性が定まらずかえって学事は退歩する。ゆえに、「心術を正すの教を以て之が本とな」すことが必要である。「先づ小学におゐて道徳上欠くべからざるの教課を立て、勉めて幼童の心志を善良に」すれば、成人に至るまでよき習性をもつようになるからである。そのためには、官の学校教育への干渉はしばらく必要、ということになる。

次に平川は、教導職の教化活動について述べてゆく。政府は、神儒仏「三教一致」のために三条教則を立て、教導職に国家の賛助役を期待した。だが現実には、学校教育におされてその機能を果たしえなかった、とする。

各地学校の設け日月に盛にして、其教ふる処幼より専ら智を開き才を広むることを攻習せしめ、自から世人の崇尚之に趨き、道徳教の如きは殆んと秦越視せられ委靡振はす、説教所は往々雀羅を設くるに至らんとせり。而して政府も亦之か拡張を欲せざるもの、如く、挙て有名無実の地に置かんとす。夫れ智を開き才を広め巧芸に練磨するは日常事業に於て最も裨益あり。現今の急務も亦た之に過ぎざるに似たり。然りと雖も道徳をして之が根とならしめすんは、人々只功利の貴ふべきを知つて、其れか為ゆ〔め〕後来世上に一大弊を流すに至らんか(50)

教化活動が学校教育のために疎んじられ、有名無実化した。そのため政府は、教化活動に力を入れることもなくなり、道徳を涵養するという根本を失う弊害をもたらした、との見解である。第一部で縷々述べてきた内容の妥当性を、当時の地方官の認識のレベルで証明する文言と言えようか。それはさておき、平川はこの道徳涵養の欠如を欧米とは対照的、と見る。欧米が富強である要因は、幼時から宗教を教育の基礎として人心をつなぎ国力を向上させたことにある。単に法律に従うだけなら儒教でよいが、本心からそれを守り善行を積むには、やはり「畏懼」の心が必要であり、それに適うのは神道と仏教の二教しかない。そこで、「教門輩をして専ら小学教育の事を負担せしむるより能きは無かるへし」と、神官と僧侶に学校教員を託すべきという核心部分を切り出すのである。

その理由を、平川は次のように説く。神社・仏閣は数多く、神官・僧侶の数もまた然りである。だが、職務としては神・仏に奉仕し、葬祭に従事して「村婦野翁の帰信を繋ぐに過ぎ」ない。よって世間に益するためにも、「今先つ其教を以て小学科に併すときは、因て興る所の利益、固より尠きにあらざるなり」という。神官・僧侶が教員を兼ねることで得られる「利益」とは、

①寺院・教会所を学校校舎にすることで、民費低減が可能

②儒者は神・仏二教を説くことができないが、逆に神官・僧侶は儒教を含めた三教を語りうる

③神官・僧侶は本業収入があるため、教員としての給与が少なくて済む
④無為の存在である両者を有用にし得る
⑤教導職のほうが、師範学科で速成された糊口しのぎの教員より優れている
⑥就学を渋る父兄も、檀那寺への通学なら強迫せずとも説得しやすくなる
⑦祠堂什宝・古跡名利の維持保存に一助

の七つである。そして、もっぱら小学校について論じるのは、人間の「先入主」をつかさどる、最も大きな徳育の効果を得られるからである。ゆえに「先づ之を宗教に負担せしめ、而して漸次中大学科も自由に之を起すを得せしめん」という道筋を提起したのだ。こう述べて、平川は建言書をしめくくっている。

この平川の議論は、僧侶のみを対象にしたものではない。だが、上記の⑥では住職―檀家の関係を特記しており、神社や説教所に比べて寺院の数が圧倒的に多い点を考えれば①においても、実質的には僧侶をより強く念頭においた言説といってよいだろう。僧侶の教員兼務がもたらす「利益」のうち、①と③は学校教育に対して地域住民が負うコストを解消する、という経済面からの指摘である。①のように学校校舎として寺院を利用できれば、さしあたり校舎新築の経費はかからない。あるいは新築までの間、仮校舎として用いることで、学区内で資金を蓄えることもできるだろう。また③の給与所得に関しては、学事推進の側からすれば低く抑えられる存在として僧侶に注目することになる一方、逆に僧侶も給与を得る点ではプラスになり、特に経済的に苦しい寺院住職にとっては救いの手でもある。④の社会的地位の確保も考えれば、僧侶にとって悪い話でもなかろう、というのが平川の含意であった。一八八五年末に初代文部大臣に就任する森有礼が、その教育政策の重要課題として「学校経済」を問題とし、積極的な合理化をはかったことはよく知られている(51)。平川は、いわばそれを先取りする方策

を打ち出していたのである。また、②と⑤のように、教導職の庶民教育機能を高く評価してもいる。

とはいえ、これが僧侶の現実を斟酌した議論であるかと言えば、そうではあるまい。第三章でみたように、寺院の校舎使用は住職僧侶にとって仏事の場の剝奪を意味した。そして、給与のある教員兼務と寺院の校舎使用とがセットになっている点で、僧侶には学校教育への積極的参加に伴って仏事の場を明け渡すか否か、という葛藤を生じさせる可能性をも孕んでいるのである。たしかに、②・⑤には仏教による徳育への肯定的な評価も含まれているかもしれない。しかし平川の言説を見れば、それを絶対的な方法と考えているようにはうかがえない。むしろ、儒教を主軸にした徳育路線が推進されるなら、神・仏二教がその土台となって支えねばならない、という考えへと容易に読み替えられてしまうようにさえ思われるのである。仏教への帰依心を就学督促に利用するという⑥には、それが透けて見える。[52]また⑦などは、大教院体制期には正反対の結果しか生まなかったことが明らかである。平川の考えの根底には、仏教を徳育の主軸として期待する発想は必ずしも濃厚なものではなかった、と言えるのではないだろうか。

浅野義順との立場の違いと言ってしまえばそれまでではある。仏教の勢力拡大の一手段として学校教育を重視する浅野と、地方教育行政担当者として、教員不足解消とそれに付随する効果を僧侶利用に求める平川では、同じ僧侶教員兼務論といってもおのずから言説のトーンは異なるであろう。とはいえ、両者の重要な差異は次の二点に集約される。一つは、寺院を校舎に用いるという、実際的な点に言及しているかどうかという違いである。そしてもう一つは、近世期までの庶民教育を仏教が担ってきたという歴史認識が叙述されているか否か、この点である。平川の建言書には、その叙述が見あたらない。それは仏教だけを対象にせず、儒教なり仏教なり神道なり、どれでも徳育として利用すればよいという平川の認識を、はからずも示しているのである。

## おわりに

平川の建言書が文部省でどう処理されたのかは、残念ながら不明である。だが、僧侶教員兼務論が、この段階で提出されていた点にこそ、小さからぬ意味がある。二点挙げておく。

一点目。兼務解禁の文部省達にすぐ呼応する形で、浅野から兼務論が出されたとき、他の仏教者は実行に向けて乗り出す動きを見せなかった。逆に非仏教者である平川が、それを引き継ぐかのように、地方の教育行政を担う立場から兼務論を発信していた、という点である。それは一八八二年の地方官会議において、岩手県政のトップたる県令島惟精をして「教育は改良にて益道徳の教育あらんことを欲す」[53]との意見を提出せしめる、大きな促進要因となったはずである。先にも述べたが、一八七〇年代から八〇年代にかけての徳育をめぐる模索状況と教育勅語発布への道筋を考える際に、こうした意見書の数々が底流を成していたと推測される。

もう一点。従来の研究では、一八八六（明治一九）年の小学校令公布を契機として、僧侶も学校教育へ乗り出すべきだという議論が高まる、と指摘されてきた。だがそれを先取りする言説が、すでに一八八〇年段階で提示されていたのである。一点目とやや重なるが、平川のような地方官吏が「教育」と「宗教」の交差を感得し、その認識が全国的に共有されることで、一八八七年前後の徳育論争（第六章参照）を準備する土台が作られつつあった、と言い換えることもできよう。

浅野に直接呼応する言説は当時の仏教界では見られなかったわけだが、それとは別に、一般の学校教育へ参与する道筋として、仏教的教理を盛り込んだ小学校修身教科書の制作が提案されていた。一八八〇（明治一三）年九月一八日付『明教新誌』の「普説」欄（社説）において、こう述べられている。かつて庶民教育の教科書はたいてい僧侶の手になるものであり（『実語教』『童子教』『庭訓往来』など）、貴賤男女を問わず、幼少時から知らずしらず仏教の教えを子どもに教えることができていた。だが今や「耶蘇教弘通を主義とせし勧善訓蒙」などを教科書にしており、その伝統も消えてしまい「天下の幼年少女は日に月に我が教義に遠ざか」ることになる。よって僧侶が立ち上がり、仏教修身教科書を作ることが必要なのだ、と。(54) 第二節に挙げた広島県での事例と同様、「学制」期に小学校の教科書として全国的に用いられていた『泰西勧善訓蒙』が、キリスト教を導入する一つの先鋒と見なされていることも注目されよう。そして、教員という「人」ではなく、教科書という教育「内容」に深く関わる部分が問われていた点も見逃せない。

こうした言説状況をうけて、各宗教団における有力僧侶が教育に関して『明教新誌』に盛んに意見を述べるようになるには、一八八〇年代後半まで待たねばならない。本章冒頭で挙げた島地の「転回」も、その考察抜きには語れない。では、その間に一体何があったのだろうか。その変化を知るためには、各宗教団における「教育」問題、とりわけ僧侶養成の態様を考察する必要がある。そこで次章では、一八八〇年代前半における僧侶養成学校をとりあげることにしたい。考察対象として特に真宗本願寺派を据えるが、右の仏教修身教科書制作を提案した人物、加藤正廓も真宗本願寺派の僧侶であり、教科書制作の意味もあわせて問うことになろう。

（1）　教育基本法第一五条第二項には「国及び地方公共団体が設置する学校は、特定の宗教のための宗教教育その他宗教的活動をしてはならない」とあるが、宗教家が国公立学校の教員として教壇に立つことを妨げてはいない。学校教育の宗教的中立性に関する取り決めである「社会科その他、初等および中等教育における宗教の取扱について」（一九四九年一〇月二五日付、文初庶第一五二号）でも、「宗教団体の教職者および信者で、国立または公立の学校の教職にあるものは、法衣をまとつて教室にあらわれてはならない、またいうまでもなく、かれらは、教師の行動と職責とを律するすべての規則に従わなければならない」（第四条（ロ））とされる。また、教育公務員特例法第一七条第一項では、本務遂行に支障がないと任命権者が認める場合は教員の兼職が認められている。営利企業に従事し報酬を得ることは原則として禁止されているが（地方公務員法第三八条第一項）、行政実例に照らせば、法要・葬儀の際に得た布施などの収入は「報酬」とは考えられていないという（国分正明「講座「教師の権利と義務」（一六）兼職・兼業」（『教育委員会月報』一八（四）、一九六六）、一二五頁）。

（2）日蓮宗『平成八年度版　日蓮宗宗勢調査報告書』日蓮宗宗務院、一九九七、一〇〇～一〇二頁。ちなみに、寺務をもっぱらとする者は四、三七六名（七九・九％）であり、兼業者は約二〇％。兼業職種としては教職員のほか、会社等（勤務経営）が一四八名、商サービス業一〇一名、官公庁九〇名、幼稚園等八五名となっている。

やはり断片的ではあるが、他宗派の実態調査についても触れておく。曹洞宗の一九九五（平成七）年調査報告では、対象となった僧侶・その家族を含めた寺院内の人々のうち兼業者は四、九六七名（二一・九％）で、男性に限っても二二、六四四名中五、一二八名（二二・六％）が他所で就業している（専業・兼業合わせて）。兼業者の職種としては、一般学校での教職が一、五一四名、宗派関係の学校での教職が一一三名となっている。他の就業をもつ住職に限ってみた場合、その職種として一般学校教職が二二・五％と最大の割合を占めている（以上、『曹洞宗宗勢総合調査報告書　一九九五（平成七）年』曹洞宗宗務庁、一九九八、四三～四七頁）。

また浄土真宗本願寺派の二〇〇三（平成一五）年調査報告では、住職のうち法務専従七二・四％、兼職二三％（前回の一九九六年ではそれぞれ六八％、二五％）で、高齢住職の寺院割合の増大に伴ってか、兼職者の割合は微減している。ただし、法務以外の過去の経験については、一般学校・福祉教職が三一・五％で最大の割合となっている（『第八回宗勢基本調査報告書』浄土真宗教学伝道研究センター、二〇〇五、二一～二二頁）。

（3）戦後占領期の「宗教教育論争」を検討し、宗教教育の実践が後退したまま現在に至っていると批判的に論じた最近の研究に、杉原誠四郎・大崎素史・貝塚茂樹『日本の宗教教育と宗教文化』（文化書房博文社、二〇〇四）がある。

（4）島地黙雷「僧侶は速に普通教育に従事すべし」（『令知会雑誌』五四、一八八八年九月）。なお、同論説は『島地黙雷全集』第二巻（本願寺出版部、一九七三）、三四一～三四六頁に収録されているが、同全集附録（一九七八）の解題には「明治十二年一月同誌に掲載」と誤記されている（二八頁）。また最近の村上興匡「明治期仏教にみる「宗教」概念の形成と「慣習」」（島薗進・鶴岡賀雄編『〈宗教〉再考』ぺりかん社、二〇〇四）にも、「明治二二年」刊行との誤りがある（二一八頁）。また村上は続けて島地の同論説を「僧侶の教育現場への進出を奨める論としてはかなり早い時期のものということができる」（同頁）とするが、本章で明らかにするように、一八八八年にはすでにある程度議論が蓄積されている。

（5）吉田久一『改訂増補版　日本近代仏教社会史研究（上）』（『吉田久一著作集』第五巻）、一七七～一七八頁。

（6）倉沢剛『小学校の歴史Ⅰ』ジャパンライブラリービューロー、一九六三、六三九～六四一頁。

（7）山口和孝前掲「訓導と教導職」、一一五～一二〇頁。

（8）中西直樹は、一八八六年の小学校令発布を境に、本格的に教育への宗教の導入が論じられるとしている（「教育勅語成立直前の徳育論争と仏教徒「貧児教育」」（『龍谷史壇』一〇五、一九九六、以下中西前掲論文と略記）、一五頁）。

（9）「教育議」論争および徳育論争の推移と意義については、久木幸男他編前掲『日本教育論争史録』第一巻、第二・三章を参照。後者に関しては中西前掲論文も詳しく論じている。

（10）『時事新報』一八八二年一二月二一日付。『福沢諭吉全集』第八巻、岩波書店、一九六〇、四六八～四六九頁。

（11）『宮崎県史』史料編近・現代二、八八七頁。

（12）これに関して宮地正人は、地租改正や徴兵令などの中央集権的諸改革の早急な遂行を「国民に媒介し、国民の諸不満、諸抵抗をおさえる」存在として、明治初年には宗教者が、明治二〇年代以降になって師範学校（卒業生）がその機能を果たすことになった、と論じている（宮地『天皇制の政治史的研究』校倉書房、一九八一、一一五頁）。おそらく森有礼文相期を経て、一八九二（明治二五）年に制度改革が行われた師範学校教育、および「師範タイプ」の登場を念頭に置いていると考えられる。だが、一八九〇年代でも正教員は依然として不足し、就学率の向上に対応しつつ教員の質と量を確保することがきわめて切迫した課題であり続けていた（国立教育研究所編『日本近代教育百年史』第四巻、一九七四、七六七頁）。よって一九世紀末の師範学校がどの程度の機能を果たしたのか、またそこで現象として教員供給を宗教者に頼る度合いはいかほどであったかなど、慎重な評価が必要と思われる。

（13）『明教新誌』二〇一一号、一八七五年一一月二一日付。

（14）史料にみえる三名のうち、服部元良は葛飾郡国府台村・総寧寺住職。明治元年（一八六八）に行われた曹洞宗碩徳会議に出席し、同八年一一月には本山総持寺の後継住職として候補者名簿に名を連ねた、教団内での有力者であった。また瑞穂俊童は正泉寺住職、同月に行われた第一回曹洞宗末派会議には千葉県唯一の議員として出席している。川口高風『明治前期曹洞宗の研究』法蔵館、二〇〇二、参照。

（15）前掲『宮崎県史』史料編近・現代二、八八七頁。

（16）一方、兼務に消極的な県もあった。長野県は一八七八年一月一〇日、改めて兼務禁止の方針を県北部学区取締に宛てて通達している。その通達では、「詮義」の結果、神官・僧侶に対する教員の辞令付与停止と、教導職の教員兼務者は辞表を提出すること、そして教員志願者が教導職を辞職するのは自由、ということが決定された（『長野県教育史』第九巻、二四九頁）。

（17）中村周愍『浄土宗制規類聚』浄土教報社、一八九八、（拾遺）三九〜四〇頁。

（18）『文部省例規類纂』第一巻、大空社、一九八七、二四五頁。

（19）同前第二巻、一一九〜一二〇頁。

（20）たとえば新潟県第四大区第二小区（現三島郡寺泊町）では一八七七（明治一〇）年二月、区長が次のように同区内の寺院住職へ達している（『明教新誌』四八八号、一八七七年七月六日付）。

頑爺鈍嫗を誘導して現在の開路に趣むかしむるは各員教職の重荷する所ならん。幼童稚児を育成して至要の枢道に達せしむるは学校教員の負担する所なるべし。然り而して区中教職に於て自己の重荷を捨て他人の負担を担ふものありと聞く。之〔を〕人間社会の規矩に背戻すと曰ふ。真正の準縄を用ゐて矯正せざるべからず。諸彦請ふ、彼の過去を改ため未来と予防せよ

（21）『明教新誌』一三二五号、一八八二年四月二〇日付。

（22）同前一三四九号、一八八二年六月三〇日付。

（23）同前。

（24）静岡におけるプロテスタントの興隆とその群像については、太田愛人『明治キリスト教の流域―静岡バンドと幕臣たち―』築地書館、一九七九（のち中公文庫、一九九二）、参照。

（25）『静岡県史』第一七巻、八四五〜八四六頁。

(26)『静岡県隆美協会雑誌』第一号(『静岡県史』第一七巻、八五二頁)。
(27)「教導職教員兼勤につき伺一件」豊城直祥氏所蔵文書、複写版は長野県立歴史館所蔵。
(28)同前。
(29)『明教新誌』に関する書誌的な考察は川口高風「『明教新誌』における曹洞宗関係記事(一)—明治八年七月~十二月—」(『愛知学院大学教養部紀要』四四—一、一九九六)、一九五~二〇〇頁、参照。本書で『明教新誌』を参照する際は、主に東京大学法学部附属法政史料センター明治新聞雑誌文庫・龍谷大学大宮図書館所蔵の原紙、および佛教大学図書館所蔵のマイクロフィッシュを用いた。二〇〇一年には高野山大学附属図書館の監修によってCD—ROM化され(発売元小林写真工業)、現在は右の各所蔵機関でも原紙ではなくCD—ROMでの閲覧に切り替えている。
(30)『明教新誌』一一六三号(一八八一年六月六日付)には、大阪・上本町の誓福寺住職としてその名を見出すことができる。
(31)同前九一二号、一八七九年一二月一四日付。
(32)原坦山の仏教典籍講義は、東京大学の学科課程改正(同年九月一八日付)にもとづき、当時東京大学綜理であった加藤弘之の依嘱をうけ同一一月二五日に行われている。また、「今仏書を講ぜしむることは、印度哲学開講の濫觴と謂ふべし。但当時は未だ正科となるに至らず」という(『東京帝国大学五十年史』上冊、一九三二、七一六頁)。
(33)以下は『明教新誌』九一三号、一八七九年一二月一六日付。
(34)同前六九四号(一八七八年九月一二日付)に掲載された千葉県大網宿の日蓮宗妙満寺派蓮照寺僧侶・因幡善瑞「佐田介石君に呈す疑問三章」から、七九八号(一八七九年四月二〇日付)の折端教瑞の投書まで、主に仏教天文学者・佐田介石の所論をめぐる活発な論争が行われた。
(35)『明教新誌』五八三号、一八七八年一月二〇日付。
(36)同前五八四号、一八七八年一月二二日付。
(37)同前五九一号、一八七八年二月八日付。
(38)同前八七八号、一八七九年一〇月四日付「普説」欄には、大内が「我教門に直接の関係」はないがと前置きしたうえで著した、「職人夜学校を設立するの序言」が掲載されている。

(39) 同前四一二号、一八七七年二月二日付。
(40) 神原は元浄土宗僧侶・円海で、南部藩に抱えられたのち還俗、教部省の官員となっていた。吉田光覚「神原精二居士の生涯」(『仏教論叢』二七、一九八三)、二〇〜二一頁。
(41) 『明教新誌』八三六号、一八七九年七月八日付。
(42) 同前四六四号、一八七七年五月一八日付。
(43) 同前八四四号、一八七九年七月二四日付。
(44) 『明教新誌』九二八号(一八八〇年一月二二日付)に、次号以降での建言書掲載が予告されている。
(45) 平川は一八七九年八月二一日付で第五課長兼務を命ぜられている(『岩手県教育史資料』第七集、岩手県立教育研究所、一九五八、一五頁)。
(46) 『岩手近代教育史』第一巻明治篇、一九八一、八二六頁。また、前掲『岩手県教育史資料』第七集所収の「学事現状概略」によれば、一八七六(明治九)年八月に師範学校を創設、「漸養」(二か年)、「急養」(六か月)、および「授業法伝習生」(一か月)の課程を設けていた。しかし教員養成はままならず、「抑小学教員の今日に急需なる勿論にして、就中管下の如きは最も教員の人撰に窮乏す」と報告されている(同書一六五頁)。
(47) 以下次段落まで、平川の建言書は『明教新誌』九二九号、一八八〇年一月二四日付。
(48) 岩村、籠手田の意見はともに、稲田正次前掲『教育勅語成立過程の研究』、八三頁。
(49) 同前、一六八〜一六九頁。
(50) 『明教新誌』九三〇号、一八八〇年一月二六日付。以下の建言書の引用も同日付の記事による。
(51) 森有礼の学校経済に関しては、海後宗臣ほか一三名「森有礼の思想と教育政策」(『東京大学教育学部紀要』八、一九六五)のうち「教育行・財政政策」(堀内守執筆部分、一一七〜一二二頁)などを参照。
(52) もっとも、この仏教と就学督促の関係は、実際には重要な意味をもつ場合もあったようにも思われる。柏木敦は、公立学校教員が同一学校に定着する度合いの低さが就学の低調と結びつき、むしろ教員の異動の少ない私塾に民衆が信用を寄せていた、と指摘している(柏木「就学の形成と学校観の位相—教育の〝受け手〟の動向に焦点をあてて—」『日本の教育史学』三九、一九九六、六八頁)。とすれば、寺院ないし地域からの移動が比較的少ない僧侶が兼務することで、教員の定着に一役買う局面も少なからず存在した、との推測も成り立つ。就学向上の実相と仏教との関係を探究する際、興味深い課題と言えるであろう。

(53) 稲田前掲書、八四頁。

(54) 加藤正廓「書感」『明教新誌』一〇四一号、一八八〇年九月一八日付。

# 第五章　僧侶養成学校と俗人教育——真宗本願寺派を中心に——

## はじめに

本章では、一八八〇年代前半に設置された宗派立の僧侶養成学校について、その制度や設置の背景、教育方針などを検討し、そこで目指された俗人に対する教育の意味を論じたい。

前章で触れたとおり、一八七〇年代末における仏教界の主たる「教育」問題は、僧侶養成にあった。だが、その宗派立学校における教育の態様を分析した実証的な研究は、前章と同様にやはり乏しい。単著で比較的まとまった記述がなされているものとしては、斎藤昭俊『近代仏教教育史』（国書刊行会、一九七五）が挙げられるが、その叙述は明治期に設立された仏教系学校の「列挙」の域を出ていない。本章においても、基礎的研究の蓄積が不十分であると指摘せざるを得ないのである。大教院体制期の神仏合同教化活動に加え、一八七一年二月（明治四年一月）、および地租改正に伴い一八七五年六月に出された寺領・境内地の上知令もあって、社会的・経済的に苦境に立たされた各宗教団が、組織改革と財政再建に乗り出し試行錯誤を重ねる。それが、一八七〇年代後半以降の仏教界における一つの状況と言えるだろう。そこでの制度的流動性が、当該期の僧侶養成に関する研究を困難にしているという側面もあるかもしれない。

島地黙雷が「政教分離」を主張するなかで、僧侶が学校教育を担うべきだとする持論を喪失していったことは、第一章で明らかにしたとおりである。もっとも、同章の最後で付言したとおり、島地の「仏教と学校教育の分離」路線が、その後の仏教界全体にあてはまると考えるのは早計である。一八八〇年代後半、キリスト教勢力への対抗意識を背景として、僧侶の手によって小学簡易科や、哲学館、英漢義塾、高等普通学校などの私立学校が、この時期相次いで設置されていった（次章で詳述）。中西直樹も指摘するように、少なくとも教育勅語成立までの明治前期は、仏教者が一般子弟を対象とした教育を多様な形で担う状況が顕われていた、と把握すべきであろう。(1)

しかし一方で、当時の仏教が行った教育はあくまで自宗派僧侶養成に「自閉」していた、という評価も定着している。これは、仏教各宗派が設立した学校に対する評価である。最近の概説的論考でも、明治前期の宗派立学校は「一般男子教育という視点の欠如した教育方針」を大きな特徴とする、と述べられている。(2)島地の「分離」路線が、宗派立学校のありかたを規定したと解することもでき、この側面を強調すれば、明治前期には仏教と教育が「分離」していたという見方になる。

この相反する二つの側面を、どう理解すべきだろうか。従来の研究では、前者の教育活動を評価すれば後者の「自閉」ぶりが、後者に目を向けると前者の一過性が、それぞれ対比的に位置づけられてしまい、なかなか有機的な連関のもとで把握されてこなかったのではないだろうか。この点は、冒頭に述べた先行研究の乏しさと決して無関係ではないと考えられる。そこで本章では、後者、すなわち宗派立の僧侶養成学校の検討を軸として、従来別個に扱われてきた両者の統合的把握を目指したい。決して多いとは言えない僧侶養成学校の個別研究も、各宗派の最高学府にあたる（大正期以降に大学へ昇格する）学校についての言及が大半であり、しかも出来上がった制度およびカリキュラムの紹介にとどまるものが多い。(3)ましてや地方の宗派立学校について扱った論考などは、それ自体ほとんどないのが現状である。さしあたり特定宗派を対象とし、制度面の静態的叙述を越えて多角的な検討を行う余地は、多分にあると言えよう。

そこで本章では、比較的史料が残存している真宗本願寺派に焦点をあて、一八七〇年代後半から一八八〇年代における同派の僧侶養成学校（教校）を考察したい(4)。鍵となるのは、一八八五（明治一八）年四月に京都に開校した「普通教校」である。これは同派ではじめて、僧侶か俗人かに関わらず広く子弟を受け入れる、と標榜した教校であった。そこで本願寺派教団がめざしたものは何であったのか。一八八〇年代後半から高揚する仏教系学校設置の動きと、どう結びつくのか。以上の点を考察してゆく(5)。

## 第一節　教校制度の成立

### （1）制度の概要

一八七五（明治八）年五月、教部省の神仏合同教化政策は、大教院解体という形で崩壊する。これにより、神道寄りの説教活動を強いられてきた仏教各宗派は、自宗派教義の布教の道をひとまず回復し、各々教団としての組織整備を行う。その一環として、各宗派立の学校が設立されていった。真宗本願寺派の場合、同年四月には他宗派に先んじて僧侶教育改革にのりだし（「林門改正規則書及達書」の下付、同月五日）、一八八一（明治一四）年一一月の奨学条例制定をもって、制度的基礎を確立すると考えられる。

まず、近世における宗派の最高学府であった学林を改編して、大教校を京都に設ける（一八七五年四月一二日開講）。そして地方には小教校を配置することとし、そこでの修学ののち大教校へ進学する階梯を定めた(6)。小教校には共立教校と私立教校の二種類があった。共立教校は本山から各教区に割り当てる扶助金を基礎に設立・経営され、私立教校は僧侶有志や他の協力者が設立し、本山の扶助に依らず経営された。奨学条例が制定された一八八一年の時点で、共立教校はさしあたり三四校（宮城（宮城）、積徳（東京）、山梨（山梨）、津梁（長野）、真進（上越高田）、空華（富山）、綜練（石川）、羽水（福井）、金阜（岐阜）、五瀬（桑名）、金亀（彦根）、指月（京都伏見）、学佛（大阪）、練学（摂津富田）、白鵬（堺）、琴浦（摂津）、履信（播磨）、布宣（但馬）、大和（奈良）、予章（和歌山）、島根（島根）、楓川（浜田）、博練（備後）、進徳（広島）、開導（山口）、四州（香川）、崇信（筑前）、樹心（筑後）、振風（佐賀）、素川（熊本）、莕陽（天草）、開闡（豊前）、開明（大分）、隆法（鹿児島））確認できるが、設立年代が明らかでないものもある(7)。私立教校の設置についてはさらにはっきりしないが、先行研究によればおそらく一五校前後あったと推測される(8)。

この大・小教校の設置目的は何であったか。一八七六年四月に真宗四派で制定した真宗宗規綱領の「学制」には、「全国の僧侶教育の方法未た其宜を得ず（中略）啻に来世得脱の真門を論示するのみに非す。今日百般の俗事に就て人民当行の義務を知らしむ。是を真俗二諦相資の教義とす。故に世間普通の学術をも亦之を兼学せしむ」とある(9)。神仏合同教化体制は瓦解したものの、依然として教導職制は存続していた。したがって単に宗派の僧侶養成にとどまるのではなく、人民教化にあたる教導職の養成という目的も織り込まれていたのである。教育内容もそれに即して、専門の宗学（宗乗・余乗）のみならず、「世間普通」の科目（算術・習字・歴史・作文など）を並行して学ぶことと定められた【表14・15】。

そして教育する対象は基本的には一〇代・二〇代の僧侶とその子弟であり、彼らには住職となる条件として三か年の就学義務を課した。生徒数については、本願寺派の寺務報告『本山日報』に、一八七七年から七八年後期までの進級・卒業試験合格者の名簿が記載されている。それをもとに計上した数字に、落第者・中途退学者数・病死者などの数を合算すればほぼ正確な数が把握できるが、残念ながら後者は不明である。一八七九年一一月現

【表14】　地方小教校内外兼学部学課表（1879年6月）

| | 宗乗 | 余乗 | 句読 | 地学 | 史学 | 雑科 | 作文 | 算術 | 習字 |
|---|---|---|---|---|---|---|---|---|---|
| 一級 | 正像末和讃 | 教誡律義<br>六合釈 | 仏祖統記 | | 十八史略 | 物理階梯 | 復文 | 連数対<br>数用法 | 草書 |
| 二級 | 高僧和讃 | 歩船鈔下 | 仏祖統記 | | 十八史略 | 物理階梯 | 復文 | 累乗開法 | 草書 |
| 三級 | 浄土和讃 | 歩船鈔上 | 七祖聖教下 | 輿地史略 | 近訓国史略 | | 時文 | 比例 | 行書 |
| 四級 | 四法大意 | 伝通縁起中下 | 七祖聖教中 | 輿地史略 | 近訓国史略 | | 時文 | 分数<br>比例 | 行書 |
| 五級 | 正信偈大意 | 伝通縁起上 | 七祖聖教上<br>近訓国史略 | 輿地史略 | | | 公私用文 | 分数 | 楷書 |
| 六級 | 領解文 | | 三経訓読<br>近訓国史略 | 日本地誌要略 | | | 公私用文 | 諸等諸法 | 楷書 |

※出典：『明如上人伝』543～544頁

【表15】　地方小教校予備科学課表（同上）

| | 宗乗 | 句読 | 地学 | 史学 | 作文 | 算術 | 習字 |
|---|---|---|---|---|---|---|---|
| 一級 | 教典標目頌 | 三経温習<br>蒙求 | 万国地誌略 | 万国史略 | 公私用文 | 四則応用 | 中楷 |
| 二級 | 末代無智章句義 | 大経<br>孟子 | 万国地誌略 | 万国史略 | 公私用文復文 | 乗除法 | 中楷 |
| 三級 | 領解文句義 | 観経<br>論語 | 日本地誌略 | 日本略史 | 公私用文復文 | 加減法 | 大楷 |
| 四級 | | 正信偈<br>小経、学庸 | 日本地誌略 | 日本略史 | | 命位法 | 大楷 |

※出典：『明如上人伝』544～545頁

**【表16】** 地方小教校進級・卒業者数(1877年・79年)

| | | 1877年8・10月 | | | | 1879年11月 | | | |
|---|---|---|---|---|---|---|---|---|---|
| 教校名 | 府県名 | 予科 | 下等 | 専門 | 計 | 予科 | 下等 | 専門 | 計 |
| 積徳 | 東京 | | | | | 12 | 12 | | 24 |
| 津梁 | 長野 | | | | | 23 | 4 | | 27 |
| 綜練 | 石川 | | | | | 24 | 29 | | 53 |
| 金阜 | 岐阜 | | | | | 12 | 21 | | 33 |
| 五瀬 | 三重 | | 16 | | 16 | 13 | 10 | 8 | 31 |
| 金亀 | 滋賀 | 13 | 12 | 3 | 28 | 24 | 33 | 28 | 85 |
| 本刹 | 京都 | 11 | 106 | 35 | 152 | 8 | 121 | 69 | 198 |
| 白鵬 | 大阪 | | | | | 6 | 7 | 1 | 14 |
| 白鵬* | 大阪 | | | | | 15 | 6 | 1 | 22 |
| 練学 | 大阪 | 18 | 8 | | 26 | 2 | 19 | 2 | 23 |
| 琴浦 | 兵庫 | 11 | 7 | | 18 | | | | |
| 翕習 | 兵庫 | | | | | 14 | 6 | | 20 |
| 大和 | 奈良 | | | | | 21 | 26 | | 47 |
| 予章 | 和歌山 | | | | | 6 | 33 | | 39 |
| 楓川 | 島根 | 12 | 14 | | 26 | 2 | 31 | | 33 |
| 博練 | 広島 | 17 | 3 | | 20 | | | | |
| 進徳 | 広島 | 7 | 20 | | 27 | 4 | 21 | 13 | 38 |
| 開導 | 山口 | | | | | 3 | 14 | | 17 |
| 開導* | 山口 | 15 | 13 | 1 | 29 | 11 | 25 | 1 | 37 |
| 玉藻 | 愛媛 | | | | | 17 | 22 | 3 | 42 |
| 開闡 | 福岡 | | | | | 13 | 26 | 7 | 46 |
| 崇信 | 福岡 | | | | | 10 | 24 | | 34 |
| 振風 | 佐賀 | | | | | 22 | 7 | 28 | 57 |
| 素川 | 熊本 | | | | | 26 | 40 | | 66 |
| 素川* | 熊本 | | | | | 20 | 27 | 7 | 54 |
| 荅陽 | 熊本 | | | | | 4 | 13 | | 17 |
| 計 | | 104 | 199 | 39 | 342 | 312 | 577 | 168 | 1,057 |
| (重複除く) | | 89 | 186 | 38 | 313 | 276 | 519 | 159 | 954 |

※『本山日報』より作成。
*：重複記載あり、事情確認困難につきそのまま掲載。
「本刹」：大教校内に設けられた附属小教校。

【表17】　教区別教校扶助金額（1880年・82年）

| 1880年末 | | 1882年5月 | |
|---|---|---|---|
| 教区 | 金額 | 教区 | 金額 |
| 仙台 | 315円 2銭 | 仙台 | 305円95銭8厘 |
| 東京 | 449　79 | 東京 | 402　53　2 |
| 高田 | 458　46 | 高田 | 439　93 |
| 金沢 | 709　89 | 金沢 | 572　95 |
| — | | 福井 | 413　89　3 |
| 桑名 | 491　24 | 桑名 | 482　6　3 |
| 大津 | 561　25 | — | |
| 京都 | 376　49 | 京都 | 675　68　3 |
| 大阪 | 850　18 | 大阪 | 826　69　8 |
| 姫路 | 570　38 | 姫路 | 581　95 |
| 和歌山 | 380　83 | 和歌山 | 381　70　2 |
| 塩屋 | 367　82 | 塩屋 | 359　92　6 |
| 松江 | 515　21 | 松江 | 469　75 |
| 広島 | 602　30 | 広島 | 549　18　6 |
| 山口 | 536　89 | 山口 | 535　8　4 |
| 福岡 | 462　1 | 福岡 | 464　54　7 |
| 長崎 | 411　17 | 長崎 | 391　64　3 |
| 大分 | 433　24 | 大分 | 390　69　7 |
| 熊本 | 507　72 | 熊本 | 493　89　8 |
| — | | 鹿児島 | 260　98　5 |

※『本山日報』より作成。この間に教区変更あり、福井・鹿児島両教区が新設、大津教区は廃止。

在で、共立教校には少なくとも約九五〇名の進級・卒業試験合格者が確認できる【表16】。よって実際の在学者数がそれ以上であったことは間違いない。この共立教校の学年は半年を単位とし、一五歳以下の者は普通予科（予備科）、一五歳から二五歳の者は予科もしくは普通下等（内外兼学部）、二五歳以上で特に専門予科（内典専学部）を設け、各六等級（第六級から第一級へ）を試験により進級していくという階梯になっていた。(10) また運営方法・資金面では、地元有力住職数名が奨学係となり、各寺院への就学督促などにあたる。「地方教校維持方法」（一八八〇年一一月制定）によれば、各教区での小集会決議をへてカリキュラムや運営方針の決定を行うこととされた。共立教校の運営資金については、本山が教校に充てる資本金のうち、半額を教区数で平分、あとの半額を教区内末寺数で比例配分し、その利子を扶助金とした。不足分は末寺への課金や信徒からの寄付でまかなっていたようである（【表17】は教区ごとの扶助金の額）。

一方、私立教校では事情が異なる。科目の面では、宗乗（本願寺派教義）が必須である以外は他の科目設置は随意とされ、対象の規定も明文化されていなかった。在学者に関するデータも、管見の限り未詳である。その点において、共立に比べ、設置主体である僧侶有志および在家支持者の「自由度」が高いというのが私立教校の特徴と言えよう。

### （2）一般学事行政における教校

ではこうした制度をもつ教校を、文部省や地方官はどう認識し、監督しようとしたか。一八七八（明治一一）年四月二九日、福岡県は同県下の真宗僧侶による教校設置届をうけて、その対応法を文部省に伺い出た。

> 真宗宗規綱領中第五編の学制を以て、小教校設立の儀伺出候者有之。右は明治九年四月旧教部省に於て聴置相成候者に付、御差支は有之間敷候得共、其学課たるや小学年齢適当の科目も有之。将た敢て僧侶に限り候学制とも不相見旁、漫然之を許し候ては或は一般の小学にも相響き差支不少乎に相考候に付、小学年齢以上の僧侶に限り入学為致候様致度、右は既に御許可の学制に有之候に付、一応相伺候。至急何分御指揮相成度候也（別紙真宗綱領中第五編学制略す）(11)

教校のカリキュラムから見て、これは決して僧侶対象に限定した学校には思えない。設置を許可すれば、一般の小学校にも支障がでるだろう。よって小学校学齢を終えた僧侶子弟のみ入学を許す、と指令してよいか——福岡県はこう主張した。小学校に通うはずの一般子弟が、教校へ流れるなどの事態を危惧したのである。ところが文部省は翌月二九日、「小学年齢以上の僧侶に不限、学齢の者たりとも小学科兼修相成候は丶、入学不苦儀と可相心得事」と返答した。仏教教育を受けていようと、同校で小学校相当の学習内容を並行して学んでいるならば、教校への学齢子弟入学を許可せよ、との指示であった。この指示をうけて、同年一一月に福岡に華明教校が設置されることになる。この事例は、「学制」期における文部省と地方官のズレを示している。すなわち、前者は一般小学校の課程さえ履修できれば教校も同様に扱って構わない、と認識していたのに対し、後者は小学校と教校をいわば対立的に捉えていたのである。

教育令期ではどうか。まず文部省の見解を考察しよう。一八七九（明治一二）年一一月八日、鹿児島県は「宗教学校兵学校は教育令範囲外之儀と心得可然歟」と伺い出た。これに対して文部省は、「宗教学校」は教育令の範囲外だが、同校で並行して教えている「普通学」は範囲内、という見解を示している[12]。つまり「普通学」の内容については、教育令に準拠したものとなるよう、管理する姿勢をみせていると考えられる。また改正教育令期である一八八一（明治一四）年一一月九日、同様の島根県伺には、小学校三か年未修了の神官僧侶子弟は「宗教学修業」中であろうと不就学扱いにせよ、と指令している[13]。一見、これは僧侶子弟らの小学校就学を義務づけたもののように思える。しかし、もし「宗教学修業」のための学校で小学校同様の「普通学」が行われていたならどう扱うべきか、という問題について言及されているわけではない。

以上の返答だけでは、「学制」期とかわらぬ扱いであったと言い切れない。だが改正教育令には、この問題に関する厳密な規定はなかった。また周知の通り、当時の一般教育行政において就学率向上は最重要課題の一つであった。これらを勘案すれば、文部省は依然として、教校を小学校の代替的存在として容認していたと推測できる。

もっとも、文部省でも地方官同様、教校の存在を危惧する者もいた。一八八三（明治一六）年一一月から翌年一月にかけて山口・広島両県を巡視した文部大書記官・西村茂樹は、広島県の進徳・博練両教校について次のように報告している。広島の小学校は概して古い、あるいは狭い校舎である。それは、人々が教校に莫大な寄付をしているためにほかならない。本願寺派は県下一の壮大美麗な校舎を建てながら、教校の教育対象は「真宗末派の諸寺の児童数十人に過き」ない。これは「普通教育の一大障礙物と言はさることを得す」、と。(14) この報告では、僧侶子弟が「普通学」を学んでいるかどうかは問題とされていない。教校はもっぱら、小学校に対する寄付や、学事関係の課金醵出を滞らせる原因として捉えられている。西村は実際の状況を見聞して、教校が学校教育振興を妨げる場合があると認識していたのである。

とはいえ、文部省は「宗教学校」の教育に対して、強く監督・指示することには及び腰であった。キリスト教の問題と絡むからである。太政大臣三条実美に宛てた一八八四年四月一〇日付文部卿大木喬任伺（案文）では、宗教学校の管理については以下のように述べられている。

自今宗教々〔育〕と雖亦一般教育と共に当省に於て管理致可然候哉。将又宗教学校も果して当省に於て管理致候ときは、一般教育に於けると多少其取扱を異にすへきも亦適宜処理せさるへからさる儀に有之。然るに宗教中耶蘇宗の如き、其伝教は必竟黙許の姿にて未た明許せられさるに其教育に対して明許せらる、如きは如何哉と存候へ共、該宗教学校と雖亦他宗教学校同様取扱不苦儀に候哉、併せて相伺候。右は差掛り居り候儀も有之候に付、至急御指揮相成度候也(15)

キリスト教布教自体が未だ明許されていない現状で、宗教学校の教育を他の学校同様に管理することは、キリスト教布教を明許したかの如き印象を与えるのではないか、との見解が示されている。条約改正という国家的課題が存在する状況で、国際問題に発展する危険性を孕むだけに、文部省は宗教学校の管理は慎重にならざるをえなかったのであろう。もちろん、伺案でも「該宗教学校」と「他宗教学校」云々とあることから、仏教系学校との差異は認識されてはいた。だが、同じ「宗教学校」として括られている以上、キリスト教学校の管理と完全に別個の問題ともなりえなかったと考えられる。

以上より、文部省は教校を小学校の代替物として容認し、その「普通学」の課程のみ把握する程度で、積極的に監督下に置く姿勢は見せていなかったことがわかる。それは実情に接する地方官らの「危惧」と比べれば、ずいぶん曖昧なものであったと言える。

## （3）「普通学」と俗人教育

さて、教校が小学校の代替となるには、当然「普通学」が兼修できる場である必要があった。しかし、教団は一八八〇（明治一三）年から教校制度の復古的改革に着手し、大教校を学庠と名称変更したうえ、同校の教育内容をもっぱら宗乗に力点を置いたものへと改変する。[16] それに伴い、翌年一一月の奨学条例制定によって、共立教校も宗乗偏重化し、算術や史学が科目から消えることになった（第七条）。たとえば摂津・琴浦教校の予科学課は、小学校のカリキュラムとはおよそかけ離れていた【表18】。宗乗以外の科目も多少漢学をまぜる程度で、内実はほぼ仏典学習であった。さらに対象年齢も、従来下限を定めていなかったのを、[17] 一四～三〇歳と設定した（第二〇条）。この制度改革によって、教校は小学校の代替としての性格を後景に退かせることになろう。

しかし、この改革がもとで共立教校のなかには大きな影響を蒙るものも現れた。播磨の履信教校では、「嘗て宗乗のみを教授することにせし以来、退校する者尠なからず、昨年〔一八八三年〕の学生現員は僅かに三十余名な

【表18】　琴浦教校予科学課表

| | 宗 | 乗 | 句読 | 暗記 | 作文 | 習字 |
|---|---|---|---|---|---|---|
| 一　級 | 教典標目句解 | 勧章前三帖 | 蒙求全 | 浄土名目 | 公用復文 | 大楷 |
| 二　級 | 領解文句解 | 勧章後三帖 | 孟子全 | 百法名目 | 私用復文 | 大楷 |
| 三　級 | 聖人一流章句解 | 大経上下 | 論語全 | 七十五法名目 | 私用復文 | 中楷 |
| 四　級 | 末代章句解 | 観・小二経 | 大学・中庸 | 三十三科名目 | 私用復文 | 中楷 |

※『教海新潮』第382号、1882年9月5日付より作成

りし」[18]という状態に落ち込んでいった。そのため、本山から利井明《かがいみょう》朗《ろう》教務局長・香川黙識学務局長が出張して新たに学課を宗乗・余乗・外典・算術・作文・習字にあらため、翌年にようやく復興の兆候を示してきたという。[19]おそらく、教校への入学者にも小学校卒業者が徐々に増え、「普通学」への興味も生徒の間で高まってきていたと思われる。宗乗偏重では、僧侶子弟をひきつけることができなくなっていたのである。

同様の傾向は他の地域でも見られる。たとえば一八八三（明治一六）年の山口県下における本願寺派僧侶子弟の就学状況は、学庠への入校者を含めた他県下への留学者が一二五名、県内で「自由教育を受る者」四五名で、山口・開導教校への通学者は六三名にとどまっていた。[20]他の私塾や一般の学校での教育と競合する状況がうかがえる。

さらに重要なのは、積極的に俗人教育に乗り出そうとする動きが、教校周辺の地域で目立ってくるようになったことである。同年の春、但馬の布宣教校は経営維持困難のため、合議の末僧侶たちによって休校が決定された。この事態について、本願寺派の隔日刊新聞『奇日新報』はこう伝えた。

○但馬の教校　同国にては明治十年に翕習教校を出石駅に設立し、明治十三年に及びこれを豊岡駅に移転し布宣教校と改称し、校舎も学科も共に漸次改良して、生徒も卒業後大学庠に登りし者も少なからざる程にて、まづは盛大の小

教校なりしも、如何せん維持の良法確立せざるより、今度出石駅聞法所にて全国の住職并びに檀家惣代一名つゝ出席、会議の末遂に休校の事に決したり。遺憾の最なることなり。就ては城崎郡の有志同行は、此上は住職達の縁を離れて俗人のみを生徒となすの私立教校を設立せんとの奮発あり。近村の僧侶も之を賛成していよその事に決し、現今本刹へ願出中のよしなり。さてその私立校へ入学せしむる生徒募集のため、鈴木嘉七。同弥十郎。金沢松次郎。青木重平。中島幸助の人々が昼夜奔走して五十余名を募り出し、猶毎日五六名づゝの入校志願者ありて、已に多人数入校せり。此分にては近日に教員も備はり学科も校則も整ふに至りなば、二百名前後の生徒は入校あるべしと信ずるなり、との書信あり。僧侶子弟教育の共立教校廃れて、信徒子弟教育の私立教校興るとは、一は僧家の不尽力を歎じ一は同行の奮発心に感ず。〔荏〕苫苒数年を経なば僧俗地を換へ能所人を異にするの観あるべきか(21)

休校を遺憾とした兵庫県城崎郡の有志信徒たちは、俗人のみを対象とした私立教校の設立を企図する。その試みには近傍の僧侶たちも賛同しており、入学志願者も毎日五、六名のペースで増えつづけている。おそらく教員・学課・校則が整備される頃には、二〇〇名前後に達するであろうと予測されたのである。また翌一八八四年には広島県世羅郡においても、「仏教信徒の少年子弟を入れ（僧侶の入学を許さず）、世出世の教育を受けしめ、愛国護法の念を心底に慣染せしめん」とする私立学校設立計画が持ち上がった(22)。ここでも主導力となったのは教団上層の僧侶ではなく、地元信徒の要求であった。

そうした地域の信徒の結束力は、時に小学校との摩擦をもひきおこした。同じく一八八三（明治一六）年、前章でも登場した在家仏教者・神原精二が佐賀県塩田町（現嬉野市）で仏教演説会を行った際、『奇日新報』には次のような記事が掲載された。

塩田町西岡屋に着す。浄土宗本応寺にて開会す。昨年神原居士が同寺へ出張の時は、小学校教員のうちにて生徒たる者は仏教演説を聞くことは相成らずと禁ぜしより、その父兄は大ひに立腹し如何に学校の規則とはいへ我々が子弟たるものが三途に迷ふには替へがたしとて一村挙りて退校を申し出で別に真宗小教校の一室を借用して官許を経ざる小学校をひらくすがたに至りければ郡長以下は大ひに之を心配して復旧を謀らるゝも今に落着せざるよし(23)

塩田小学校では、ある小学校教員が生徒に仏教演説聴聞禁止を命じたところ、それを親たちが怒り、こぞって子供の通学をやめさせた。そして彼らは別の学校を開設しようとする動きをみせており、郡長の説得にもかかわらず未だ学校との摩擦を解決できずにいる、というのである。「塩田小学校沿革略史」によれば、校区である馬場下村の住民が、町方との風俗習慣の相違にもかかわらず、遠方の同校へ通わせられていることにかねてより不満を抱いていた。そんな折に、たまたま教員某が仏教を誹謗するという「一些事」が起こり、それを「口実」として生徒の引き上げ、別の学校の設置に至ったのだ、と当時の事情が説明されている(24)。この「沿革略史」は、三〇年ほど経過した一九一七(大正六)年に同校校長毛利代三郎が編述したものである。「沿革略史」と『奇日新報』の記事、どちらがよりことの真相を捉えているのか、あるいはそれぞれが事態の表裏を捉えているのか、これ以上は明らかにしえない。ただ、記事は真宗信徒の結束力を見いだしており、興味深い。この校舎となった小教校(崇徳教校)は一八八〇(明治一三)年に既に統廃合されていたが、地域の信徒にとっては単に利用可能な跡地ではなく、自らの信仰生活を否定する教員および小学校に対抗する拠点として、象徴的な存在に映っていたかもしれないのである。それは、前節で見た地方官の危惧が現実化したものとも言い換えられよう。教校は地域の信徒ないし住民にとって、必ずしも俗人を排除する場とは見なされていなかったのではないだろうか。

以上見てきた限り、俗人教育の志向は、既存の共立教校が宗学偏重ゆえに衰退をみせるなかで、とりわけ信徒の要求から生じてきた動きであったといえる。では、こうした状況は本願寺派教団にどのような影響を与えたのだろうか。

## 第二節　普通教校設置の決定――一八八四年本山集会での議論――

### (1) 普通教校設置の計画

一八八四（明治一七）年八月一一日、政府は教導職制の廃止を決定する（太政官布達第一九号）。仏教各宗派は僧侶の任免権を内務省から本山の管長のもとへ回復し、近代教団としての〈自治〉が展開されることになる。[25] その手始めとして、本願寺派は再度教育改革に着手する。実際にそれに乗り出したのは、利井明朗教務局長であった。利井は法主大谷光尊（明如）へ、俗人を受け入れる普通学を主とした教校「普通教校」の設置を進言したのである。利井は現在も続く私立行信教校（一八八二年設置、大阪府高槻市）の発起人で、信徒の獲得こそが教団興隆の第一課題という持論を有していた。[26] 進言書の類は管見の限り見当たらないが、こうした持論と、前章で触れた履信教校での経験とに基づいて進言したものとみてよい。すなわち、一八八四年までの「普通学」と俗人教育への志向の高まりを背景とした改革案であったといえるだろう。

この普通教校設置を主論題として、第五回本山集会《しゅうえ》が開催された（開会式は八月二一日、議事は八月二四日～九月六日）。本山集会は教団上層部と各教区の統括者レベルの会議であり、その議事録からは教団内部の意識を垣間見ることができる。[27] 以下、その議事録に沿って論を進めてゆくが、引用の際には、典拠たる『奇日新報』の号数を［ ］で付すことにする。『奇日新報』によると、普通教校設置は八月二五・二六日、奨学条例改正案の第一読会ている。

一八八一年の奨学条例では条文は全三〇条にわたっていたが、今回の改正案では、次のように全一三条となっ

で議論されたこと、二五名の議員と議案説明者である番外員二名が出席して行われたことがわかる。(28)

第一条　派内の学事は本山執行所に於て之を統理し興学局之を勧奨す

第二条　派内の教校は左の四類とす　一学庠　一普通教校　一共立教校　一私立教校

第三条　学庠は一派の大教校にして宗乗を専門に修学せしむる所とす

但其材を選ひ余乗を兼学し若くは専修せしむることあるへし

第四条　学庠に入るものは派内の僧侶に限る

第五条　普通教校は博く宗乗余乗及ひ諸学科を授くるところとす

第六条　普通教校は緇素を問はす渾て入校を許す

第七条　共立教校は地方の小教校にして内典初歩の学科を授くる所にして其学科は宗乗を主とす傍ら余乗句読作文の諸項に及ふものとす

第八条　共立教校は地方の情況により初歩の続に内外高等の学科を授くることを得

第九条　共立教校の設置廃止は本山の許可を受くへし

第十条　私立教校は一人若くは数人にて設くるものを云ふ

第十一条　私立教校は内外典を兼学せしめ或は内典のみを学はしめ緇素の入校を許し或は僧侶に限る等総て設置者の随意たるへし

第十二条　私立教校の設置は本山の認可を受け其廃止は届出へし

第十三条　共立教校及私立教校の教員たるものは年齢二十五以上にして品行端正学力適当の者を選ふへし
　但宗乗の教員は本山の認可を受け其他の教員は届出へし
（［279］、傍線等は筆者、以下同じ）

改正案の眼目はもちろん、第五・六条の普通教校設置である。番外員の大洲順道は言う。この新しい教校では、年齢不問、「自ら就学の志願ある者」すなわち自発的で意欲のある者を教育する。共立教校の不振は、住職世襲ゆえの怠惰（「僧侶の無精神」）に起因していたが、それを払拭するために「本山近傍に普通校を開き、俗人をも入学せしめたらんには、本山より就学を督促せざるも自ら奮ふて此校に入学せんことを希望し大に学事の奨励を来さん、これ今回奨学条例更改の大趣意なり」［290］、と。そして教育内容としては、「世間の中学以上の高尚の学科」［290］を授ける、としたのである。

この奨学条例は、本山役員の学事巡視実施規定の条項が追加されたのを除けば、大した異論も変更もなく、ほぼ原案通りに一次会を通過した。二次会以降の様子は議事録を欠くため不明だが、案文の修正はみられない。九月二二日、改正奨学条例は各府県末寺僧侶へ達せられ、普通教校の設置が公示された［285］。

## （2）「緇素を問はす」の語をめぐって

ほぼ原案通りに承認されていった議事の中で、じつは隠れた争点が存在していた。それは、第六条の「緇素を問はす」（僧侶であるか俗人であるかを問わず）という語である。この語についての論議は、第六条（普通教校）個別の案件ではなく、教校制度の基本的性格規定に関わる重大な問題であると考えられる。なぜなら、本願寺派教団が教校において、僧侶養成にとどまらず、信徒子弟や宗派の異なる一般子弟までも広く教育を施してゆく方向性を持っていたのかどうかが示されるからである。

大洲順道によれば、普通教校に「俗人をも入学せしめ」るのは、「進趣活発の気力なき」末寺子弟を発奮させるためとされ、俗人は僧侶の刺激剤という位置づけも含まれていた〔290〕。この位置づけについては、異論は出ていない。しかし、それを規定する「緇素」の語が内包する意味については、各議員によってばらつきがあり、意見の衝突も見られたのである。以下、この語をめぐって提出された見解を、それらの差異に注目して検討していきたい。

**普通教校～第六条～**　第六条を議論するに際して、一三番・津村智龍は、「緇素を問はすとは俗は本宗信徒に限るや、又は外教者の子弟をも入学を許すや」という疑問を出している。これに番外員・加藤正廓は「普通校と云も本派の教校なれは固より宗乗を主とすれは外相の云何に拘はらす護法扶宗の志ある者を入学せしむるなり」と返答した〔292〕。このやりとりは、「素」（俗人）の範囲について、皆が共通した見解を持っていたわけではなく、確認が必要であったことを示している。もっとも、加藤の語からは、本願寺派信徒に限ると読み取るのが自然であるが、「外教者の子弟」を許さないとまでは言っていない。そこでこの「護法扶宗の志ある者」が、具体的に誰を指すのかを明らかにする必要がある。

**学　庠～第四条～**　それを示すのが、第四条・学庠入学者の派内僧侶限定についての議論である。ここでは、普通教校を卒業した俗人を入学させるべきか否かが焦点となった。一九番・山名澄道は、「普通校にて追々卒業の俗人は必ず学庠へ入学を希ふならん、それを許さゞるは不都合ゆへ本条は抹殺すへし」と述べる。一番・加藤恵証や二二番・脇田林応も賛同した。しかし一〇番・能仁寂雲は、山名の意見を「奇説」と退けたうえで、「俗人にても普通校を卒業して学庠へ入ることを志願する者あれは、僧侶とした上にて入庠を許すが至当の条理なり」と主張した。一七番・渡辺智空も「学庠へ入学を志す程のものが尚僧侶たるを欲せざるは、真に護法扶宗の念なきものなり」として、俗人の学庠入学を断固不許可とする〔295〜296〕。学庠まで進み専門的な仏教教育を受けたいと思うならば、あくまで得度を受け僧侶とならねばならない、それが護法精神ある者というものだ。条文の意味合いはこのように強調されたのである。「護法扶宗の念」ある者とは、僧侶となる人物と考えられており、上述の「護法扶宗の志ある者」も、この見解に照応して「僧侶となる人物」という意味で確定してゆくと思われる。

**共立教校〜第九条〜**　ついで第九条、共立教校を議論する際にも、その入学条件をめぐって「緇素」が問題として浮上した。一一番・重松祐道が、「共立教校は緇素を問はす都て入校を許す」という条文追加を意見し、四番・渡辺聞信が賛成したのである。それに対し渡辺智空は、「緇素を問はすと云へは、何者にても簡ひなく入るへき事となる、依て僧侶たらんとの志確定したる者に限り入校せしむる様致したし」と、第四条の議論の際に述べた見解を、再び主張した。すると重松は、「本員の緇素を問はすと云は〔中略〕固より護法有志の者に限る心得なり」と、その含意が渡辺智空と同様であることを説明し、意見を撤回した〔以上302〕。ここでも、「素」とは僧侶になる俗人を意味するとされたのである。

ところが、この重松の撤回を聞いた渡辺聞信が、異論を唱える。自分が重松に賛成したのは、「俗人にして護法の志ありて仏教を学ひはすれとも僧侶となることは出来ぬ者あるへし、有志の者ならは僧侶になるとも成らずとも入学させて、護法の人間が殖れは賀すへき事」〔303〕と考えたからだ、と。渡辺聞信は、僧侶にならない在家の俗人に対しても仏教を教授すれば、それで仏教信仰の篤い人々が増えて結構ではないか、と主張したのである。この意見では、「素」は当然僧侶にならない者も含まれることになる。単なる僧侶養成ではなく、在家の信徒へ教育を施す方向性が、会議中はじめて提起されたのであった。

だが、これにすぐさま積極的な同意を表明する議員は現れなかった。番外員・大洲は、「緇素を問はす」との条文追加は不要、との判断を示した。そうした条文はなくとも、場合に応じて教校総監・副監（校長・副校長にあたる）が協議し、入学を認めればよいという見解であった。渡辺聞信は最終的には妥協して、大洲の意見を受け入れることになった［303］。結局、共立教校では「緇素を問はす」という文言が条文に組み込まれることはなかったのである。この一連のやりとりは、一見門戸の開放とも受け取れるが、結果的には旧来の奨学条例第十三条、「各教区は必一個若しくは数個の共立教校を設置し、学齢の僧侶若くは僧侶たらんことを欲する者を教育すへし」(29)の規定を確認するにとどまるものでしかなかった。五番・秦法励は、「広島教区にては已に俗人をも入学せし〔ママ〕めある由なるが僧侶たらんと望む者に限り入学を許せしや」と問いを発し、広島選出の議員である八番・霊山諦念はその通りだと返答している［302］。当時随一の教校と評判をとっていた進徳教校（前節参照）を基準として教校のあり方を考えてゆくという態度は、先述した他の共立教校の衰退や変化を念頭においたものではなく、教団上層部の発想が旧来の制度運用墨守の枠内にあったことを物語っている。

**私立教校〜第十一条〜**　そのなかで、渡辺聞信同様に、在家信徒の教育を構想する議員が発言した。二三番・藤岡法眞である。藤岡の場合、信徒の教育要求をより積極的に重視し、その実現の可能性を私立教校に見出していた。第十一条についての議事のなかで、一番・加藤から「緇素」以下の部分を削除してはどうか、という意見が出されたのに対して、藤岡は反論する。まず、維持困難な共立ではなく私立の設立が教育上重要である、とする。そして、「緇素を問はずの文字を抹殺致しては大に信徒の望みを絶ち資本等は決して出来ぬ」［304］と述べ、「緇素を問はす」と明言することの重要性を、信徒の資金協力なしでは維持できない私立教校の経営的側面から指摘している。けれども、二二番・脇田がその指摘に同調したのを除けば、概して明言をしないほうが柔軟に対応できる、との意見が大勢を占めていた。この議場の雰囲気に対し、藤岡は語気を強め次のように自説を展開した。

> 本員は執拗の様なれとも是非原案を維持したきなり、十三番は私立教校を設くる程の者は緇素入校の文字の有無には躊躇せさるへしと申せとも、恐らくは実際私立教校に着手せられしことなからん、本員等に今回実際に着手せしが、金額等の取纏めに就ては中々困難なるものにて、現に本員等が私立教校の挙を聞きて弊〔熊本〕教区の某豪農は、其男二人をして終身一寺の住職たらしめざる約束にて宗乗を学はしめんとす、其意は今此大法を資産もなく気力もなき僧侶にのみ委ねたらんには大法終に地を払はん、寧ろ我が子弟をして宗乗を学び此法を法滅百歳に久住せしめんと希望するなり、俗人の熱心それ如此なり、然るに今緇素の明文を省きたらは其害実に言ふへからさるに至らん、満場の会衆能く熟考して賛成せられよ〔304〕

実際に私立教校を設置しようとするならば、資本の取り纏めの面ともかかわって、信徒の教育要求、熱意に応えねばならない。藤岡の意見のもととなっているのは、息子二人に在家のままで仏教教育を受けさせたい、という熊本の豪農に接した経験であった。藤岡は「緇素を問はす」の明文の必要性を、前節で述べた俗人教育への志向の高まりという次元で把握していたのである。その際の「素」とはいうまでもなく在家の信徒であり、彼らこそが、当該期の僧侶の堕落を厳しく見つめ、在家の立場から衰退した仏教を興隆すべき、という方向性を示していた。藤岡はそれに強い衝撃を覚えたに違いない。

藤岡の熱弁に対し、賛成を表明する者もちらほらでてきた。だが、「緇素」を明言するか否かは、議場では単なる条文の字句の問題として処理されたのである。結果的には原案は承認（二四名中一五名）され、「緇素」の文字は藤岡の希望どおり残った。だが、高まる教団「外」の俗人教育要求に応えるような形で議論されず、「素」が示す意味も、問い直されることなく終わった。

以上の議論をとおして、「緇素」の教団公式見解は「確定」されていった。それは字義どおりではなく、本願寺派僧侶子弟と出家予定の同派信徒子弟、というきわめて限定的なものであった。各地の俗人教育の要求に対して、集会において積極的に議論することはなかったのである。ではそうした議論の欠如は何を意味するのだろうか。

一八八四（明治一七）年二月、真宗大谷派大谷光勝・本願寺派大谷光尊両法主は、改正徴兵令（太政官布告第四六号、一八八三年一二月二八日公布）の官公立学校生徒・教員徴兵猶予特典を大谷派大学寮・本願寺派学庠生徒に適用するよう、京都府を通じて内務卿山県有朋へ上申している。

全国の男子十七歳以上のものは貴賤貧富に論なく凡て服役可致筈に候へ者、実以公平適当の御趣意と厚奉敬承候。就ては門末の内心得違致〔徴兵〕忌避の念を懐き候様のものも有之候は丶、力めて説諭を加へ感奮興起して御趣意を遵奉候様為仕度奉存候処、宗教家のみ特り不幸を蒙り候事情有之、不堪痛慮之至候〔中略〕猶予の限にあらさるか為に三ヶ年の現役に服し候内には、優等俊秀のものと雖も或は其志操を変すへく、又仮令其志操は変せさるも勉学の期を愆り候輩比々可有之。然時は節角教正の職にあるものに特別の恩典を被加候共、将来教正の任に堪ゆへきものを養成するの途無之、竟には宗教護持の人材を絶候様立至可申と深憂慮仕候、依ては何卒格別の御詮議を被為尽〔以下略〕(30)

将来の幹部候補である学庠生徒が、兵役のせいで学習が継続できないならば将来の痛手となるので、何とか格別の措置を、と願い出ている。その一方で、末寺僧侶や信徒には徴兵を忌避せぬよう説諭に努める、と述べているのである。この徴兵忌避への非難は、学庠生徒＝エリート僧侶養成を重要視する教団の視線のありかを照らし出している。「緇素を問は」ない普通教校の設置といっても、信徒への教育機会を与え拡大してゆくことに眼目をおいたのではなく、俊秀な信徒子弟を僧侶に仕立てて教団内にとりこむ機関を設けるという色彩が強かったのである。してみれば、地域における俗人教育の要求が視野に入らない議員が多かったのも、また当然であったといえるだろう。

## 第三節　俗人教育の行方

### (1) 普通教校と顕道学校

翌一八八五（明治一八）年一月、普通教校の設置が公表され、同四月一八日に門主大谷光尊臨場のもとに開校式を催し、同二五日から授業を開始した。京都の学庠にほど近い場所（表門の東側、現在の龍谷大学大宮学舎東黌の位置）に設けられたこの教校では、上等科・下等科、各六級三か年を修業年限とする級編成で、内学・漢学・英学・数学の四学科が設けられる。二年後には再度規則を改め、本科四年・予科一年、入学資格をそれぞれ一三・一二歳として、学課も仏教・国語漢文・英語・数学・歴史・地理・体操・物理などに細かく分け、「宗内の僧俗で内外高等専門の学を修めんと欲し、或いは実業に就こうとする者のために須要の教育を施す」ことを目的と定めた(31)。入学者は、一八八七年一月段階で二九八名を数えた(32)。入学者のなかには高楠順次郎、古河勇ら、のちに仏教学や思想史上に名を残す俗人も含まれている。高楠のように、地元の本願寺派僧侶の慫慂をうけて選抜されたというケースも少なくなかったようである(33)。彼ら生徒有志によって結成された反省会は、禁酒運動をはじめとする社会改良運動へと展開し、同年八月には『反省会雑誌』の創刊に至る（現在の『中央公論』）。こうした学課や啓蒙活動から、普通教校の気風を「すこぶる進取的」と評するのも間違いではないだろう(34)。

しかし、それには留保が必要である。前節で述べたように、本山集会での議論の過程でそうした気風を興すことが目指されたわけではないことは、改めて確認しておきたい。むしろ普通教校の設置は俗人を僧侶として吸収しようとする動きであり、反省会のような生徒の活動は決して好ましいものではなかった。実際、普通教校と大教校（一八八七年二月学庠から再改称）との気風の差異などが校内で問題視されるようになる。学課のうえでも、同年一二月に宗乗の科目が附科として設けられ、僧侶として布教師を志望する者はこれを履修し、かわって物理・化学などを欠いてもよいと定められる(35)。そして結局、一八八八年一〇月二五日の大学林条例発布により、普通教校は大学林附属文学寮へと統合されるに至ったのである。

一方、普通教校とほぼ時を同じくして、同校のすぐそばに、一つの私立教校が設けられた。一八八五年六月設立の顕道学校がそれである。これは、利井明朗の弟子や支持者たちが、普通教校の教育内容にあきたらず「どこまでも俗人中心」の学校として開設したものであった(36)。その推進力となったのが、弘教講《ぐきょうこう》という結社である。弘教講の発起人は松田甚右衛門。松田は但馬国豊岡（現兵庫県豊岡市）で明治初年から真宗信徒同志を中心に集会所、説教所を開くなど、宗派を問わず仏教信徒が集う場を設け、そのうちに但馬・丹波・丹後の同志で弘教講を組織した。構成員は農民・商人層で、互いが寄り合って自得を語り合うという形式をとったという。一八八〇（明治一三）年には京都六条に二五〇畳の講員詰所を竣工し、本部も京都に移した。その勢力は山陰にとどまらず、播磨・摂津・近江・越前にまで拡大、西本願寺本山も無視できない一大勢力を形成した(37)。しかし、本山は講社活動の統制方針を採る。一八八二年末に真宗本願寺結社条例を公布し、県をまたがる広範囲の活動を禁じ、近世以来の末寺―檀家制度に依拠した教団組織再編成のもとで、信者の抑圧を図ったのである(38)。結局弘教講は翌年六月の同条例施行により、解体させられることとなった。第一・二節で述べた、地方での俗人教育の声の高まりとそれに対する本山の反応の鈍さは、ここでも既に見てとれる。

しかし松田の活動は止まったわけではなく、教育事業へと向かうことになった。松田はもともと利井明朗と親交が深く、その俗人教育の実践には共鳴し合うものがあった。利井は一八八二年、信徒の拡大という持論のもと、僧俗混学の私立行信教校を設置したが、その生徒のなかには松田の勧誘を受けた者もあった(39)。また弘教講解体後、松田は利井が提唱した普通教校の設立にも、旧弘教講員とともに協力したようである(40)。だが、結局僧侶養成機関として機能する同校に対して、俗人・信徒の側に立った学校の必要性を痛感する。そこで設置されたのが、顕道学校である。

それゆえ、同校入学者のほとんどが俗人子弟であった。残存する記録によると、一八八六年二月の段階で僧侶子弟九名・俗人子弟九一名、一八八七年一一月では同一一名・一二四名と推測され(41)、一八八六年六月二九日付『奇日新報』には、各地から集まった一六〇名余りの生徒が在学していると報じられている(42)。全寮制をとり、真宗教義に基づく徳育を重視した一方で、英語・数学・植物・生理・化学・読書・体操などの普通学、そして農業・商業の実務教育も盛り込まれていたという(43)。入学者には「三部経・正信偈・和讃・御文章等の聖教、並に数珠・かたぎぬ」が与えられ、毎朝夕に勤行をなす際には生徒のうちから導師を順番に出し、正信偈などを異口同音に読み上げた(44)。教員は不明であるが、その間に行われる授業の評判も高かったようである。顕道学校に入学した野々村直太郎（のち仏教学者）は、「普通農商の学科を授け国益を計る」という同校の評判は僻地にも聞こえ、その名声を慕って上洛し中学校から転校することが決まった際の喜びは今も忘れない、と回顧している(45)。経費は旧講員の寄付や借用によってまかなわれていたようで(46)、授業料は基本的にとっていなかったと考えられる。校舎は普通教校に比べれば遙かに粗末で、備品も不足がちであった。だがその経営状態を見かねて、またその存在意義を認めた本山の有力僧侶は、援助を本山へ歎願していた。利井明朗が一八八六年六月二八日付で本山へ提出したと思われる発議文を見てみよう。

油小路花屋町上る顕道学校之儀は、本派有志同行協力して設立し、開校已来教育上間接に法門を護持し、其効不少。依之同校の興廃は本山に於て決して傍観難相成候。然は同校維持法は派内有志之道俗に一口金五円宛五ヶ年間懇志を募集罷在候処、当春本山に護持会設置に相成、各地方勧誘に相成候に付、同校より募金候ては護持会に影響致候に付、差控居候。右に付目下該校維持困難罷在候趣き、実地目撃罷在。尚藤岡法眞、秦法励よりも続々申出候に付、右情状御酌量之上、毎月金二百円つゝ本月より満壱ヶ年無利足にて御貸下けに相成度、左も財務科も当今困迫の折柄に付、当今の処は教師に補せらるゝ者より相納め候。教会金を以御貸下け方に可有之、此段奉伺(47)

同年三月、西本願寺本山では護持会を設ける。地方の末寺僧侶や篤信者は同会へ寄付金を納め、そこから各共立教校へ教学費を支出することとなった。同じく地方の有志から年五円ずつの寄付を募っていた顕道学校は、彼らの寄付が護持会へのそれに回ってしまうため、無理に募金もできなくなり、財源を奪われて窮地に立たされた。藤岡法眞らはその事態を憂慮しており、利井も呼応する形で当座の資金貸与を本山へ申し出た、というわけである。俗人教育を信徒確保の見地から支持した藤岡も、ここで顔を出しており、俗人のための仏教学校設立という思いを顕道学校に託している様子が垣間見える。だが同校も、一八八九（明治二二）年には廃校に追い込まれる。松田甚右衛門の息子で、同校卒業生である松田善六によると、一八八八年度から毎月一〇〇円ずつ本山から下付されることになったがすぐに打ち切られ、本山の意向によって校舎・敷地を譲渡することとなったという(48)。護持会設置からの流れを見れば、本山の共立教校優遇措置による財政難から廃校の憂き目にあった、と理解してよいだろう。

## （2）教団の〈外〉へ――仏教修身教科書――

教団の〈外〉での俗人教育の動向として、もう一つ挙げておこう。前章の最後に触れた、仏教修身教科書の制作構想である。提案者の加藤正廓は、前節でも述べたように、一八八四年本山集会にも番外員二番として登場した。それに呼応する者も、同じ集会議員のなかにいた。一番・加藤恵証〔熊本県玉名郡横島村（現玉名市）・法雲寺住職〕である。集会に先立つ同年三月二五日、加藤恵証は佐賀県の有志僧侶・信徒たちとともに「仏教主義」の一般学校用教科書編纂を企図し、その計画を、九州を訪れていた『明教新誌』編集長・大内青巒へもちかけている。[49]その寄付を募る序文を掲載した『奇日新報』の記事には、こうある。

今度大内青巒居士が九州巡回につきて学校用教科書編纂のことを同氏〔大内〕へ托し、既に二百余円の捐金もありたることは前の演説紀行中にも見えしが、尚右の有志者は之を拡充して、教科書編纂の上は日本全国七万有余の小学校及び中学適用の教科書を編纂して、一般中学校へ一部づゝを施本せんとの企てをなし、左の勧募序に概算書を添て江湖に広告せらる。

教科書編輯資縁勧募序

〔中略〕我国昔時士民の幼童を教育するや、多くは仏教主義の教科書を以て其業を授く。乃ち実語教童子教庭訓往来等是也。故に仏教の人身に入るや深して且遠し〔中略〕而して東京大学に於ては比来既に仏教を以て文学部の一科となし、名て印度哲学と曰ふ。是実に維新以降我仏教を以て世間の学科に加へたる権輿なり。然ども其教科書の如きは固より三蔵十二分経、之を中小学科に適用すべからず、予輩の常に以て遺憾とする所なり。是時に当て更に中小学科に適用すべき仏教主義の教科書を編輯し、普く之を天下の諸校に頒ちて徳育の全分を保任し、以て我政府の印度哲学を以て大学科に加え玉へるの朝旨を推て一般小中学に及ぼすことを得ば、啻に我国学科の徳有を全ふするのみならず、実に仏種の良縁之に過たるはなかるべし。今や幸に大内青巒居士の我九州を巡遊するに遇ふ。仍て其編輯事業と其普及を謀るの計策とを以て、之を居士に請托せんと欲す〔中略〕

この概算は凡そ四千円ばかりを要すべしとの事にて、其資材収支の儀は総て大内居士へ委任せられたれば、事務は府下南鍋町鴻盟社にて取扱はる、よし。右発起員は肥前国吉良暢妙、西田七造、石丸源左衛門、松尾貞吉、三浦恵潮、富永寂心、佐藤僧岳、熊谷広済、篠塚実誠、蜂須賀学純、藤永誠心、伊丹文右衛門、西村萬次郎、藤岡大証、後藤智水、肥後国加藤恵証等諸氏なり。左れは江湖の有志者も応分の資金を賛助喜捨せらるべし。(50)

昔は子供の教育に『実語教』『童子教』『庭訓往来』などの「仏教主義の教科書」を用いていたこと、東京大学文学部での印度哲学の講義開始（一八七九年、前章参照）によって「世間の学科」に参入したことを挙げ、教科書を全国の学校に頒布して徳育を全て担うのだ、という意気込みが記されていたのである。仏教教育を俗人子弟へ及ぼしてゆくという意図が、明確に現れている。さらに近世以来の伝統的文言、庶民教育を僧侶が担ってきたのだという歴史認識も盛り込まれている。明らかに、前章で詳述した浅野義順、そして加藤正廓の見解が継承されていると言えるだろう。一八七九年段階では僧侶養成に重きを置いていた大内も、この数年で「教育」問題として俗人教育に目を向けるようになったこともうかがえる。序文中の「鴻盟社」とは一八八一年に設立された仏教書籍の出版社で、大内がそこから多くの書籍を出していること、(51)および同社の住所が当時の大内のそれと同一であったことから、(52)大内に教科書出版の事務を委託するという計画であったと考えられる。

この発案は、もちろん本願寺派僧侶だけのものではなかった。文中の発起人のうち五名は俗人であり、三浦は曹洞宗（伊万里郡大里村・広厳寺住職）、蜂須賀は浄土宗（佐賀郡元町・称念寺住職）の僧侶であった(53)。大内自身、一八七九年に各宗合同の仏教啓蒙団体・和敬会の発起人となっており、加藤恵証もそのメンバーに加わっている(54)。すなわち、教団の〈外〉では宗派を越え、仏教修身教科書の制作によって信者拡大をはかる動きが高まっていたのである。

事業計画では、小・中学校用教科書の見本を全国の教員に無料頒布することが述べられていた。その費用については、小学校用の教科書では一冊あたり紙数三〇葉で四銭、教員数を七万人と見込めば、まず二、八〇〇円が必要となり、中学校用もこれに準じ、総計で四、〇〇〇円ほどの資金が必要と試算していた。大内はこれに加え、頒布期限は一八八四年末とし、その際寄付を募って実物販売の資金として蓄え、その収支報告を新聞に掲載する、という段取りを提案した。そうした加藤らの無料頒布案は、次のような意図から出ていた。

晩近士人学生等の仏教を卑視するや殆んと慣習性をなすの景況なれば、仮令ひ教書編輯印行の業已に成り文部及び府県官等の之を訓示することあるも、彼より進て之を購求授課すること恐くは速かならざるべし(55)

すなわち、知識人や学生層の仏教に対する蔑視がすっかり広がっている現状では、刊行しても教員はまず進んで買ってはくれないだろう、そのためにまず見本が必要なのだ、と認識していたのである。福沢諭吉は『通俗国権論二篇』（一八七九年刊行）において、「宗教の外に逍遥する」態度をとる者を「士人」としたが(56)、実際の「士人」は、少なくとも仏教者の側から見れば、ただ仏教を旧弊として敵視し退ける態度をとる者と映っていた。しかも一八八一（明治一四）年一二月に文部省が定めた「小学修身書編纂方大意」によって、儒教主義の徳育方針が採られたことも、加藤らを動かす一因となっていたと推測される。その第三項には、

仏教の如きは夙に世上に流布して大に人心に感染せしも、多くは下等社会の信向に帰するを以て若し人口に

就て論ずるときは、其普及する所或は儒教より多数の信向者を得へけれとも、其勢力を論すれば却て儒教に在りと云はざるを得す[57]

とあり、仏教は下層民衆に信仰を得ているにすぎず、徳育にはふさわしくないと政府から表明されていたのである。同大意は、民間教科書編纂における指針、各府県の教科書採択の基準として定められたもので、これに沿えば、仏教修身教科書は採択される可能性が非常に低くなる。よって、まずは見本を頒布することで先入観を緩和する必要があったといえる。これらに対する危惧が、教団の〈外〉での教科書編纂を促していた。

これに呼応して、右の史料にもあるように徐々に募金が集まりつつあり、さらに地方の寺院や共立教校生徒なども賛同の意をあらわしていた[58]。加藤恵証は、仏教の社会的地位についての危機感と、俗人教育を期待する動向とを、十分察知していたのであろう。

だがその趣意のもとで活動した加藤も、本山集会においては、自説を開陳することはなかった。それどころか、前節で述べたように、奨学条例の私立教校の条文から「緇素」の語を削除するよう述べている。議事録のかぎりでは、藤岡法眞が私立教校での俗人教育を強調したのとは違い、加藤は教校での俗人教育には積極的ではなかったように映る。だがそれはおそらく、二つの理由による。一つは、俗人教育の方法である。加藤は、仏教自体がさらされている逆風を意識し、教科書の普及という方法を重視していた。信者の意向を受けて教校自体の路線変更を想定していた藤岡とは、その点で相違があった。そしてもう一つ、加藤がはじめから〈外〉に目を向けていたことが考えられる。教団内部の集会で議論しても実現は難しい、そう加藤は感じていたのではないだろうか。集会の雰囲気がいかに〈内〉向きであったかは、当然議論の俎上にのぼるべきキリスト教系学校との関係が、少なくとも議事録上では論じられた形跡が皆無であったことからも容易に推測できる。

もっともその仏教修身教科書も、このとき鴻盟社から刊行されるには至らなかった。顕道学校と同様、その頓挫と教団の動向とは無関係ではないと思われるが、詳細は明らかではない(59)。とにかく確認すべきは、本山集会議員という有力僧侶のなかにも、俗人教育への志向を共有していた者がいたこと、そして、やはりその活動は教団の〈外〉において果たされようとしていたこと、である。

## おわりに

以上、本願寺派教校制度とその成立期における状況について、俗人教育への志向という視点から論じてきた。教校が一般子弟への教育から「分離」していたという従来の評価は、制度的概要や理念からすれば至極当然のものではある。だが、第一節でみた地方教校の事例は、教校が必ずしも一般子弟から隔離されていたわけではないことも示している。むしろ実態として「分離」が完全には貫徹されていなかったからこそ、藤岡法眞は私立教校での俗人教育の充実を期待したとみるべきである。さらに加藤恵証の場合は、俗人教育を望む信徒の要求と仏教が受けている社会的逆風を看取し、教団に拠らず信徒や在家仏教者と図って一般の小・中学校へとその対象を広げようとした。本章の冒頭で述べた「相反する二つの側面」を架橋するという目的に即せば、教校を一つの起点として俗人教育の高まりがみられ、それを承けて藤岡や加藤恵証のような人物が有志信徒、あるいは他宗派の僧侶らと連携して活動することで、明治一〇年代後半の仏教教育の展開を促した、と理解できよう。

俗人教育への志向は、共立教校―普通教校―学庠という教団のエリート僧侶養成の階梯が強化されるなかでは満たされることなく、その〈外〉で実現されることになった。顕道学校はその典型例と言ってよいだろう。それはまた、盛り上がりを見せた矢先に教団の動向によって翻弄され、結果的にそれが挫折へと導くという、俗人教育と教団の関係を如実にあらわすものでもあった。その点で第五回本山集会の議論および普通教校設置は、明治前期の仏教徒による俗人教育が教団主導でない場でこそ結実されてゆくことを、逆照射する事件と位置づけられる。

他宗派の動向を含み込んで考えれば、右の議論が単純に通らない部分もあろう。世襲である真宗寺院と異なり、他宗派では俗人子弟を徒弟として預かり、各寺院で養成するのが伝統的な形である。したがって、宗派立学校や私塾を設けるだけでも、それで十分俗人教育を果たしている、と考えられていたかもしれない。だが、宗派を越えた和敬会のような団体や、仏教修身教科書の制作を訴えたメンバーに本願寺派以外の僧侶が含まれていたことなどを踏まえれば、単なる特殊事例とも言い切るわけにはいかない。いずれにせよ、他宗派との比較は検討課題として残っている(60)。

そこで次章では、他宗派の教団が試みた俗人教育も含めて、一八八〇年代後半に大きな盛り上がりを見せる仏教者の俗人教育を扱うこととしたい。前章で考察した言説の状況と、本章で検討した教団の〈外〉という可能性および限界がどのように展開してゆくのかを論じることになろう。

(1) 中西前掲論文、二頁。
(2) 武田道生「明治前期の仏教教育の目指したもの」(国学院大学日本文化研究所編『宗教と教育』弘文堂、一九九七)、八八頁。
(3) 宗派ごとの個別事例の紹介は、仏教系大学・高校の年史類のほか、浄土宗では中井良宏「宗門学校教育制度の近代化過程」(『藤原弘道先生古稀記念史学仏教学論集』坤、藤原弘道先生古稀記念会、一九七三。のち斎藤昭俊編『仏教教育の世界』溪水社、一九九三、に再録)、野田秀雄「近代における浄土宗教団の研究」(『日本私学教育研究所紀要』一八

（二）、一九八二）、日蓮宗では安中尚史「近代宗教教育に関する一考察」（『日蓮教学研究所紀要』一八、一九九一）など。

（4）本願寺派の地方教校を考察したものとして、『明如上人伝』（明如上人廿五回忌臨時法要事務所、一九二七）、五三六〜五四八頁、中西直樹「西本願寺教団にみる地方教校設置の理念と現実（上）（下）」（（上）は『（龍谷大学）仏教文化研究所紀要』四一、二〇〇二、（下）は『仏教史研究』四〇、二〇〇四）がある。中西は本願寺派教団の教育制度形成と教校の文部行政上の扱いについて考察した、ほぼ唯一の論者であり、本章第二節と重なる部分も少なくない。その他の部分でも、中西の一連の研究に大いに教えられたことを特記しておく。

（5）本論では扱えなかったが、同じ時期に開始される東アジア地域への仏教布教・現地での学校設置も、きわめて重要な問題である。その態様を概説的に紹介したものとして、さしあたり小島勝・木場明志編『アジアの開教と教育』法藏館、一九九二、が挙げられる。最近では松金公正が「植民地期台湾における曹洞宗の教育事業とその限界――宗立学校移転と普通教育化の示すもの――」（台湾史研究部会編『台湾の近代と日本』中京大学社会科学研究所、二〇〇三）などで、本山の認識と植民地の寺院がおかれた状況との乖離を論じており、時代はずれるものの、示唆に富んでいる。

（6）一八七六（明治九）年一〇月二三日付で頒布された本願寺派「学制」第三章によると、当初は大・小教校の間に中教校を置き、「全国七教区中各一所に設く」ることと定めていた。『本山日報』同年第一七号。

（7）『本山日報』、前掲『明如上人伝』、『教海新潮』、『奇日新報』の記述より。もっとも、中西直樹前掲「西本願寺教団にみる地方教校設置の理念と現実（上）」一八七頁掲載の「西本願寺教団設立の地方教校・仏教中学変遷図」を見ると、一八八一年一月に水波教校（高岡）が設置され、島根教校は一八八二年九月の設置となっている。この中西作成の変遷表は、教校の後身である仏教中学にまで及び、明治期全体を対象にした貴重かつ有益なものではある。だが、依拠した文献によって設立年月の記述がまちまちという事情もあってか、確定的なデータとは言えないようである。たとえば中西が典拠として挙げた高岡市編『高岡史料』（一九〇九年）には、水波教校の設立は一八八一年の一月ではなく一〇月となっている（下巻七六四頁）。同じく典拠文献である吉敷郡役所編『吉敷郡教育史』（一九一二年）には、表に一八七七年一月とある山口の開導教校の設立年月が、同年二月と記されている（六二九頁）。

（8）「明治真宗私塾学寮一覧（昭和五年七月調査）」（『龍谷大学論叢』二九三、一九三〇）によれば、一八八一年には私立教校は五校あるが、設立年代不詳の私塾なども多く挙げられている。本願寺史料研究所編『本願寺史』第三巻（浄土真宗本願寺派宗務所、一九六九）では、兼利（新潟）、顕白（福井）、宣信、金華（以上岐阜）、修省、貫籍（以上京都）、兵庫（奈良）、法雷（滋賀）、行信、進学堂、速成（以上大阪）、明治（広島）、徳本、龍華（以上福岡）、信昌、東陽学寮（以上大分）、井々（熊本）の一七校の私立教校が列挙されているが（一九五〜一九六頁）、設立年代の記述はない。また『反省会雑誌』一三号（一八八八年一二月）には、前二者にはない私立教校の存在も記載されている。校名改称などの経過も不明であり、正確な統計史料を欠いているため、今のところ完全な把握は難しい。他日調査を期したい。

(9) 柏原祐泉編『真宗史料集成』第一一巻、同朋舎出版、一九七五、六五〇頁。

(10) 注(6)で挙げた本願寺派「学制」第九・一〇章、および『明如上人伝』五四三〜五四五頁（【表14・15】）。なお【表15】でもわかるように、一八七九年六月時点で、予備科は六級でなく四級構成となっているが、同年一一月にも五・六級生徒は各校に在校しており（『本山日報』一八八〇年第一号、「大教校申報」）、学科名も含め混沌としていた様子もうかがえる。

(11) 『文部省日誌』明治一一年第六号、四八〜四九頁（日本史籍協会編の復刻版を参照。本史料は第二巻所収）。

(12) 同前、明治一二年第二六号、八〜一一頁（復刻版第七巻所収）。翌年四月にも、山形県・栃木県と文部省の間で同様の往復がなされている（同前、明治一三年第一三号、四〇頁（同第九巻）、および明治一三年第一七号、二九〜三一頁（同第一〇巻））。

(13) 同前、明治一四年第二六号、三八頁（同第一四巻）。

(14) 『文部省第十二年報　明治十七年』二冊、六三一頁。

(15) 「宗教教育管理方の件」（国立国会図書館憲政資料室所蔵『牧野伸顕文書』二一七、「宗教学校取締りに関する書類」所収）。

(16) この改革については、「政府の教育政策により漢・国学が重視されたための措置」（『龍谷大学三百五十年史』通史編上巻、一九八七、四二六頁）という指摘もあるが、その根拠は示されていない。少なくとも【表18】で挙げたカリキュラムには、その直接的影響を見ることはできない。筆者は、一八八〇年の真宗学庠規則ではっきり自宗派僧侶養成の最高機関を謳っていることと、奨学条例第八条で共立教校の高等学課教授に関して「学科は学庠の予備に準すべし」と定めていることに注目したい。ここから、従来の教導職養成という側面が後景に退き、自宗派僧侶養成の制度として共立教校から学庠への接続という意図が表出されていることが読みとれる。よってこの改革は、本願寺派教団が教導職制から自立し、教団組織の強化を宣言したもの、と考えるべきであろう。

(17) 一八七六年の本願寺派「学制」第九章では、満一五歳以下の者に普通予科を授ける、としていた（『本山日報』一八七六年第一七号）。

(18) 『奇日新報』二〇二号、一八八四年四月一二日付。

(19) 同前。

(20) 同前九六号、一八八三年八月二三日付。

(21) 同前三七号、一八八三年四月二三日付。

(22) 同前二三三号、一八八四年六月一九日付。

(23) 同前二三一号、一八八四年六月一五日付。

(24) 『塩田小百年の歩み』塩田町立塩田小学校百年祭実行委員会、一九八一、七七〜七八頁。

(25) 教導職制廃止後の各教団の〈自治〉については、羽賀祥二前掲『明治維新と宗教』、二二一〜二四五頁、を参照のこと。羽賀は、明治二〇年代における各教団が、内部抗争によって宗政が滞り、その解決を政府に依存することによって、結果としてより深い国家の介入を招いたという〈自治〉の矛盾を論じる。羽賀にならえば、一八八四年は教団自治において字義どおりの自律性が比較的発揮されやすい時期と考えられる。よって本山集会での論議は、本願寺派教団の見解が、国家の拘束から比較的自由であった条件のもとで表出された、と見ることができるだろう。

(26) 利井は、一八八〇年の本願寺派寺法制定会議において、「抑宗教の伸縮は、信者の多きと多からさるとに因るなり〔中略〕今政家に類似したる憲法を製して、此の宗教を維持せんと欲するは、抑末なり。願くは事務は従来の慣行のまゝにして、先つ信者の一人でも多くなる様に尽力いたしたし」と発言している（『本願寺宗会百年史』中巻、本願寺出版部、一九八一、三三頁）。なお寺法の制定過程については平野武『西本願寺寺法と「立憲主義」』法律文化社、一九八八、に詳しい。

(27) 第一二回（一八九二年）以前の議事録は基本的に非公開、第一三回以後は『本願寺宗会百年史』下巻に収録。それ以前は、『奇日新報』に一部抄録が掲載されている。

(28)『奇日新報』二八〇号、一八八四年九月二五日付。集会議員の構成については、以下の通りである（『本願寺宗会百年史』上巻、二九〇頁、および『奇日新報』より）。

一　番　加藤　恵証（熊本）　二　番　石上　北天（東京）　三　番　田口　義門（京都）
四　番　渡辺　聞信（広島）　五　番　秦　　法励（福岡）　六　番　日野　天恵（桑名）
七　番　武田　龍鳳（山口）　八　番　霊山　諦念（広島）　九　番　正木　宝樹（金沢）
一〇番　能仁　寂雲（塩屋）　一一番　重松　祐道（大分）　一二番　鷲岡　天麗（桑名）
一三番　津村　智龍（和歌山）一四番　菅原　宝舟（長崎）　一五番　沙々貴遵海（京都）
一六番　永井　教譲（大阪）　一七番　渡辺　智空（高田）　一八番　日種　宗淵（福井）
一九番　山名　澄道（松江）　二〇番　滝水　薫什（金沢）　二一番　梅上　沢融（大阪）
二二番　脇田　林応（大阪）　二三番　藤岡　法眞（熊本）　二四番　森　　三暁（山口）
二五番　堀　　善証（姫路）

議長である「上首」は石上、「副上首」は梅上が務め、番外一番・同二番として大洲順道、加藤正廓が名を連ねた。

(29)『本山日報』一八八一年達書第三一号、三丁裏。

(30)「徴兵令御改正に付宗門大学校を官立学校に被準度儀に付願」（前掲『牧野伸顕文書』二一二七、所収）。

(31)『龍谷大学三百五十年史』通史編上、四四四～四四八頁。

(32)『本願寺史』第三巻、三一三頁。

(33)高楠は備後国御調郡八幡村（現広島県三原市）出身。小学校教員のかたわら広島師範学校に通っていた一八八五年、二〇歳のときに普通教校副監事・日野義淵に促されて入学したという。『中央学院八十年史』一九八二、三四～三五頁。

(34)『本願寺史』第三巻、三〇九頁。特に英語教育に力を注ぎ、一八八六年一月にはアメリカ人C・H・ボールドウィンを招聘、また同年末には英語教員として東京から和田義軌・手島春治らを迎えている。各学年の学課表については『龍谷大学三百五十年史』通史編上、四四五～四四六頁、および四四八～四五二頁。

(35)その一方で普通教校は、一八八六年には他の仏教系学校に先んじて歩兵操練科を設置して、行軍演習も行っている。森有礼文相が推進する体育（兵式体操のような軍隊的な規律訓練）重視の方針に素早く反応したわけだが、それだけ自宗派エリート僧侶の養成に力を注いでいたとも言えるだろうし、一般学校に準拠することで徴兵猶予特典の確保を図った動きとも言える。そこに「国家主義的」と評される近代日本の学校教育行政に従順な、近代仏教教団の象徴的な一側面を読み取るのは早計であろうか。

(36) 青木敬麿「私立顕道学校誌資料」(九)(『一味』一九三三(昭和八)年五月号、大阪府高槻市・行信教校所蔵)、三九～四〇頁。

(37) 同前(二)(『一味』一九三二(昭和七)年六月号)、六一～六二頁。

(38) 中西直樹「近代西本願寺教団における在家信者の系譜――弘教講、顕道学校、そして小川宗――」(福嶋寛隆編『日本思想史における国家と宗教』上巻、永田文昌堂、一九九九)、四〇〇～四〇一頁。本項の叙述の多くは同論文に拠っている。

(39) 同前、四〇四頁。

(40) 『龍谷大学三百年史』一九三九、六四六頁。

(41) 前掲青木「私立顕道学校誌資料」(八)(『一味』一九三三(昭和八)年二月号)、四九頁。

(42) 『奇日新報』五七七号、一八八六年六月二九日付。

(43) 前掲中西「近代西本願寺教団における在家信者の系譜」、四〇五～四〇六頁。および『奇日新報』四五四号、一八八五年一〇月三日付、佐々木親善『旧顕道学校同窓所感集』顕道会館、一九三三。

(44) 前掲青木「私立顕道学校誌資料」(九)、四〇～四一頁。

(45) 同前、三六～三七頁。

(46) 同前(六)(『一味』一九三二(昭和七)年一二月号)、五六頁。

(47) 「常見寺文書」番号九七(大阪府高槻市・常見寺所蔵、本願寺用箋)。なお当史料の閲覧については、串山まゆら氏のご教示・ご助力を賜った。

(48) 前掲『旧顕道学校同窓所感集』一五四～一五五頁。中西前掲論文、四〇六～四〇七頁より重引。

(49) 『明教新誌』一六八二号、一八八四年六月二日付。

(50) 『奇日新報』二二六号、一八八四年六月七日付。

(51) 五十嵐卓文「大内青巒居士の研究（二）——年譜についての覚書——」（『曹洞宗研究員研究生研究紀要』一八、一九八六）、一二九・一三五頁。
(52) 『明教新誌』一六八二号、一八八四年六月二日付。
(53) 同前。
(54) 池田英俊『明治仏教教会・結社史の研究』刀水書房、一九九四、九二頁。和敬会の発起人には各宗教団の大物僧侶や、小野梓・神原精二といった居士（在家仏教者）も名を連ね、一八八三年にはそこに加藤恵証も追加されている（神原・加藤述、橋爪晃寿編『仏教演説筆記』九州和敬支会、一八八三、国立国会図書館所蔵）。
(55) 『明教新誌』一六八二号、一八八四年六月二日付。
(56) 『福沢諭吉全集』第四巻、一九五九、六七一頁。
(57) この編纂方大意は、西村茂樹編輯局長の手になるものと推測される。倉沢剛『小学校の歴史Ⅱ』ジャパンライブラリービューロー、一九六五、一〇四四〜一〇四五頁。
(58) 本文の記事のすぐ次に、
　○賛成喜捨　右教科書編纂の挙につき越中の本派空華教校にては学生一統其事業を賛成し多少の資金を喜捨せんとの計画あり其他諸寺院へも大旨を演述せられ遠からざる内には新負三郡の諸有志よりも次金喜捨の都合になるよしなり〔以下略〕
との記事が見える。『奇日新報』一二二六号、一八八四年六月七日付。
(59) もっとも仏教修身教科書の刊行自体は、後になって果たされることになる。教科書編纂の件はどうなったのか、と問う投書が『明教新誌』に掲載されたように（松操隠士「中小学校に備ふる仏教々科書篇纂の速成を望む」同誌二〇九七号、一八八六年一〇月一八日付）、当時の刊行計画には一定の期待も寄せられていたが、大内はその後この計画に乗り出すことはなかったようである。
　一方加藤は地元・九州を中心に演説活動などを行っていたようだが、一八八七年の徳育論争の高まりをうけて、単独での執筆を決意する。具体的には、『福岡新聞』『肥筑日報』『熊本紫溟新報』という九州の地方新聞三紙に掲載された、徳育と宗教についての論説に促されたことが、直接の契機であった。そうして、一八八八年八月に『仏教徳育言文一致小学教科書』と題して、京都の永田文昌堂から出版にこぎつけた（現在国立国会図書館所蔵）。この教科書では「言文一致の文体」を基本とし、「唱歌体」（七五調）、「問答体」（生徒の質問に先生が答える形、ですます調）、「講義体」（である調）の三段階を採用して、仏教の教理をかみくだいて説明する。また序文には、従来小学生対象の仏教教科書がなかった理由として、仏教が「幽玄高妙」であったことが挙げられ、この教科書では「仏教の名目を仮りて、学校内の事実に率〔牽〕強附会し、以て徳育の楷梯と為す」、と宣言されている。

（60）　他宗派との比較に関して、小林秀樹は明治期に専門学校令によって設立認可を得た「宗門立学校」の動向を、一つの法令（たとえば一八九五年内務省訓令第八号）への対応を通じて比較し、「共通性と個別性」を析出しようとする（小林「「宗門立学校」研究の課題と展望――各宗派の共通性と個別性の問題――」『日本近代仏教史研究』二、一九九五）。その方法では、政府ないし外部から共通に降りかかったものへの対応という視点が強くなりがちで、個別性へと分け入る道筋が限られてしまう。また、宗門の頂点にある学校のみを対象とする点でもいささか難がある（小林によれば「宗門立学校」は駒沢大学（曹洞宗）・花園大学（臨済宗）・立正大学（日蓮宗、天台宗）・高野山大学（古義真言宗）・大正大学（新義真言宗、浄土宗）・龍谷大学（浄土真宗本願寺派）・大谷大学（真宗大谷派）の前身校を指す。六〇～六一頁）。「明治期の仏教史を宗派史だけにとどめない」（同六六頁）という小林の姿勢には全く同感であるが、教団、個別僧侶、信者、政府など、対象の相互関係を捉えること、その視点を絶えず往還させることが、その姿勢に沿った研究方法であると思われる。

# 第六章　僧侶教員兼務論と俗人教育活動の盛衰

## はじめに

一八八五（明治一八）年三月、真宗本願寺派有志の団体・令知会が創刊した仏教雑誌『令知会雑誌』は、前年の宗教をめぐる動向を総括する論説を掲載した。そこには、教導職制の廃止、オックスフォード留学中の仏教学者・南条文雄の帰国、墓地取締規則の公布といった、後世から見ても仏教界の重大なトピックというべきものが挙げられていた。そのなかでも随一の事件について、次のように述べられている。

宗教上に起りたる諸事を列挙せは、第一同志社私立大学校設立の挙（四月一日京都府下商工会議所に於て其の設立の大会を開けり）あり（中略）其基督教拡張に於て大なる利益を与ふるや、燎々火を観るか如くなる可し（中略）昔時我邦に仏教の隆盛を致せしは、皆先哲古徳か弘教伝法の暇まに学校を起して開明を進め、道路を拓ひて運輸を便にしたるか如き間接布教の力に非るを得んや。然るに今也然らす、僧侶は世の開明を誘掖する能はさるのみならず常に世俗の後辺に瞠若たる有様にて、三十万中一人の新嶋（襄）其人の如き計画を為す者なく、八宗甍を比ぶると雖も此等の点に着目したる者は僅に一の本願寺派普通教校あるのみ。甚たしきに至りては従来開設したる宗内生徒教育に一日も欠く可らざる教校さへも閉校せしめんとするに至る。豈慷慨

悲憤に堪ゆ可けんや[1]

キリスト教系学校の雄・同志社による大学校設置計画が、第一の重大事として掲げられていたのである。同志社大学構想が[2]、同じ京都に本山をもつ各宗教団に対していかにインパクトを与える事件であったかがうかがえる。特に、俗人向けの学校を開くことの重要性を、昔日の仏教の隆盛を顧みて述べている点が注目される。単なる感情的なキリスト教批判にとどまらず、従来の仏教界に対する叱咤でもあるからである。

一八八〇年代に入った頃から、僧侶の中にはキリスト教を非難する演説、いわゆる排耶演説を積極的に実施する者たちが急増し、全国各地で展開をみせていた[3]。しかし、単にキリスト教批判の場を個々に設けて不満を慰藉しているだけではすまなくなっていた。一八八五年の教皇使節の来日[4]、あるいはリバイバルと呼ばれる信仰覚醒と布教拡大の動きもあり[5]、仏教はキリスト教に対抗する新たな方策を模索する必要に迫られてきたのである。

そこで盛んに論じられるようになったのが、学校教育への参入である。キリスト教の信者拡大・維持は子どもの学校への囲い込みに拠るところが大きい、という認識は、一八七〇年代末の僧侶にもすでに表明されてはいた。しかし、たとえば本願寺派教団で普通教校の設置をめぐって俗人教育が議論された際、この認識をもとに信徒・俗人を教育するという動きへ至ることは全く無かった。そして、俗人教育を行う私立教校の保護を求める声にもこたえぬまま、自宗派僧侶養成に自閉してゆく。むしろ、キリスト教に危機感を覚えるのみならず実際に学校教育に乗り出してゆくのは、各地域での俗人教育の要望を受け止めた、教団の〈外〉で活動する僧侶であった。こうした第四・五章での考察結果に照らせば、右に挙げた記事は、有志僧侶による教団および仏教界批判という点で〈外〉の要素も持っているが、宗派僧侶養成へと話を収斂させる点ではやはり〈内〉へ自閉する可能性も包含したものと言える。また令知会のメンバーである島地黙雷のような教団上層幹部は、紛れもない〈内〉の人物であろう。もっとも、〈内〉〈外〉と截然と分ける基準を設けて、諸々の存在を色分けすることはあまり有効ではあるまい。むしろ、〈外〉で萌していた胎動が〈内〉にも感得されてゆく、といったごく大まかな図式を念頭に置きつつ、前章までに引き続いて実相を探ってゆくことが必要である。

そこで本章では、大きく分けて次のような二つの作業を行うことにしたい。一つは教育と仏教の関係をめぐる議論を、僧侶の教員兼務という実際的方策の提示にも留意しつつ検討することである。つまりは第四章を引き継ぐ作業だが、一八八〇年前後に重要な指摘がなされていた仏教雑誌の論調がどう展開するのかを、一般紙や教育雑誌に対象を広げつつ見てゆくことになる。そのなかで、第四章で触れた島地黙雷の説も検討する。もう一つは、前章で扱ってきた時期では挫折していたような俗人教育の試みについて、一八八〇年代後半におけるその態様を描くことである。その試みは全国に広がって多様な形態をとったが、大別して中等教育以上のレベルと、貧児を対象とした初等教育のレベルで行われた。とりわけポイントとなるのは、教育を仏教本来の「慈善」とする見方である。筆者は、この見方（ないし言説）こそが仏教の俗人教育参入の重要な牽引力であり、同時にその退潮を決定づける要因となったのではないかと考えている。最後に以上の議論を、当該期における従来の教育と宗教の関係史理解――徳育論争、教育勅語、そして「教育と宗教の衝突」論争へと至る――に脈絡づけてみたい。なお対象とする時期は一八八四年以降に設定し、『明教新誌』などの雑誌記事を主史料として論じてゆく。

## 第一節　俗人教育参入論の高揚

第四章で論じたように、一八八〇年代前半の仏教界において、僧侶は教員を兼務すべしとする見解は少数意見であった。むしろ、学校教育を排仏的な存在と見なして忌避する傾向にあり、仏教の布教と学校教育とを対抗的なものとして峻別する視線が形成されていた。その点で、教導職の教化活動やその後の近代教団形成は、仏教に教育との分離を促す機能を少なからず果たしていたと評することができよう。とはいえ、その峻別傾向が単線的に継起していったわけではない。一八八〇年代半ばごろから、俗人教育への参入を肯定する言説が高まりを見せる。

### (1) 仏教雑誌と一般紙における僧侶教員兼務論

俗人教育の必要性を訴える声は、海外から聞こえてきた。オックスフォード留学生であった金尾稜巌（真宗本願寺派）は一八八四（明治一七）年一〇月、キリスト教の普通教育における影響力に対する驚嘆を率直に報告している(6)。また同じく本願寺派教団から渡欧した藤島了穏も、リヨンの普通教育について同様の感想を述べた後、文部省の学校制度を仏教主義とすることは困難だが、「盛大なる普通学校なり又は師範学校なりとも各宗僧侶の手にて設立し、国家に有用の人材を養成するに至らば、復た頽瀾を挽回するの時節なしとも云ふべからず(7)」と、各宗上層僧侶への提言を行っている。だが藤島の提言が公にされた一八八六年末にはすでに、本願寺派地方教校などから萌しを見せた俗人教育への志向をうけて、そして冒頭で紹介した同志社の大学校構想をはじめとするキリスト教の教育事業を強く意識して、仏教界の言論も活発なものとなっていた。特に、僧侶による学校教員兼務論を積極的に展開する者が多く現れたのである。

仏教哲学者・井上円了もその一人である。真宗大谷派の給費生として東京大学哲学科に在学していた一八八五年四月、井上は「真宗僧侶教育法を論す」と題した論説を『令知会雑誌』に掲載する(8)。そこではこう述べている。キリスト教宣教師がそうであるように、僧侶は「民間の学者」となるべく一般の学校で行われている学科目（普通学）を学び、学校教員を兼務すべきである。とりわけ世襲制である真宗僧侶では、代々の遺伝によって「性力学問に適するあり」、ゆえに教員となる能力・資質は生来的に備わっている。その教員兼務者が、自分の寺院を教院・校舎として兼用すれば、布教にも地域の教育財政上にも有益であろう。こう主張した井上の念頭には、まず「世間の学科」を学んだ後に自宗派布教へ向かうこと、そのために小学校、中学校そして大学の教員となるという階梯を踏み、「一村一郷又は一国の学問に属する全権を握らんこと」が理想としてあった。ヨーロッパにおけるキリスト教をかなり意識した提言であり、この年の七月に文学士号を授与されるエリート・井上ならではの夢想と映るかもしれない。だが、僧侶にとって教員兼務こそが現実の社会と乖離しないための重要な手段であり、それがなされてはじめて「世人の尊敬奉信を得る」「児童婦女に至るまておのづから宗教の要用を知らしむる」とする点で、井上は学校教育と仏教との現実的な結びつき——前章で考察したような動向——もある程度視野におさめていたと考えられる。

　以後、教員兼務を肯定的に捉える言説が、徐々に増えてくる。『明教新誌』でも真宗に限らず、仏教復興・布教の観点から兼務を論じる意見が見出せる(9)。もっとも、教団上層の公式なレベルではそうした兼務奨励に共鳴するような動向は現れなかった。たとえば一八八五年一二月に本願寺派が設けた真宗私立教育会という組織においても、「方今都鄙到処教育会の設ある」のを模倣しつつ、その目的はもっぱら僧侶養成の方法講究にとどまっていた(10)。こうした趨勢にあって井上は、大学卒業後に大谷派教団から教校教師の任を命ぜられても「仏教の頽勢を挽回するには僧門を出で、俗人となり、世間に立ちて活動せざるべからざる理由と東京に止まり独力にて学校を開設せん志望」を告げ(11)、教団の〈外〉へ飛び出そうとしていた。そして言葉通り一八八七年九月一六日、東京・本郷に僧俗を問わず「哲学速歩の楷梯を設け一年乃至三年にして論理学、心理学、倫理学、審美学、社会学、宗教学、教育学、政理及法理学、純正哲学、東洋諸学(12)」などを教授する、私立学校・哲学館（のちの東洋大学）を設置し、やがて居士（在家僧侶）として教団から離脱してゆくのである。

他方、一般の新聞においても、兼務論をとりあげるものが現れる。一八八六（明治一九）年八月二三日付の『時事新報』では、「僧侶を小学教員に用る事」と題した社説が掲載された。そこではまず、一八八三年現在での全国の寺院・教導職・住職・宗学生徒数を挙げ、特に五六、八〇三名にのぼる住職に注目する。住職は葬式や年忌法要はあるが「左まで忙はしき勤にあらず」「衣食に不自由なく」、小学校教員に仕立てるにはうってつけである。小学校教員の月給は師範学校卒業生でもたったの一二円に過ぎない。森有礼文相が教員に望むいわゆる「三気質」、すなわち「学者教師の地位に居り順良、信愛の徳義を備へて、兼て其威儀の重々しからんこと」を期待される者がこの安月給では、教員のなり手がないのも仕方がない。そこで生計にゆとりのある僧侶を教員にすれば、月給もそれ以下に抑えられ、寺院を便宜的に校舎に用いることも可能になる。そして教団が僧侶の師範学校通学に際して学費・生活費を支弁してやれば、一層得策であろう。以上のように『時事新報』社説は、はっきり経済的な側面から僧侶の教員利用を表明したのである。

すでに一八八〇年の段階で地方官吏（岩手県官員・平川靖）から同じ見地に立った意見が提出されていたことは、第四章に述べたとおりである。しかし、いくつか相違点もある。まず『時事新報』では、就学督促という観点が完全に欠落しており、代わりに、森文政が目指す学校教育のコスト削減に即した意見となっている。そして、仏教が徳育の一助となるとは考えず、キリスト者でも教員を志望すれば「仏者と同様心易く之を許して其欲する所に任せるこそ穏便の沙汰なるべし」と述べている。僧侶やキリスト教徒が自己の信仰する教義を徳育に用いるという事態は、念頭に置かれていないのである。「目下国の経済の利害に忙はしくして案を立たる者なり」と限定をつけた論説ではあるものの、平川の洞察に比べると、国家の側に偏した机上の皮算用といった観は否めない。

とはいえ一般紙にも兼務論が掲載されたことは、学校教育における仏教の「可能性」、あるいは仏教を排除しない姿勢が示された点で、注目に値するだろう。

### （2）教育雑誌の論調をめぐる問題

こうした兼務論の高揚は、教育界においてはどう現象していたのだろうか。文部官僚や学校長といった「上」のレベルに限定した狭義の「教育界」を検討する方法もあるが、むしろ「教育界」を学校教育に強い関心を寄せる人々の総体と捉え（広義のそれ）、彼らの意見を読み取ることができる当時の教育系専門雑誌を検討して、ある程度の傾向を把握してみたい。

当時の全国的な教育雑誌としては『大日本教育会雑誌』（創刊一八八三年）、『教育時論』（同一八八五年）、『教育報知』（同前）の三誌が挙げられるが、商業誌たる後二者が、右の意図に近い検討対象と言える。『教育時論』は五の日発行の旬刊誌で、一九三四（昭和九）年まで命脈を保った、業界随一というべき総合的教育雑誌である。他方『教育報知』は大日本教育会理事・日下部三之介が社主および社長を務め、六五六号（一九〇四年）まで続いた。学術より評論や報道面を重視したものと評される。[13]

さて一八八七（明治二〇）年までの両誌を見てみると、兼務論は実はほとんど出てこない。一八八六年一〇月二五日付『教育時論』では、兼務反対論が掲載されていたほどである。[14]この消極的な論調を最も象徴的に示しているのが、一八八七年上半期の『教育報知』である。この年の二月、同誌は広く読者の意見・投書を募る「論題」欄に、「日本教育に宗教を適用するの利害如何」をそのテーマとして掲げた。そこには「宗派の異同を問はず、又本題は利害共に重大の関係ありて言論自ら緻密なるを要すべければ敢て文の長短を問はずに十分に論述ありたし」

という但し書きが付され、教育への宗教の導入という問題について、大いに意見を求めていたことがわかる。[15]発題者は「独尊居士」、すなわち同誌主幹たる戸城伝七郎であった。戸城は福島県士族で同県師範学校教諭となり、福島私立教育会の幹事としても活躍していたが、一八八七年一月に上京し『教育報知』主幹になったばかりの人物である。[16]

その戸城の意気込みに反して、読者からの投書は非常に少なかった。〆切は三月下旬であったが、それに間に合ったものはわずか二編にすぎなかった。あまりの少なさに、戸城は〆切後にもう一編を掲載したほどである。前二者では、「吾人人類の幸福を全うするものはそれ唯基督教あるのみ」[17]、「宗教と教育とは混同一視すべき者に非す」「然れとも〔中略〕耶蘇教にもせよ仏教にもせよ、苟も取りて以て教育上に補益あるものは之を適用するも決して不可なくして却て益あり」[18]と、仏教への強い支持は表明されていない。そしてもう一編も、道徳の源泉は宗教にあるから「宗教の何たるを論ぜず、必ず之を教育に応用するの活路を講究せすんは有る可らざるなり」[19]という観念的な指摘にとどまっていた。この「論題」への返答を『教育時論』のほうへ送って掲載されたという例外を除けば[20]、仏教に好意的な意見は寄せられていない。

なぜだろうか。その疑問を解く鍵は、教員の仏教に対する姿勢にある。再び仏教雑誌に戻って、一八八六（明治一九）年一一月ごろ埼玉県私立教育会で開催された演説の内容を伝える『明教新誌』の記事から考えてみたい。[21]教育会であるから、主に同県の学務関係者や教員を聴衆として述べられた内容であり、したがって「教育界」の一般的な反応をある程度念頭においたものと考えてよいだろう。しかも、翌月に「普説」（社説）欄で四号にわたり連載されていることから、注目すべき議論と見られていたものと推測される。演者は「石蓮子」という者で、「予は宗教者にして世間児童教育の一事に至ては固より其事に慣れ」ないと断ったうえで、自らの徳育論を論じている。

そこではまず、僧侶が「世間有識者の譏を免れず往々学者社会より毀斥」されてきたことを嘆き、その理由として世の尊崇にあぐらをかいていた近世期仏教の怠惰、および荻生徂徠・伊藤仁斎・平田篤胤らの仏教批判の伝播を挙げる。そして、後者の批判は偏見に満ちた仏教無用論でしかないが、その「余毒」は人心から抜きがたく、しかも儒者の手になる歴史叙述では行基や空海らの高僧も削除され、後世の人々に仏教の害毒を印象づけている、と指摘している。(22)

そうした排仏的歴史像に対抗すべく、「石蓮子」は近年の啓蒙知識人を引き合いに出す。「東洋居士」こと、小野梓である。小野は一八八六年一月に三五歳で世を去ったばかりであるが、その存命中に「大日本歴史の著述」を手がけたという。(23) そこでは、欽明天皇期の仏教東漸が神武創業以来の大転換期とされており、「石蓮子」はこれを「体裁を失へる」従来の史観に修正を迫るものとして評価する。続けて、今日では「世上一変して学域大に開け、従来の風習を固持する者は腐儒陳腐に止りて、世間に仏典を繙く者日を逐ふて盛に其所見復従前の如きに非」ざる状態であるとし、因明学や倶舎・唯識など、西洋哲学の遙か先をゆく学問体系が維持されていると称賛する。(24)「石蓮子」の意図が仏教復興の気運を教育界に知らしめること、そして「先儒排釈の謬見に誤られずして益々徳育を盛にし、自己の霊知を磨き正見に住せんこと」、すなわち徳育における仏教の採用にあることが、強調されるわけである。(25)

しかしその方法として、彼はこう述べる。

如来師子吼経に於て、仏は学術及び道徳の教育を以て弟子を訓錬するは師たる者の責任なりと明示せられたりとて、予は今日の小学校の教育は僧侶をして之を負担せしめよと云ふに非ず、僧侶は其職分ありて児童教

育の事までは迚も行届かず[26]

僧侶に学校教員になれというわけではない、と兼務論を後景へ退けているのである。一見、腰砕けのようにも映る。だが考えてみれば、教員に向けて兼務論を主張しても大した意味はないだろう。むしろ「石蓮子」は、現場に立つ教員に向けて、次のような希望を出したのである。

> 此教育に従事せらるゝ、教育〔員〕諸君が、設ひ仏教を信せずとも、責ては無茶苦茶に誹謗正法するの念慮を絶ち、僧侶を蔑視排斥するの念想を止めて外相丈なりとも敬愛の形を示さば、自ら相互の交際も親密にして、有無相通じ智識を交換するの道も開けぬべし。予曾て宗用にて愛知県下を巡回せし時、或村に至る寺は則ち小学校に貸渡したりしが平生住職と教員と合壁にて住居し、朝夕顔を見合せて而して互に相和せず、其見込尤も見苦し。又隣村に至る学校の教師と其寺の住職とは至て親睦にして往来絶へず、互に敬愛せり。因て其生徒も亦住職と教師とに対するに共に敬愛の念を起せりと。然るに或村の生徒は教師が住職を疾視するに因て、兎角に父兄なる檀越信者は教師を忌嫌ふ者多しと云へり。是が為に教育上に付ても兎角に故障多かりし由聞き及べり。嗟呼教育は人生の大事なり。而して教師の任最も重し。教師の悪む所生徒之を悪み、教師の好する所生徒亦随て之を好みす、一挙手一投足皆生徒の標準となるべき者なれば、生徒をして宗旨を嫌悪するの念を発せしめず、成るべく之を道徳に導き涵養して宗旨に引入せしむるの方便を廻らし、以て示教せられんことを希望するなり[27]

僧侶を教員にせよとは言わない。しかしせめて、教員は仏教を信じないまでも誹謗中傷しないでほしい。このように訴えたのである。教員が排仏の姿勢をとっていては、生徒にもそれが伝染し、世間における仏教忌避の気風が維持されてしまう。この点を憂慮した「石蓮子」は自身の愛知県での見聞をもとに、教員と僧侶が親密な関係を結び、相互理解と知識交換へと至ることこそが最重要だという結論に達したのである。

ここで注目すべきは、教員は必ずしも本気で仏教を尊崇しなくてもよい、と述べた点である。僧侶への敬意がうわべだけのものであっても構わない。まず外面を変えてみるだけでも、現実には生徒へ大きな影響を与えうるのだ――この「石蓮子」の主張は、今までいかに教員が僧侶に冷淡であったか、徳育の軸としての仏教採用と、生徒の仏教への「引入」とをいかに阻んできたか、を率直に表明したものであった。つまり、教育界においては仏教に対する忌避がやはり依然として存在しており（第五章第一節参照）、仏教雑誌において僧侶教員兼務論が高まりつつあっても、その状況は変わっていない、との認識を持っていたことがわかる。ゆえに、まずは「形から入る」という第一段階が設定されたのである。これは「石蓮子」個人の認識ではあるが、おそらく仏教者から見た教育界の一般的見解として承認されるものであったのだろう。『教育時論』『教育報知』において仏教への好意的意見が寄せられない大きな理由は、この辺りの状況にあると考えられる。

一方、この主張を仏教側の視点に立って評価するなら、いわば名を捨てて実を取るものであったと言える。決して対抗的様相ではなく、まず教員が現状で出来ることから「お願い」をするという姿勢をとっている。それによって、当面は見せかけだけの崇敬という不本意な状態から始め、のちの実際的な教育効果を期待したものだからである。さらに言えば、教員を前に「外相丈なりとも敬愛の形を示」してほしいと懇請すること自体、ある意味見逃せない転換であった。すなわち、一八八〇年前後にみられたように、現状の学校教育を忌み嫌って距離をとるのではなく、仏教の興隆に学校教育への働きかけが不可欠と認識するようになったからである。この演説内容が『明教新誌』の社説として掲載されたことは、学校教育に対する仏教界の言説状況に、一つの画期的な転換が生じていたと見ても過言ではあるまい。

### (3) 徳育論争と「仏氏に質す」

ところで、この時期、つまり一八八〇年代後半の教育と宗教をめぐる言説の状況について考える場合、「徳育論争」に注目しないわけにはいかないだろう。この「論争」とは、一八八七年一一月に前東京大学綜理・加藤弘之が大日本教育会常集会で行った講演を契機に、一八九〇年ごろまでに数多くの道徳教育論を生み出し、論者が入り乱れて主張しあったことを指す。主たる争点は、学校教育における徳育の軸に宗教を据えることの是非にあった。改正教育令(一八八〇(明治一三)年)以後、儒教主義の徳育、すなわち封建道徳を基礎においた天皇への崇敬という教育理念が、元田永孚らによって推進されていった。だがそれは、徳育の「混迷」状態にあるとする、(広義の)教育界の現状認識を変えることはできず、推進者たる元田も「改良成り難くして今日に至れり」と失敗を認めざるを得なかった。[28]この儒教主義的徳育の破綻に対して、加藤は「徳育に付ての一案」[29]を講演したのである。

加藤は、「道徳の大本は愛他心」にあるとする。儒教でいう「仁」、仏教でいう「慈悲」、キリスト教でいう「愛」がそれに相当し、とりわけ「道徳教的愛他心」を教育によって育むこと、それが徳育の役目であると規定する。「道徳教的愛他心」とは「一種人間よりたかい霊妙不思議のものがあつて本尊様になるものを恐れ敬するといふ所から起る愛他心」で、まさに宗教に随伴するものである。よって、その「本尊様」(神、仏、「ゴッド」などの総称)への畏敬の念を第一に教え、そこから「忠信孝悌慈悲仁愛」という人間同士の敬愛へと進ましめることが必要だ、と説く。具体的な方法としては、神道・儒教・仏教・キリスト教の四宗教に基づく四種類の修身科の併置、四教団の教師派遣および経費負担、そしてその四種類からの選択履修、を提案する。それが競争を生み徳育効果を挙げ、宗教間の自然淘汰にもつながり、おのずと適合的な徳育が了知されるであろう、と主張したのである。久木幸男も指摘するように、明らかに社会進化論を教育と宗教の問題に応用したものと言える。[30]

そして、加藤への反論を一つの軸として、各論者が一斉に自説を展開する。中西直樹の整理によれば、それらは四つに分類される。[31] すなわち、①宗教教育利用論、②宗教教育否定・反対論、③教育と宗教の分離論、④宗教教育積極的肯定論、である。

①は、社会秩序の維持手段として宗教を利用し、愚昧な一般民衆を教化するという論で、まさに加藤がその代表的論者であった。これに対して②は、否定の度合いは非常に幅広いが、宗教以外に徳育の基軸を求める点で共通する論である。内藤耻叟（国体論）[32]、菊池熊太郎（理学宗）[33]、西村茂樹（儒教と西洋哲学の折衷）[34]ら、その基軸はばらばらであるが、社会秩序の維持という観点は①と同様であり、容易に①へ転化する契機をはらんでいた。

③は公権力が私的内面性にかかわる徳育へ介入することを否定するもので、福沢諭吉[35]のように社会秩序の維持に有効でないことを理由にする者と、森有礼[36]や能勢栄[37]のように信教の自由へ理解を示しつつ徹底して公教育の優位性を説き、実は私教育そのものに否定的な者とに大別される。前者は①を、後者は「非宗教」とされた国家神道をもって公教育を推進する方向を支持することになる。[38]

そして④には、宗教の有意義性を積極的に説く『教育報知』の戸城伝七郎が該当する。戸城は、西洋哲学に基づく徳育は高尚すぎるために不適当、「一定の教権」を採用して強圧的に教え込む中国・朝鮮式の徳育も開明の世においては困難であるとする。さらに「信教の自由」を厳格に学校現場に持ち込めば、信念ある一切の教育は不可能になり、「宗教ならざる他の教義をも等しく採用す可らざる」ことにつながる、と主張したのである。[39] 中西直樹は「公教育制度の限界と、教育の宗教的中立性の消極的側面を鋭く指摘している」とこの点を評価している。[40] しかし戸城の議論は、自身も結びで述べたように、特定の一宗教を採用し教え込むことを否定する点では加藤弘之と共通している。中西は秩序維持への利用という①の観点の有無を問題にして両者を分けたが、戸城には具体的な方法を提示できていないという問題もあり、そこへの批判は十分なしえていなかった。それゆえ、加藤との違いは別の次元で示される必要があり、自身「其〔加藤〕の採用法に至ては余が未だ従ふこと能はざる所」があると表明していた(41)。

さてこうして徳育論争を見てゆくと、具体的な方策にまでなかなか議論が及ばないことに気づく。加藤の講演ののち、教育雑誌においても教育と宗教をめぐる意見が次々と寄せられるようになった(42)。しかし、それらは学校教育に宗教を導入する、しないに関わらず、四つの修身科の併設や教団の費用負担といった加藤の方法へ言及することは少なかった。もちろん森有礼の指令をうけた能勢栄による『倫理書』(43)編纂のように、実践を伴った場合もあるが、論争においては豊かな展開が見られたとは言えない。徳育論争は大体において、互いの理念の開陳に傾き具体性を欠くものであった。前項で「石蓮子」が端緒的ながらも示した改善策などとは遊離したところで、進められていた観がある。

そのような大勢のなかで、戸城伝七郎はやがて具体案を示すことになる。一八八八年八月、『教育報知』の社説として掲載した、「仏氏に質す」(44)である。戸城の案とは、僧侶に学校教育を担当させるということであった。その論点は次の三点に集約される。

第一に、「仏教の頼む所は普通教育に在り」。宗教は「国民の思想を一致し其の団結を鞏固ならしむる」最良のもので、なかでも仏教は儒教と共に日本人の性情を形成してきた歴史があり、衰えゆく儒教と比べても望みがある。そこで布教を図るとすれば、普通教育は最も重要な道であろう。

第二に、「仏教を普及するは仏氏先づ自ら教育者と為るに在り」。学校では教員の一挙一動・一言一句が生徒を左右し、次代の日本人の養成に最も大きな影響を与える者と言える。したがって僧侶が教員となって「教理を普及し能く将来の社会の道徳を支配せんとならば、彼等の中よりして縷々善良有徳の教師を出して八道到る処の学校に充満せしむる」であろう。そうすれば仏教を敬愛する国民ばかりになるはずである。全国には七万以上の寺院があるが、小学校数はその三分の一。僧侶のうち教員たるにふさわしくない者が三分の二いたとしても、残り三分の一で全国の小学校教員を賄えるという計算になる。そのうち千人でも教員になれば、児童三〇人を受け持つとして三万人の国民を感化しうる。その教員は住職でなくても、まず少壮の学僧を選抜して毎年高等・尋常師範学校に入学させるという方法を採ることになる。

そして第三、「仏氏は宜しく諸種の学校を設立すべし」。この点ではキリスト教にさえ負けており、努力が必要である。学校設立は、生徒に後の恩義を与えること、容易に抜きがたい先入主を植え付けられること、公益に資する部門を担当して世間の信用を得ること、などのメリットがある。その経営には授業料徴収も必要だが、私益の団体ではないので低廉にし、不足分は教団から補助を得る。教員の給料も僧侶に任せれば抑えられる。学校の種類としてはまず小学校、女学校から始めて、その後中学校、および実業に関する各種専門学校を設置し、その後大学校・師範学校に及ぶべきである。教育内容は文部省の規則通りのカリキュラムに加えて、仏教を軸とした修身科を設けるが、その教科書は仏教書のみならず新しいものを編纂する。また授業の開始と終了時には読経や礼拝式を実践しても構わないだろう。

これが戸城の打ち出した案の骨子である。先に述べていた持論と比較すると、まず特定宗教（仏教）を推奨する点で明らかに異なる。そして僧侶の教育活動が仏教を広めるのに資すると強調しており、学校教育というより仏教の側に立っての提言になっている。加藤弘之のような宗教利用論に包摂される契機も依然として含まれてはいたが、加藤説とはまた違った具体的提言を試みた点では、徳育論争中に特異な位置を占めるものと評すべきだろう。もっとも、戸城の具体案をさらに見てゆくと、僧侶にとってどこまで実行可能なのか疑問視すべき部分もある。それは、僧侶が教員となる場合に「還俗して其の髪を蓄へざる可らず、衣服の如きは勿論のことなり」と述べたことである。「其の実だに純粋の仏教僧侶ならば、外聞は素より、其の心にも耻づる所なかるべし」とはするものの、還俗にまで及ぶことは、決して容易なことではなかっただろう（よってこの議論を純粋な「教員兼務論」とは言い難いのだが）。また「児童を教育するに方り、特更に仏教の信ずべきを説き阿弥陀如来を口にする等の事ある可からず」という点も、仏教的徳育を標榜する場合、厳密には実践困難ではないだろうか。こうした警告には、僧侶の自覚を促す意図があったにせよ、それは非常に大きな覚悟を迫るものでもあったと言える。と同時に、僧侶が教育活動に実際に入るときにいかなる問題が生じるか、戸城はそれを予告していたのかもしれない。

戸城「仏氏に質す」については、さらに二つの重要な事柄を指摘することができる。

一つは、「石蓮子」の演説を対置させたときに見えてくる。すなわちこの二論説は、一方で僧侶が教育会の演説で教員に呼びかけ、他方で教育雑誌の主幹が僧侶へ向けた提言を行うという、従来にない教育と仏教の接近を現出せしめたのである。教育と仏教をめぐる一八八〇年代後半の言説状況に、両者の具体的対話の窓口を提供しあった点で、象徴的な位置を占めるものと言えるであろう。

そしてもう一つは、教団首脳レベルの僧侶のなかに、これに感銘を受けた者が登場したということである。それが誰あろう、島地黙雷であった。「仏氏に質す」が出た直後の一八八八年九月、島地は「僧侶は速に普通教育に従事すべし」(45)と題した論考を発表する。そこでは「東京教育社発行の『教育報知』は、其第百三十及三十一号に跨て、「仏氏に質す」と云論題を掲げ」たと述べ、先に要約した論点を摘録し、続けて「我曹一読頗る其論旨に感ずる所あり」と戸城に全面的な賛意を表明する。そしてキリスト教の盛んな学校設立を傍観せず、僧侶は住職・非住職を問わず急いで教員となるべきであると主張し、最後に今こそ「此普通教育の大権全国の過半を挙げて僧侶の手に握る」大きなチャンスだ、と僧侶を鼓舞して結んでいるのである。第一章で述べたように、一八七二年の滞欧時まで僧侶の初等教育担当論を唱えていた島地は、帰国して教部省および教化政策批判を行ううちに、その説を転回させ、「教育と宗教の分離」論に与するようになっていた。それが再び、僧侶の学校教育担当を要請しているのである。このことから、戸城が島地の再転回を導く一要因となったことが理解されよう。

だが、島地が戸城の議論を十分に理解・継承したのかと言えば、それは甚だ疑問である。確かに、戸城は僧侶の学校教育参入を提言した。しかし「仏氏に質す」の結びには、「仏教の信徒は幾人ありや、何を以て信徒たるの証拠とするや、其の資金は幾何にて、如何に之を利用せらるゝや、纔に一丁字を解するほどの信徒にして教法の如何を知らんと欲せば、何経を読み何書を講ずべきや〔中略〕苦しからずば幸に垂教を吝む勿れ」[46]とあり、日本社会における仏教の基本的な情勢・データを把握したうえでさらに実行に向け議論を深めていきたい、という姿勢を示していた。

一方島地は、次のように主張していた。

如此の形勢なるを以て、各宗本山の子弟を教育するや、其宗教専門の学を授くるは勿論なりと云へども、今日の急務は普通教育を担任せしむべきこと燃眉の急に逼りたれば、至急に男女の師範校を設立し、男女の教員を育成するを急務とす。此普通教育の大権全国の過半を挙て僧侶の手に握るに至ては、教権の赫々たる、真に日月と光を争ふの栄輝あるべき也。拙速固り巧遅に及ばずと云へども、時機の遷移する、再び迎へ得べからざる者あり。寧ろ拙速早計の嗤ひを取るも、遅巧時に遅るゝの悔あるに勝れるに非ずや[47]

つまり、拙速でも構わないからまずは急いで教員を育成せよ、との見解であり、地に足の着いた意見を述べたのではなかった。しかも、住職が法事の合間に教員としての務めを果たす「兼任」、無職の僧侶が教員となる「専任」の二つの形態に言及してはいても、還俗の問題については触れていない。戸城が求めた、還俗して学校教育に参入するという覚悟は、島地の念頭には置かれなかった。むしろ「仏教界」の維持、社会的地位の確保が優先された、と言い換えられよう。そして何より、現状においてどれだけの数の僧侶が教員を兼務しているのか、全く省みることはなかった。第四章でその一端に触れたごとく、僧侶の教員兼務は日常的に行われていたと思われる。だがそうした末寺僧侶の現状把握を欠いたまま、ただ掛け声だけが発せられたのである。この二つの論説を並べてみる限り、現実を見据えて展開されるはずの「仏氏に質す」は、島地に「速に普通教育に従事すべし」という「檄文」の材料を提供する結果に終わった、と言わざるをえない。

島地のこの言説だけを取りあげて問題点を云々するのは、あまり適切ではないかもしれない。他の論者との比較を進め、諸言説の布置をより明確にする必要もあろう。とはいえ、島地は再び確かに――あるいは再び無意識のうちに――自説を転回させていた。一八八〇年代後半の教育と仏教をめぐる言説は、キリスト教からの刺激を一つの起動因とし、両者の接近をもたらした俗人教育参入論の高揚と、実態の吟味を踏まえず各人の主義や理念のみに偏しがちであった（それゆえに議論が百出しえた）徳育論争とが、微妙に絡み合う様相を示していた。島地もまた、おそらく前者の高まりを感じつつも、後者の喧噪のうちに身を委ねていったのである。

## 第二節　教団による俗人教育参入

一八八八（明治二一）年を評して、「俄然仏教社会に、学校、教会、雑誌等の増殖せし」年であったと、ある仏教系雑誌は述べている(48)。この言を裏付ける、僧侶のさまざまな学校教育への参入が、この年の前後に見られた。

前章からの関係で挙げれば、教校内の課程変更や、僧侶による私塾の設置、あるいは仏教少年教会・仏教青年会の結成などによって、各地で俗人教育の試みが次々に開始され、『明教新誌』などの仏教雑誌でも毎号の如くその態様の一端が紹介されるようになったのである。前項で考察したような言説のなかにも、そうした試みをうけて公にされたものもあると考えられる。そこで本節では、僧侶の俗人教育活動のうち、従来あまり論じられてこなかったものの一部に焦点を当て、当時の展開の多様性を確認してゆきたい。すなわち、各宗共同の私立学校設置、および宗派による公立学校の経営という二つの活動について考察する。その実行に至る過程と背景を中心に、雑誌記事を主史料として検討する。

（1）宗派を越えた私立学校の設置——私立高等普通学校——

明治前期において、宗派立以外の仏教系私立学校で俗人教育を行うものはきわめて少なかった。もちろん、私塾の類は存在していたが、フェリス・セミナリー、明治学院、立教学院、同志社、神戸女学院、青山学院といったプロテスタントの諸学校に比すべきものはなく、前述の哲学館や、一八八七年に成田山新勝寺の英漢義塾、そして一八八八年に女子文芸学舎、相愛、六和、高陽などの女学校が設立される程度である。

しかしここでは、私立高等普通学校について述べたい。従来その存在は一部の仏教史家の間でも知られてはいたが、十分に考察されてこなかった同校は、教団上層僧侶が中心となって設立された学校だが、各宗共同という形をとった点に小さからぬ意味がある。かつて一八六九（明治二）年にも、各宗上層僧侶が結集した諸宗同徳会盟をもとに学校が設けられたこともあったが、それはあくまで僧侶養成を目的としていた。だがこの高等普通学校では、僧俗を問わず、仏教の教義を通常のカリキュラムに入れない普通教育の実施を標榜していた。以下、その設立過程と概要を見てゆこう。

各宗共同で俗人教育を行う私立学校の創設が最初に広く提唱されたのは、一八八七年初頭の『明教新誌』社説[54]においてであると言ってよいだろう。具体的にうたわれたのは、各宗共同による高等中学校の設置であった。前年四月一〇日公布の中学校令（勅令第一五号）は従来の中学校制度を引き継ぎつつ、尋常・高等中学校の二種類制度が定められ、後者には「上流の人物多数を養成する」[55]という帝国大学に継ぐ役割が期待された。これは官立五校（東京・仙台・京都・金沢・熊本）を基本としたが、山口高等中学校・鹿児島高等中学校造士館（ともに一八八六年設立認可）のように、有志の出資による設置申請も制度上可能であった。そこに目をつけ、仏教各宗が結集して「確実なる普通学を修め世間の士人と其学力を斉ふせしむる」[56]高等中学校を構想したのである。その前提には、各宗僧侶養成学校における普通学はあまりに低水準であり、高等中学校レベルまで引き上げねば仏教における世人の信服は得られない、という認識があった。そこで程度の高い普通学カリキュラムを擁した、僧俗問わず入学を許す高等中学校が必要となる。高等中学校を仏教徒の手で設置すれば、①各宗が別個に行うという労力を省ける、②他宗派の兼学もより確実に行える、③各宗僧侶の気風を一定にできる、④徴兵猶予の特典を受けられる、⑤俗人生徒を入れることで仏教を弘められる、⑥学資を軽減できる、という六つのメリットがある。こう主張し、各宗の管長および教学担当者へ設置を希望したわけである。同様の意見は別の仏教雑誌にも掲載されており[57]、その待望論は高まりをみせていた。

だが実は、この趣旨にのっとった高等中学校設立計画はすでに水面下で進行していた。『明教新誌』編集長の大内青巒は一八八六年末より、在京の新居日薩（日蓮宗）・瀧谷琢宗（曹洞宗）・日野霊瑞（浄土宗）・村田寂順（天台宗）ら各宗高僧と協議をすすめ、翌年一月には徴兵猶予の対象となる高等な教育機関を東京に設置すべき案を携えて、京都へと向かう。[58]それにあたって各宗管長に示された設置要請の書簡には（一八八七年一月二一日付）、はっきりと「一は将来徴兵令に対し徴集猶予其他の特典を僧侶に獲得し、一は文明の世間に向て教師と公称するの責任を尽さんこと」という二つの目的が記されていた。[59]ここから、高等中学校設置についての六つのメリットのうち、特に各宗の賛同を得られる部分は④だと認識されていたことがうかがえよう。同書簡には、前年一一月三〇日に徴兵令が改正（勅令第七三号）されて以来、どの学校も徴兵猶予を得るべく文部省へ働きかけていることが強調されている一方、他の五点については創立議案の各論的説明のなかで述べられているに過ぎない。第五章で真宗東西両派法主の例を紹介したが、依然として各宗教団上層の関心は、第一義的にはエリート僧侶の確保にあったと改めて確認しておきたい。

さて、その創立議案には全一三条をもって、次のような具体案が示されていた。学課としては、本科（二年）・予科（三年、以上官立の高等中学校同様）・初科（一年、予科入学の準備）・別科（印度哲学の初歩、有志のみ）の四課程。生徒は身分・年齢にかかわらず、小学校卒業程度の学力を有する者を試験で選抜し、普通は予科ないし初科から始める。管理面では文部大臣の管轄下に入り、中学校令・諸学校通則に従う。補助金は各宗から毎月千円を寄付し、教員給料と生徒の学資助成で約半額ずつ用いる。校舎は東京の「高燥清閑なる地所」で「堅固壮麗なる建築」をもってする。事務運営の委員として、僧侶・信徒から各宗五名ずつを選ぶこと。以上の案をもって示された高等中学校設置は本山でも高評価を得、東京でその手順を協議するため各宗本山会議が開催されることになったという。[60]設置を熱望する記事も繰り返し『明教新誌』に掲載されていたが、[61]その決定は同年夏のことであった。四月七日に先の四名の高僧によって書面で協議することが提唱され、学校規則を検討したうえで東京府へ認可を申請、八月一二日付で認可指令を得た。[62]その規則は全八章五五条にわたる。校名を「私立高等普通学校」、校舎位置を麻布笄町八四番地（曹洞宗長谷寺）(63)、生徒を一二歳以上の男子とし、ついで公立の高等中学校にならったという普通学のカリキュラム、試験、始・終業時間、学年暦、学費、校長以下の職員、生徒規則・罰則などを定めているが(64)、これらは創立議案を大筋で継承して細かく制定したものと言える。参考までに、【表19】で同校のカリキュラムを示しておく。

このうち教員については、九月二二日に府知事宛で開申された教員履歴書によって、当初の陣容がわかる。算術は佐治実然（月給三〇円）、国語漢文習字は名取弘三（同二五円）、倫理は関藤成緒（同四〇円）、英語は根岸秀兼（同二〇円）、地理歴史は広田逸朗（同一二円）、普通体操は加賀山鋥吉（同五円）という六人であった(65)。

ただし、各宗共同という最初の予定は、早くもほころびを見せていた。一月の段階でも成功の見込み薄などを訴える宗派や、共同からの離脱を望む宗派もあり、さらに補助金をめぐって、「補助金額（一ヶ年一万二千円）は十二宗三十余派悉皆共同し凡其寺数の割合にて醵出すべき計算なりし。然るに今や除名を乞ふもの三派、又両度の照会に一度も回答せさる者五派を除き、更に同盟賛成の宗派に於ても種々の事情ありて全分醵出し得さる旨通報せられたる向きもあ」る状態に至ったという(66)。そこで、発起人の宗派を中心に曹洞宗四万円（初年二千円）、日蓮宗二万四千円（同千二百円）、天台宗一万円（同五百円）、計七万四千円を、同校創立および永続の資金として醵出する二〇年契約を結び、真言宗・臨済宗妙心寺派・真宗本願寺派の出資も追加する予算を立てたが、他の宗派からは寄付の申し出さえなく、設立当初にして共同の看板も資金繰りも危ういものがあった。

ともあれ高等普通学校は、一八八七年九月二〇日に長谷寺本堂に仮教場を開き、翌日から実際の教授をはじめ(67)、翌年一月八日に正式な開校式を行った。大講堂、教室、寄宿舎を合わせると六〇〇坪以上の規模で、校舎は落成した。式には内務・文部省や東京府庁などの官吏、由利公正・前島密・小幡篤次郎・外山正一・高田早苗らの著

カリキュラム(1887年)

| 博物 | 物理 | 化学 | 天文 | 理財 | 哲学 | 習字 | 図画 | 唱歌 | 体操 | 計 |
|---|---|---|---|---|---|---|---|---|---|---|
| | 大意 | 大意 | | | | 楷行草 | 自在画法 | 単音唱歌 | 普通体操 | |
| | 1 | | | | | 2 | 2 | 1 | 2 | 30 |
| 動植物大意 | 同上 | 同上 | | | | 同上 | 自在及用器画法 | 同上 | 同上 | |
| 1 | 1 | | | | | 2 | 2 | 1 | 2 | 30 |
| 植物金石大意 | 同上 | 同上 | | | | 細字速写 | 同上 | 同上 | 同上 | |
| 1 | 1 | | | | | 2 | 2 | 1 | 2 | 30 |
| 植物の生活上緊要なる現象 | 物理上の緊要なる現象 | 化学の現象 | | | | | 同上 | 複音唱歌 | 兵式体操 | |
| 1 | 1 | | | | | | 2 | 1 | 2 | 27 |
| 動物諸類の相互及外物の関係 | 同上 | 化学上の緊要なる元素 | | | | | 同上 | 同上 | 同上 | |
| 1 | 1 | | | | | | 2 | 1 | 2 | 31 |
| 人体の生理及衛生 | 物理上の定律 | 無機化合物の性質 | | | | | 同上 | 同上 | 同上 | |
| 1 | 1 | | | | | | 2 | 1 | 2 | 28 |
| 地質及鉱物大意 | 物理上の緊要なる理論 | 有機無機理論 | 初歩 | 大意 | 心理及論理 | | | | 同上 | |
| 1 | 1 | | 1 | 1 | 4 | | | | 2 | 30 |
| | 物理上の簡易なる実験 | 化学上の簡易なる実験 | 同上 | 同上 | 同上 | | | | 同上 | |
| | 1 | | 1 | 1 | 4 | | | | 2 | 30 |

【表19】　高等普通学校

| | | 倫理 | 国語及漢文 | 英語 | 独語 | 羅甸語 | 地理 | 歴史 | 数学 |
|---|---|---|---|---|---|---|---|---|---|
| 初科 | 1年 | 人倫道徳の要旨 | 漢字交り文講読書牘及漢字交文作文 | 読方綴方書取訳読会話習字 | | | 日本地理の大要 | 日本歴史 | 比例利息算 |
| | 時間数 | 1 | 5 | 10 | | | 1 | 1 | 4 |
| | 2年 | 同上 | 漢字交り文講読同作文 | 同上 | | | 日本及外国地理の大要 | 日本及万国歴史 | 開平開立 |
| | 時間数 | 1 | 4 | 10 | | | 1 | 1 | 4 |
| | 3年 | 同上 | 同上 | 同上 | | | 同上 | 同上 | 代数初歩 |
| | 時間数 | 1 | 4 | 10 | | | 1 | 1 | 4 |
| 予科 | 1年 | 人倫道徳の要旨 | 漢文講読漢字交り文作文 | 読方訳読書取会話 | | | 地文大要 | 日本及万国歴史 | 代数及幾何 |
| | 時間数 | 1 | 3 | 10 | | | 1 | 1 | 4 |
| | 2年 | 同上 | 同上 | 同上 | 読方訳読書取会話 | | 政治地理 | 英米歴史 | 同上 |
| | 時間数 | 1 | 3 | 9 | 5 | | 1 | 1 | 4 |
| | 3年 | 同上 | 同上 | 同上 | 同上 | | | 独仏歴史 | 幾何及三角法 |
| | 時間数 | 1 | 3 | 9 | 5 | | | 1 | 2 |
| 本科 | 1年 | | 漢文講読同作文 | 講読会話 | 講読作文 | 文法 | | 希臘及羅馬の歴史 | 方程式 |
| | 時間数 | | 3 | 5 | 6 | 3 | | 1 | 2 |
| | 2年 | | 同上 | 作文飜訳 | 作文飜訳 | 講読 | | | |
| | 時間数 | | 4 | 6 | 7 | 4 | | | |

※『明治二十年　願伺届録・各種学校　九冊ノ内六』（東京都公文書館所蔵）より作成。予科の総時間欄にはどの学年も「三十」とあったが、計算が合わない。本表では各科目時間の和を計上。

名人、畔上楳仙・釈雲照・島地黙雷ら一五〇名ほどの僧侶と発起人に加え、同校幹事たる大内青巒、二〇余名の教員のうち三宅雄二郎、辰巳小二郎、三浦宗治郎らが参加し、フェノロサの記念演説は中止になったものの、盛大な滑り出しを見せた。[68] 不安視された資金面でも、佐々木東洋や河瀬秀治ら俗人や僧侶から、多い者で百円単位での寄付が相次ぎ、[69] 寄付しなかった宗派へは末寺僧侶から批判が噴出するほどであった。[70] さらに真言宗と補助金の正式契約（年額千円）も交わすなど、何とか持ち直して進み出したようである。その契約書には評議員二名の優先選出や、同宗高僧からの推薦を受けた生徒に限っての入学免除などの特典が付され、宗派僧侶や檀家の入学を慫慂していた。[71] その後、東京府へ届け出た書類によると、曹洞宗四万円、真言宗二万円、日蓮宗二万四千円、天台宗一万円、日蓮宗本成寺・本隆寺派五百円、計九万四千五百円を資本金として預かっているとあり、[72] 一八八八年度の経費概算【表20】を見ると、黒字経営の状態にあったことがわかる。

同校には当初四〇名ほど、のち一〇〇名ほどの在校生徒を抱えていたのに加え、一八八九年一月からは講義録も刊行する。[73] これは遠隔地で入学困難な者に向けた自宅学習用の月刊テキストで、全一九科目の要点を六〇頁に連続講義し、購読者は質問を郵送できるという通信教育的なものであった。同校教員はその執筆も受け持ったが、その執筆陣には、黒川真道（国語）、名取弘三（漢文）、鮫島晋（算術）、菊池熊太郎（修辞学）、国府寺新作（心理学）、辰巳小二郎（日本歴史）など、学士ない

【表20】 1888年私立高等普通学校経費概算

| | |
|---|---|
| 収入の部 | 7,165 |
| 〈内訳〉 | |
| 資本金利子 | 4,725 |
| 妙心寺他五ヶ寺寄附 | 218 |
| 授業料 | 2,040 |
| 寄宿舎費 | 182 |
| 支出の部 | 5,868 |
| 〈内訳〉 | |
| 教員給料 | 2,586 |
| 役員給料 | 1,272 |
| 図書器械費 | 720 |
| 備品費 | 480 |
| 消耗費并雑費 | 420 |
| 営繕費 | 240 |
| 地代 | 150 |
| 収支差引 | 1,297 |

※『明治二十一年　添申録』（東京都公文書館所蔵）より作成。単位は円。原史料では支出の部に計算違いあり、内訳より再計算して掲出。

し東京大学出身者がずらりと並んでいた。(74)【表21】は一八八七・八八年に府へ提出した書類に記載されている教員の一覧だが、その段階では記載のないメンバーもおり、一年ほどで入れ替えが行われていた様子がうかがえる。

こうした意欲的な教育活動は、「府下私立諸学校中尤も学科完全し、且つ器械其他も全備したる学校なるが、殊に同校の特性とも云ふべきは生徒の品行正きこと是なり」と称賛されるほどであった。(75)もちろん、大内青巒肝いりの学校であったゆえ、『明教新誌』に美辞麗句が並んだという面は否めないが、教員に多くの学士を擁してもおり、単なる贔屓目だけにとどまらないものがあったと思われる。

ところが、自慢の教員陣の名を並べた講義録広告が出された直後、高等普通学校は一八九〇年八月限りで突然閉校される。後は曹洞宗が施設を引きうけ、中学林（同宗の僧侶養成学校）を設けると報じた『明教新誌』の記事では、「都合の意味深重にして我等の了解し能はざる所なれど、各宗共同とあれば敢て費用の支へがたきにも非ざるべく、又各宗共同上に破壊を来したるにも非ざるべく」と述べられている。(76)閉校理由は検討材料に乏しく、明らかにはしえない。ただ、講義録刊行後の学校広告において「仏教の臭味をも加ふること無し」、とうたわれている点には注意を払う必要があろう。(77)講義録の購読者開拓という意図が先走ったのかも知れないが、創設時の各宗共同という理念をゆるがす文言を盛り込んだことに、何らかの転換を見ることも可能だからである。

あっけなく終焉を迎えた、この各宗共同による俗人教育の私立学校経営については、入学者数や俗人・宗派僧侶の割合、あるいは経営における主導的役割を担った曹洞宗の動向など、(78)まだ解明すべき基礎的な課題も多いようである。だがここでは深入りせず、先へ進もう。

**【表21】** 主な高等普通学校教員の履歴

| 教員氏名 | 生年 | 主な学歴 | 主な職歴 |
|---|---|---|---|
| 佐治実然 | 安政三年（一八五六） | 飾磨県立中学校<br>大谷派教師教校<br>藤井最澄（京都宇治）に高等代数幾何学・天文暦算修業 | 大阪興亜分会支那語学校長 |
| 名取弘三 | 嘉永二年（一八四九） | 宮崎誠（白河藩士）に漢学修業<br>文科大学古典講習科漢書課 | 東京麹町小学校長 |
| 関藤成緒 | 弘化二年（一八四五） | 江木繁太郎ら（備後福山）に漢学修業<br>福沢諭吉（東京）に英学修業 | 文部省四等属<br>秋田尋常中学校長 |
| 根岸秀兼 | 嘉永二年（一八四九） | 開拓使洋学校 | 大阪府一四等出仕（学務掛）<br>秋田尋常中学校助教諭 |
| 広田逸朗 | 嘉永元年（一八四八） | — | 島根県小学校一等教師<br>秋田尋常中学校助教諭<br>秋田県横手警察署執行務科長 |
| 加賀山銈吉 | — | 山形県西田川郡中学校<br>東京体操伝習所 | 小学校授業生 |
| 辰巳小二郎 | 安政五年（一八五八） | 東京大学文学部（文学士） | 東京大学予備門教諭<br>第一高等中学校教諭 |
| 三宅雄二郎 | 万延元年（一八六〇） | 東京大学文学部（文学士） | 東京大学雇<br>文部省雇 |
| 鳥居休夫 | 安政二年（一八五五） | 工部大学校 | 工部七等技手<br>秋田女子師範学校教諭<br>茨城師範学校教諭 |

| | | | |
|---|---|---|---|
| 河上弥助 | 元治元年（一八六四） | 東京鎮台歩兵科修業<br>東京体操伝習所 | ― |
| F・G・ライアス | 一八六八年 | ヘイデルパーク高等学校 | グロースター州立学校教師 |
| 鮫島晋 | 嘉永五年（一八五二） | 東京大学物理学科（理学士） | 文部一等属<br>東京高等女学校教諭 |
| 菊池熊太郎 | 元治元年（一八六四） | 札幌農学校（農学士） | 千葉県中学校三等教諭<br>福岡県中学校一等教諭 |
| 棚橋一郎 | 文久二年（一八六二） | 東京大学文学部（文学士） | 東京大学予備門教諭<br>第一高等中学校教諭 |
| カール・ウィーレ | 一八五一年 | フリッチら（ロンドン）に音楽修業<br>インディアナ州（アメリカ）で一等教員免許 | イギリス国内で音楽・英語教師<br>インディアナ州公立学校監督 |

※佐治から加賀山までは『明治二十年　願伺届録・各種学校教員・全』、辰巳以下は『明治二十一年　添申録』（ともに東京都公文書館所蔵）より作成。名取のみ両史料に正教員として履歴記載あり。

### （2）真宗大谷派による尋常中学校経営

次に見るのは、真宗大谷派による俗人教育である。本願寺派のほうはすでに前章でも扱ったが、大谷派は高等普通学校にも関与することなく、また違った方策を推進した。

近代における大谷派の僧侶養成制度は、一八七五（明治八）年にその一つの起点を見いだすことができる。すなわち、同年七月五日の法主大谷光勝（厳如）による学制改革の諭達以後、従来の最高学府であった貫練場を大教校（のち貫練教校と改称、二六歳以上）と位置づけ、その下に中教校、そして各府県に小教校（一五歳以下）を設けることとなった。さらに、少数精鋭のエリート教育をすすめる育英教校（一七歳以下）、小教校で僧侶養成にあたる人材を養成する教師教校（一八～三五歳）を本山に新設し、前者では外国語・印度学・宗教学も教授した。

ついで一八八〇年には制度改編が始まり、育英・教師・中教校を合併、大教校進学や小教校教師、専門研究を志望する「俊才」を養成する場として上等教校を設置する。それは宗学研究の専門部と、宗乗・余乗・漢学・英学・数学・天文学・梵学を教授する兼学部の二つに分けられ、後者の修了者が前者へ進めるという階梯であった。また、地方の小教校でも宗乗・余乗に加えて修身・作文・算術・地理・歴史・物理など、普通学が必修となっていた。[79]この点は、本願寺派がちょうど同じ頃に共立教校のカリキュラムから普通学を排除したのとは、正反対と言える。もっとも、実際の地方教校の活動はふるわず、一八八三（明治一六）年九月には本山の宗学重視方針に伴って、宗乗・余乗・経史・雑部・素読・説教の六科目と改められ、そこから算術が消える。しかしその三年後には地方教校規則が制定され、活動の振興と再度のカリキュラム改正（算術も復活）に至っている。おそらく、前章で述べた本願寺派の普通教校開校（一八八五年）が、その契機となっていると推測される。[80]

その後も月単位で目まぐるしい制度変遷を経てゆくが、地方教校に関して重要なのは、京都の小教校が大学寮兼学部へと包摂されたことである。一八八六年、大学寮（大教校）の普通学部門を強化し、一般の尋常中学校に準拠したカリキュラムを組んだ兼学部が発足し、そこに京都教校の生徒を移管した。この改革は、同年の中学校令（一府県一校という原則）によって急減した公立中学校を補う役割を担うべく、「兼学部が一般の中学教育を目指したものであることは明らか」と評されるが、[81]その説明はおそらく正確ではない。中学校の役割を果たすならば、俗人にも門戸が開かれている必要があるが、兼学部は末寺僧侶子弟のみを対象としているからである。

とはいえ、「一般の中学教育を目指」す方向は、別の手段で模索された。一つは、兼学部附属簡易科の設置（一八八七年七月）である。京都府下の勤労青少年を対象に夜間教育を施すもので、正信偈・和讃や、英語・数学・簿記などを講義した。生徒は翌八月時点ですでに一〇六名にのぼったが、その後の詳細は不明である。[82]

そしてもう一つが、公立尋常中学校を経営するという方策であった。有名なのは、京都府尋常中学校（現在の府立洛北高校）の経営である。その経緯については他にも研究がなされているので、[83]それらに依りつつ経営委譲に至る経緯をごく簡単に述べておく。

文部省は各府県に高等中学校の設立経費一〇万円の負担を打診していたが、京都府知事・北垣国道は一八八六年一一月の府会で、その負担をのんで誘致を進めることを公表した。だがこの一〇万円とは府の総支出の約五分の一にあたり、従来の教育予算の三倍に上るものであった。府会の反対意見もあったが、地方税で賄ってきた尋常中学校を廃止することで反対も鎮静され、翌一八八七年に第三高等中学校設置と尋常中学校廃止が決まった。このときすでに、北垣には後者の維持について地方税支弁以外の「計画するの見込」があった。それが、大谷派への経営委譲であった。北垣は大谷派参務・渥美契縁と種々の談合を経て、一八八八年四月一日、京都府尋常中学校は改めて「開校」式を挙行する運びとなった。開校時の生徒は、兼学部から移管した一九七名を含め三六七名。同校では一般の普通学と、宗乗・余乗・哲学を教授する別科を設け、校長には大谷派給費生として東京大学を卒業した徳永（のち清沢）満之を据えた（同年六月）。そして年間五千円の寄付金を納入し、管理運営の中枢を握る商議員にも教団から四名が名を連ねた。かくして大谷派は、俗人・僧侶子弟共学の中等教育に乗り出したわけである。

この大谷派の関与は、二つの側面から説明される。京都府の尋常中学校費支弁の困難を、大谷派に肩代わりしてもらうという、経済的な緊急措置という府の事情。そして、荒井明夫も指摘するように、「進学校の組織化を通じて社会進出を行い、自派の社会的有益性を実証」するという大谷派の思惑である。[84]荒井の指摘は、英語・数学に力を入れたカリキュラムである同校を「上級学校進学準備型」と位置づけたためであったが、大谷派の俗人教育をより広い視野で見た場合、また別の説明が可能になるように思われる。[85]

そこで、京都以外の事例にも触れておくことにしたい。大谷派が乗り出した尋常中学校経営は、金沢でも行われた。[86]一八八七（明治二〇）年四月、金沢には第四高等中学校が設置され、それまで附属中学科を持っていた石川県専門学校も高等中学校へ敷地・校舎・資産および生徒を移管した。このとき石川県内には高等小学校卒業者の進学先が実質上消滅することとなったが、京都府同様に高等中学校への出資がもとで財政難をきたし、県立の尋常中学校設置は困難な状況にあった。そこで石川県は、同じ金沢にあって、教育程度の向上を意図していた大谷派の加賀教校と合同することで、新たな中学校の設置を画策した。一八八八年一〇月二三日、県知事・岩村高俊と同書記官郷田兼徳・徳久恒範、そして大谷派の新法主・大谷光瑩（現如）とを経営者として、共立尋常中学校の設置が認可され、一二月二三日に開校式が行われた。

開校式での岩村の告辞によれば、同校の教育目的は「他日高等の教育に入り、又は社会の実務に就く」ことのできる学力の養成にあり、[87]僧侶子弟には宗乗・余乗を別科として教授するという点でも、京都と同様であった。生徒は旧加賀教校生徒三〇名、金沢小学別科生約一〇〇名、私立戊子義塾中学科生約五〇名、そして高等小学校卒業生ら、二五七名が入学した。校長には、第四高等中学校教員を務めていた今川覚神が委嘱された。今川は井上円了・徳永満之と同様、給費生として東京大学へ留学・卒業したエリート僧侶であり、ここでも京都との共通点を見出すことが出来る。職員は県書記官の徳久と県学務課長橋本一済、県師範学校長内山行貫、大谷派からは本山における教育部門の責任者の一人である、教学部長・梅原譲が就任した。運営費については生徒の授業料（月額五〇銭）を除けば、大谷光瑩の名での寄付金（年額千二百円）で賄っていたが、[88]石川県の大谷派寺院に割賦していたという説もあり[89]、詳しい全貌は明らかではない。いずれにせよ、大谷派の主導性を、校長・職員・資金面から見てとることができよう。

翌一八八九年一月下旬には最初の定期試験を行い、入学時に仮に四・五級に振り分けた等級を確定させたが、その頃にはすでに三〇名の退学者・除籍者を出している[90]。なお、同年九月から一二月までの共立尋常中学校の様子は、大谷派本山発行の機関紙『本山報告』で次のように報告されている。

教員　本学年より第三級の授業に着手せしを以て同級支那歴史講師を第四高等中学校助教諭三宅少太郎に嘱託し、又英国人ジョージブラウン氏を雇入れ第三級以下各級の英語読方を受持しめ、又体操科授業は従来石川県尋常師範学校教員伊藤自道に兼務を嘱托せしか、十月一日より予備役陸軍々曹福見常太郎を専務教員に雇入れ、又英語教員藤分法賢は依願解雇せり

入学生徒　本学年始即ち昨年九月定期応募の生徒は八十六名、其合格に付入学せし者は六十六名（内士族二十名、平民四十六名にして大谷派僧侶は十八名）にして第三級へ入りし者一名、第四級へ入りし者七名、第五級へ入りしもの五十八名なり

生徒現員　昨年十一月末生徒の現員は合計二百二十四名にして之を各級に分配すれは左の如し

| | 第三級 | 第四級 | 第五級 | 通計 |
|---|---|---|---|---|
| 普通科 | 三一 | 九四 | 七〇 | 一九五 |
| 別科兼修 | 四 | 五 | 二〇 | 二九 |
| 合計 | 三五 | 九九 | 九〇 | 二二四 |

高等中学応募　昨年九月第四高等中学校生徒募集に際し本校生徒の応募者は四十名にして、内本部予科第三

級へ一名、同補充第一級へ三名、同第二級へ三名、医学部第一年級へ三名合格転学せり。之を該校入学合格者の總員に比すれは四分の一に当たれり[91]

ここでは、在校生は年初とほぼ同じ二二〇名ほど、入学者における大谷派僧侶子弟の割合が三割弱、第四高等中学校への合格者数が全体の四分の一、といったデータが読み取れる。そして、教員に外国人を雇っている点で、C・H・ボールドウィンを雇用した京都府尋常中学校とまた相似をなしている。こうした項目に沿った成績報告が『本山報告』上で両校ともになされていること自体、金沢の共立尋常中学校が京都府尋常中学校同様の役割を期待された存在であったことを示唆する。荒井明夫の先の指摘は、京都のみならず金沢でも妥当する。すなわち、大谷派は高等中学校の誘致をきっかけに空白となった尋常中学校の経営を受け持つことで、高等中学校進学を目指すエリートを養成する存在として、社会的認知を得ようとした、との理解は成り立つだろう。[92]

しかし大谷派は同じ時期に、異なる契機から中等教育レベルの学校を独自に設置してもいた。一八八八(明治二一)年に名古屋に置かれた、大谷派普通学校がそれである。[93]普通学校は尋常中学校程度の教育を僧俗問わずに実施するものであったが、愛知県には高等中学校が置かれず、京都府や石川県のような問題は生じていない。むしろ、大学寮兼学部が京都教校を包摂したのにならって、名古屋の尾張教校を継承・包摂する(一八八九年七月)という経緯[94]をへて設置されたものであった。しかも尾張教校はすでに一八八七年七月に閉校し、翌八八年二月には残った生徒たちを引きうけて普通学校の授業が開始されていることから、尾張教校を発展解消して普通学に重きをおくという意図から出た動きだと言える。また六月一日には次期法主・大谷光瑩の来訪に合わせて開校式を挙行し、その際光瑩が「僧俗を問はす智徳完全の教育を施し、別に仏教科を設けて宗門自他の教義を学はしむ、予其美挙なるを嘉みし曩に已に其事を認許せり[95]」と告辞したように、普通学と仏教の教義学習という二本立ての教育内容を維持していた。そして校長には、南条文雄が就任した。南条は徳永満之・今川覚神より一〇歳以上先輩にあたり、一八七六年にオックスフォードへ留学、マックス・ミュラーに梵語学を学び、帰国後は東京大谷教校教授・帝国大学講師を務めた、大谷派随一の学僧であった。

ただ、大学寮兼学部にならったのだとすれば、末寺僧侶子弟だけを対象に教育を行えばよいはずである。それをなぜ、敢えて僧俗問わずに教育する学校としたのであろうか。また、前項で見た高等普通学校のように、完全に仏教色を脱する方向性は、なぜ採らなかったのだろうか。

先にも述べたとおり、中学校令によって一府県一中学校という原則が打ち出され、一八八六年の段階で中等教育自体が不振に陥ることになっていった。それが不都合を招くのは、当然進学すべき人口を相対的に多く抱える都市部であろう。その部分を担うことは、確かに社会的有益性をアピールする一手段となる。一方、僧侶養成学校の教育水準向上はどの宗派でも共通の課題となっていたが、一八八七年一一月二六日に大谷派・渥美契縁が発表した「教学振起の方針」にも、「地方教校の程度を進むる事」が目標として掲げられていた(96)。その「方針」には学事諮問会を設けて各地方から委員を招集してその方策を議論すべきこと、および地方教校の振興を担う教学策進委員を新設すること、の二点が記されていた。すなわち、各地域の学事状況や教育に関する要求について、教団上層が耳を傾ける姿勢を表明しており、末寺僧侶やその支持基盤たる檀家の声も届きやすい状況になっていた。そしてもう一つ、高等普通学校の場合と同様に、自宗派僧侶養成学校が徴兵猶予特典を得るためにも、俗人を受け入れる必要があったと思われる。

おそらくそうした諸条件の交点において出された答えが、僧俗共学の尋常中学校設置であった。第一弾が、本山のお膝元・京都での京都府尋常中学校経営、第二弾が名古屋での普通学校設置、そして第三弾が金沢での共立尋常中学校設置であり、それぞれ徳永・南条・今川という派内きってのエリート学僧を校長として送り込んだと見ることができる。大谷派系の雑誌にも、尋常中学校卒業程度に相当する教育を行う機関として、大学寮と京都・名古屋・金沢の三校が列挙されており、それが教団内の共通認識であったことがうかがえる。[97]また愛知県・石川県とも元来大谷派の勢力が非常に強い地域であり、生徒は少数とはいえ、教校の活動を支える末寺および信徒の資金力は安定していた。[98]それを期待するには、加賀・尾張教校の吸収という形態ではあるが、普通学だけでなく教義学習の学課を設け教校的な機能も残すことで、末寺・信徒の支持を確保することが要請された。また言うまでもなく、大谷派としても自宗派僧侶の養成上、普通学と教義学習の二本立ては欠かせないものであった。

以上、大谷派が行った僧俗共学の尋常中学校経営について検討を加えてきた。名古屋普通学校の設置を視野におさめることで、高等中学校設置の副産物のように見られてきた京都・金沢の事例も、右の大谷派の構想とあわせて、あるいは他宗派との対照のもとで捉えねばならないことが、理解されよう。この点については、教団の内在的な理由や将来的展望の如何が一層問われることになるが、その検討にはさらなる史料の博捜が必要であり、今後の課題としておきたい。ただ、大谷派は一八八九年から京都府高等女学校に対しても年額二千円の寄付をもって維持・運営を担うようになっており、[99]男子・女子ともに視野に入れた俗人教育を構想していた可能性もある。そして、他宗派と異なり高等普通学校の設立・寄付に参加しなかったことも、俗人教育について何らかの方針が存在したことを示唆しているようにも思われる。尋常中学校レベルの教育を担おうとした大谷派と、それより上級に対象をしぼった高等普通学校に参与した各宗派の意図、この両者の比較も興味深い課題と言えるだろう。

## 第三節　小学簡易科と「慈善」

前節のような教団主導の俗人教育参入は、中等以上の生徒をターゲットにしたものであり、また僧侶養成における教育水準向上という目的も有していた。それに対して、僧侶養成を含まない俗人教育として最も大きな展開を示したのは、貧児教育である。一八八六（明治一九）年四月一〇日に公布された小学校令（勅令第一四号）では、小学校の階梯として尋常小学科・高等小学科（修業年限は各四年）を基本とし、他に「土地の情況に依りては小学簡易科を設けて尋常小学科に代用することを得」（第一五条）と定めた。

この簡易科とは、主に貧困ゆえの不就学児童を対象にした修学年限三年以内の課程で、学科目としては読書・作文・習字、そして特に重きをおいた算術の四科目に限定され、授業時間も一日二～三時間としたものである。また尋常・高等小学科が受益者負担（授業料を主たる基本財源とする）の方式を採るのに対し、簡易科は無償制を基本とし、区町村費・地方税で経費・教員俸給を補助するシステムであった。文相・森有礼はこの簡易科に相当大きな期待を寄せ、簡易科設置による就学率向上（一八八七年段階で就学率四五％）が独立国として列強に伍するための基盤となると述べたように、[100]国家的意義からも重要視していた。一八八九年度には全小学校二六、一〇二校のうち一一、八一〇校（約四五％）が簡易科で、生徒数も全体の約二六％を占めた。[101]そしてこの制度をきっかけに、私立の「宗教的慈善学校が多数開設された」のであり、「比較的のちまで永続的に経営された学校があらわれはじめた」と指摘されている。[102]そこで、そうした僧侶による小学簡易科設置の展開とそれをめぐる言説について見ておきたい。

【表22】 仏教徒による小学簡易科・貧児教育施設の設置(1886年4月〜90年)

| 設立年 | 北海道 | 東北 | 関東 | 東京 | 甲信越 | 東海 | 近畿 | 中国 | 四国 | 九州 | 沖縄 | 計 |
|---|---|---|---|---|---|---|---|---|---|---|---|---|
| 1886 | | | | 1 | | | | | | | | 1 |
| 1887 | 1 | | 1 | 9 | 1 | 2 | 3 | | | | | 17 |
| 1888 | | 2 | 3 | 5 | 1 | | 4 | 1 | 2 | | | 18 |
| 1889 | 3 | 4 | 3 | 2 | 1 | 1 | | | | 2 | 1 | 17 |
| 1890 | 1 | 1 | 1 | 1 | 2 | | 3 | 1 | | | | 10 |
| | 5 | 7 | 8 | 18 | 5 | 3 | 10 | 2 | 2 | 2 | 1 | 63 |

※中西直樹前掲論文、8〜10頁の表に、筆者の調査による以下の新規判明分を加えるなどの修正をほどこし、算出した。
・慈善小学校　1889年12月15日開校、神奈川県相川村・法雲寺(『浄土教報』23号)
・慈恵会　1890年7月(?)開校、滋賀県湖東・浄雲寺(同前45号)
・宇和島慈恵義塾　1889年6月12日開校、愛媛県宇和島(『明教新誌』2605号)

### (1) 僧侶による小学簡易科設置

【表22】は、僧侶ないし信徒有志による簡易科・貧民教育施設の設置事例を年代・地域別に示したものである。最初に確認すべきことは、この表はあくまで現在残存する雑誌史料を中心とした調査結果であり、全貌を示したものではないという点である。調査に際して利用した雑誌も『明教新誌』など東京で刊行されるものが主で、全国の細かな情報まではフォローできない面もあり、各地の行政史料や雑誌を丹念にあたってゆく必要もあろう。おそらくこの数字を遙かに凌駕する設置が予測されるが、さしあたり現段階で判明している分について【表22】に示したわけである。それを踏まえると、東京府に事例が比較的多く見いだされることは当然であり、ある程度具体的な設置過程、教育内容なども明らかになってくる。なお東京府の小学簡易科については土方苑子の先行研究があり[103]、仏教者のそれについても中西直樹が詳細に検討しているので[104]、これらを参照しつつ論じてゆく。

僧侶による簡易科および貧児教育施設の設置について、小学校令以後のものとして現在確認されている最初の事例は一八八六(明治一九)年一一月の東京府下谷北稲荷町・盛雲寺に設立された同善小学校である（もっとも、簡易科として認可されるのは一八八九年五月）[105]が、東京府で直接的に大きな流れを作り出したのは、翌一八八七年の大谷派僧侶・寺田福寿と東京府学務課長・庵地保の議論である。

寺田は一八八七年二月、東京府下各宗寺院協議所に対して意見書を出し、キリスト教のように「世俗普通の学校を設て無縁の諸人を誘引する」ことが仏教の教線拡大にも有効であると主張、具体的な方策を述べた。すなわち、府下各宗寺院が私立小学校、とりわけ簡易科をなるべく数多く開校することを提唱したのである。資金の面では、生徒数四〜五〇名以上規模の簡易科を開校した者へ協議所から保護金を支給する、保護金は府下千五百か寺から五銭ずつ醵出して賄う、などの方法を提示する。そして、まず東京府からはじめて各地の寺院へと及ぼしてゆけば、津々浦々に存在する小学校のことゆえ、大学などより重要な布教施設を全国に布置することになる、との見通しを示したのであった[106]。寺田は社会活動の推進によって仏教界の改革を志向する人物であり、意見書を出した直後にも、自身の改革論を披露している。そこでも教育参入の必要性を説いて、その実現可能性や僧侶の教員としての能力を疑問視する『明教新誌』の記者に対して、こうも答えている。

僧侶の一分にある者なれば何んぼ馬鹿坊守でも少しく注意すればまさか俗家の小児の御守りの出来ぬ者もあるまひし、設ひ今は算術等に困るとするとも今では大夫に世間に御学者様が出来た故、暫くつゝ頼むとかすればよし。又其気持にさへなれば段々小僧を師範学校へ入れるとか、又仏門の学校を師範校にするとか、色々好き工夫も出てくる訳なり。加之教法学校も今の有様では例の世俗とは別世界のごとくなれども、已後は急度何れの宗学校も必ず俗人が望ても入学して徳のとれる様にして、彼耶蘇教学校の如く唯朝夕に礼仏読経等をする斗りで、其他の課業は世俗の学を習て居ると思ふ内に、はや已に其俗学は仏教の高尚なる道理にてありしかと思わず知らずも仏者となるの趣向になりもしやうし、又せねばならぬこと、思はるゝ、なり[107]

僧侶がたとえ簡易科に必要な算術の能力に欠けていたとしても、当面はその心得のある者に依頼すればよいし、修行中の若い僧侶を師範学校に入学させたり、自前の師範学校を設置したりという工夫もできる。また宗派立学校の門戸を俗人に対しても開き、礼拝と読経以外は普通学を教える学校にすれば、特に仏教の教理を教えずとも無意識のうちに仏教への信仰心を培うことが出来る。寺田はこのように力説した。ここで重要なのは、まず教育内容として仏教教理を直接教えずとも感化しうる、とする見解である。仏教的徳育をカリキュラムに組み入れることなく、長い目で見ればおのずと「仏者となる」者を増やすことができるはずだ、という考えであるが、その意図はむしろ、小学簡易科に科目として修身が定められていない点への配慮にあったと思われる。つまり、原則として教理を教えない学校である簡易科の設置に、なぜ仏教者が関わる必要があるのかという疑念が生じることを想定して、それへの説得的な説明として用意したものであった。その点は、僧侶の算術への苦手意識という懸念をクリアする方法を、わざわざ提示していることからもうかがえよう。

寺田はこのように、僧侶が俗人教育に参入する際の心理的・実際的なハードルを十分認識し、それを除去することを念頭に置いて言説を展開していた。そしてその最たる見解が、僧侶の役割を「慈善」に置くことであった。「学校も一分は僧侶の仕事なり」と僧侶の俗人教育参入の必要性を説くとき、注意すべきことに、寺田は同時に「育児院感化院訓盲啞院施病院等」の「慈善主義の事業」も重要視していた。[108] 寺田において貧児教育は、そのどちらも果たしうる「慈善」主義の教育事業という位置づけにあったのである。

では庵地保はいかなる見解を提示していたか。一八八七（明治二〇）年三月二七日、庵地は東京府教育談会にて「東京府下貧困児童の教育法」と題した演説を行っている。[109] そこでは貧児教育を僧侶に託すという方法を挙げ、寺院を小学簡易科として利用すれば、僧侶に対する世間一般の信用もある上、資金面でも信徒からの寄付を得やすいので都合がよい、と主張した。そしてこの方法の推進にあたって、「近日聞く所に依れは府下二千有余の寺院に於て何歟相談の序に談貧民教育の事に及ひ、目下大に計画する所ありと〔中略〕此程此貧民学校の計画に尽力せらるゝと云ふ僧侶某氏に逢ひ其談を聞くに、氏は僧侶中にても頗る改進の考を以て往々時弊に適中するの言論も小なからず」とあることから、「僧侶某氏」すなわち寺田との相談があったことは間違いない。その寺田へ向けて、庵地は「世之慈善家に於て配慮せられ度事にも相考居候」とあり、ここでも「慈善」の語が用いられている。

ただし、教育内容については寺田と相違する。僧侶が俗人教育を引き受ける以上、「傍ら宗教上の感化を与ふること最も大切」であるから、修身科を設けて仏教教理を平易に説くべきであろう。それは仏教自身にとっても利益となる、「我国の宗教に一層の光栄を添ゆるが故に仏教万歳と申して差支なかるべし」[110]。庵地は礼拝や読経という儀礼的なものにとどまらず、科目に修身を設けて教理を平易に説くことを積極的に推奨したのである。

その理由としては、下層社会の貧民に宗教による徳育は当然必要だから、と述べているが、庵地が別の場で述べたものを見るとこうある。

本来教育は之を受くる当局の本人の為に頗る有益のみならず、国家の為には種々の禍源を除き去りて犯罪者等の数も次第に減ずべき程の価直あるものなるに、其教育は不幸にも国民の一半又は三分の二に止まるが如きことありては国家なる集合体の体面を維持する上に於て如何あるへきや。到底十分の秩序を保つこと能はざるなり。其故は貧乏にして無教育の者が多く世の中に現はるゝときは種々の罪悪を犯して国の禍を増進するのみならず監獄には常に犯罪人の充満して莫大の費用を要し、其費用には良民の納むる租税を以て之に充つることなれは無教育にて罪を犯す者あればあるほど良民の負担する租税も量を加ふるの割合にして実に際

限なき次第なり[111]

ここにはまさしく、教育行政に携わる地方官の立場が、如実に表れていると言える。森文政を体現するように、国家の大計のための就学率向上・経営費用の合理化を重要視する考えを示しつつ、同時に犯罪者の減少という社会秩序維持の側面を絡めて論じている。国家主義的教育と仏教との融合が、この簡易科設置問題を通じて結びついたわけである。寺田と庵地の言説はそれを象徴するものであるが、寺田と比べると庵地のほうが、第四章でとりあげた岩手県官員・平川靖、本章第一節で挙げた『時事新報』と続く宗教利用論の系譜上にあり、森文政のもとで国家主義と合理性の観点がより強く打ち出されたものと言うべきであろう。

さて東京府では、寺田・庵地のかけ声のもと、僧侶が次々と小学簡易科を設けてゆくこととなる。一八八七年五月二二日に開校した慈愍小学校（本郷・高林寺）以下、同年だけでも七月に同和（小石川・常泉院）、九月に慈育（麻布・善福寺）、一〇月に慈善（浅草・日輪寺）、慈愛（下谷谷中・本立寺）、開善（浅草）、一一月に教友（深川）の各小学校が設立されていった[112]。これらは、複数の隣接する区内の僧侶有志と俗人が集まって協議を行って学校永続規則を定め、該当する区内寺院の醵金で賄うという資金・運営方法が確認された後に、府へ申請を行うものであった。たとえば慈愍小学校の場合、本郷・小石川・下谷の三区から僧侶六〇～七〇名、俗人四、五名が集って協議されたが、その際、庵地と本郷区長らもその場に加わっており、さらに開校式当日には東京府知事高崎五六、庵地のあとを継いだ同学務課長元田直らも参列し、祝詞を述べていた[113]。行政担当者がいかに僧侶の簡易科設置を重要視していたか、そして裏を返せばいかに行政の主導力が大きかったかがうかがえる。

それらの小学簡易科では、校舎は寺院、月謝は無料を基本とした。慈愍小学校の場合、入学資格として満六歳以上・不就学ないし就学猶予の証明書を持った者、定員二〇〇名と定め、教員数は三名、年間の収入は寺院からの寄付による六〇〇円、設立趣意に賛同する同盟者には同校への何度かの授業参観・試験の際の列席義務、などが決められていた[114]。では、教育内容はどうであったか。一八八九年六月、東京浅草在住の教員・大植仙太なる人物が二、三の小学簡易科を参観した際の実地報告を残している[115]。そこには、習字・算術・作文・読書の四科目が確認でき、その教授を行っている様子についても、毅然とした態度が欠如している、興味を引く授業が出来ていない、といった教員らしい評価が加えられており、興味深い。

そしてこの実地報告では、もう一つの問題、すなわち宗教教育を行っていたかどうかについても論じている。大植がこの実地見聞を行ったのは、教育者として教育と宗教の関係には注目していたが、両者の分離の是非を問う際にはやはり実態の吟味が必須である、という思いに駆られてのことであった。そこで昨今僧侶が行っている貧児教育の現場を確かめるべく、特に共立宏盟簡易小学校（牛込区・長延寺）を対象に報告したのである。まず見聞する前に大植が想像していたのは、「生徒等は身には垢を附け、臭気紛々たる破れ襤褸を纏ふならん」「校舎は狭隘、不潔甚しからん」「小使もなきならん」「教師たるものは僧侶か若しくは仏教信仰家、大抵は僧侶ならん」「一人の教師にして非常に多くの生徒を受持するならん」「宗務教育を主とせるならん」といった姿であった。しかし、生徒の半数くらいは他の私立小学校と変わらない格好であるし、校舎もむしろ広く、小使もいる。受け持つ生徒数も教員二名に生徒九〇名余という具合で、公立小学校が教員一名当たり八〇～一〇〇名を担当するのと比べてもゆとりがある。しかも、「当校の教師は円頭にあらずして斬髪の若先生、寛袖にあらずして着袴」であり、授業終了後にその教員に信仰する宗教について尋ねたところ、「私共は仏教を信ずるでもなく、耶蘇教を信ずるでもなく言はゞ無宗教者なり」と答えたのである[116]。大植は不審を抱き、最後の宗教教育の問題についても、教員へ質問を浴びせる。

問、「仏教者の設立せしものならば其の目的宗旨弘布若くは信仰を堅固にする為ならん、然るに其の之によらざるは何故なりや」

答、「幼少の頃宗教上の事を説き聞かすは妙な恐怖心を起し「いじけた」変な者になる、且つ各宗の児童相混ずるを以て甲宗の事を説かば乙宗の児童に適せず、乙宗のことを説かば丙宗のものに適せず、故に一切宗旨は相加へず」と。(117)

各宗僧侶の同盟によって設立されたこの簡易科でなぜ仏教の教えを説かないのか、と大植は問い、若い教員は宗教教育自体の困難と、各宗信徒の子弟が集まっているなかで特定の宗派に寄った教育を行うことは出来ないという問題とを指摘する。しかもこの指摘が「該教師一己の意見のみにては是れなく貧民学校設立者并に其の教師等一般に行はる、意見として」語られたことに、大植は衝撃を受ける。僧侶が設立した小学簡易科で、庵地が推奨したような仏教的徳育や、寺田が想定したような普通学のみでも宗教的感化を与えられるという見通しさえも、全く果たされていなかったのである。(118) 大植は当初の予想を大きく覆す結果と、それがこの宏盟簡易小学校のみではないという現状を前にして、僧侶による簡易科設置の目的とその実現方法の再検討を訴えた。すなわち、各宗共同ではなく「各宗独立して貧民学校を設置すべし」「教師は僧侶若くは仏教信者ならざるべからず」と主張したのである。

この大植の指摘は、僧侶による簡易科設置、ないし俗人教育参入が内包していた一つの問題点を鋭く照らし出す。すなわち俗人教育に参入するという際、どこまで「仏教色」を打ち出すべきなのか――学校設置にとどまるのか、教員となるのか、礼拝・読経を交えるのか、直接教理を説くのか――という問題が、具体的に煎じ詰められてこなかったという点である。(119) これはすでに庵地と寺田の間でも考えに差異があったように、より議論の深まるべき問題であった。

もっとも仏教界においても、その問題に全く無関心だったわけではないようである。それを示す一つの証左が、簡易科教員養成であった。寺田は一八八七年六月に、東京・駒込の吉祥寺（曹洞宗栴檀林）内に「仏教会」を設けることを予告している。[120] 直接には「仏教演説の練習をなす」ことを目的とし、加えて仏典講義・西洋哲学・英学を僧侶に教授するものであったが、実は同会の卒業者が「地方に帰れは小学教員となり得へく、東京にありては終に大学にも入り得へきの度に達せしむ」ことを最終目的としていた。寺田は僧侶に教員として地元に戻ることを期待していたのである。

一方で、曹洞扶宗会による各地での簡易科師範学校設置構想も持ち上がっていた。曹洞扶宗会とは、「宗意安心」（教義学習が目指すところ）や教化法を樹立・一定にすることを目指した曹洞宗の改革組織で、その中心には大内青巒がいた。[121] 一八八七年の発足からわずか一年で会員六千名、三年後には全国に千か所以上の講社を設けた巨大な組織であった。その組織力を基盤に、各地に小学簡易科、そして東京に簡易科師範学校を設けるという計画が一八八八年五月になされている。[122] その際、後者の卒業証書が各県簡易小学教員の無試験任用証となるよう請願することも盛り込まれ、実際に先を見越して動き出すことになった。[123] その計画は他宗派僧侶も動かし、同年八月頃から簡易科教員養成学校の設置について、府知事高崎五六と協議する。その結果、府立による設置・文部省からの熟練教員の出向が内定し、同校に設ける寄宿舎生に対する食費援助のため「簡易師範科伝習生資助を求る疏」も出され、[124] 同一〇月三日には「東京府簡易科小学校教員速成伝習所」の設置が府より布達されるに至り、[125] 翌一一月一日に開校式を迎えた。[126] 同伝習所は麻布笄町・高等普通学校内、および湯島・麟祥院の二か所に校舎を設置し、開校時の生徒数は両校で一八〇名余、修業年限は半年、卒業後は修了証書を与え、教員の資格認定とした。

一八八九年八月に伝習所から文相・榎本武揚に提出された報告調書によれば[127]、麻布校では卒業生九二名のうちほぼ全員が曹洞宗僧侶、出身地は埼玉一五名を筆頭に、青森から大分まで二五府県に散らばっており、入学生の年齢も一八歳から四七歳と幅があった。湯島校は逆に卒業生三八名中僧侶は三四名、そのうち曹洞宗は一名のみで、各宗にわたって在籍していた。学科目には読書・作文・習字・算術・修身・教育学があったが、詳細は不明である。

東京府での速成伝習所の設置は、他地域、とりわけ関東近辺での教員養成所設置をも促した。一八八九(明治二二)年八月には静岡県、九月には栃木県の曹洞宗務支局内に[128]、同年末には神奈川県愛甲・高座・大住三郡の僧侶有志共同によって、同県厚木・高徳寺(曹洞宗)に設置された[129]。そして東京の伝習所の卒業生たちは、埼玉県や北海道など自分の郷里で簡易科を設置していったのである[130]。また、京都の各宗共同組織・洪済会も一八八九年一二月に、教員養成所の相国寺への設置認可を求めている[131]。

以上のような伝習所設置によって、僧侶教員を自前で養成する方針が採られたわけだが、その際僧侶がどのように仏教的徳育を施すのか、また一切行わないのか、という問題は依然として問われぬままであった。直接教授しなくとも、感化を与えられる、という寺田の見解が受容されていたのであろうか。だがその寺田も「仏教会」設置を企画した際には、直接的な仏教演説を教員候補生へ伝授すべきだと唱えていたのであるから、この問題に結論が出せずにいたと考えられる。とすれば、教育と仏教との関係を現場でどのように取り結ぶのかを具体的に考えてゆくことなく、まずは簡易科設置・僧侶の教員化をとりいそぎ目指した、と理解するのが妥当なようである。一八九〇年六月上旬に開かれた各宗管長会議でも、議題として「教育の普及を謀る事」が挙げられ、簡易科教員養成のための伝習所設置、僧侶の教員担当を督励すべきことなど、各宗の共同行動が提起されている[132]。仏教界全体で、僧侶の教員兼務論がある意味公式見解になったと言えるが、その際に大植仙太が指摘したような問題点について議論された形跡はない。ではなぜ、そうした具体的議論が不十分なままに事態は推移していったのだろうか。

## (2)「慈善」というアポリア

ここで、僧侶による貧児教育の展開を支える要因は何であったか、という地点に立ち戻る必要がある。まず、行政による制度的保証が挙げられる。尋常科の代替とはいえ、正規の初等教育制度として簡易科が認定されていたことはすでに述べた。

次に、政府の宗教教育政策の欠如という側面である。一八八〇年代から九〇年代にかけて、宗教家経営の学校、および宗教教育をどう扱うかという問題は、政府内で定見が存在していたわけではなかった。一八八二(明治一五)年から一八八四年の間、神奈川県はキリスト教系私立学校の設置申請とその宗教教育の監督方法について、文部省へ幾度も問い合わせを行っている。文部省は、「宗教に要する教授に候は丶学政上監督の限りに在らさる義と可心得事」と述べるだけで、同県令沖守固が「如何なる教授か宗教に要するや否やの区別判然せさる」と伺ってもその回答は要領を得ず、先例に従って「彼是御熟考の上適宜御取斗相成可然」とし、結局地方官の判断にゆだねるという方向性が示されるにとどまった[133]。

そうした「曖昧さ」は、仏教各宗派立の学校の管理をめぐっても表出する。一八八四年四月、文部卿大木喬任は「宗教々育管理方の儀伺」を太政大臣三条実美に提出している。本願寺大教校は文部省と内務省のどちらが管理すべきか判断しかねる、とのことで、太政官に問い合わせたのである。その返答は「各派の本山に委して監督せしむるものなり」と、文部省の関与不要を告げたものであった。しかしこれは言うまでもなく、宗教教育問題の棚上げに過ぎなかった。キリスト教学校の扱いという、外交問題にもつながりかねないデリケートな要素を孕んでいたからである。

この問題は一八九四(明治二七)年には再燃し、内相野村靖が文相西園寺公望に対して、どちらが宗派立の学校を管轄するのかと問い合わせ、文部省は翌年六月、「無関係の有様にて何等の監督方法もなく」過ごしてきたが、共にその方法を協議せねばならない、との意見を述べていた。しかもそこには「宗教学校の定義に関しては追て此等学校の監督方法を設けらる、際確定せられたし」との付箋が貼られており、いかに今まで宗教教育を行う私立学校に対しての見解を留保してきたかが、そこからうかがえる。要するに、小学簡易科の設置が進んだ時期には、宗教家の教育参入やその内容を規制する方向は全く定まっていなかったのである[134]。このように、僧侶の学校教育活動が行政側に特段規制をうけない状況にあったことが、貧児教育活動へ乗り出す背景をなしていた、と考えられよう。

だが、貧児教育の高揚の要因として決して軽視できないのは、これがまさに「慈善[135]」であると捉えられていたことではないだろうか。それはまず「慈育」「慈愛」などの校名に端的に表れているが、先の簡易科教員速成伝習所設置における天台宗妙法院門跡・村田寂順の答辞のように、「慈悲を世に垂れ智慧を人に与へ天下同く悲智円満するに至る、是れ之を仏教最極の目的とす。世に悲愍すべき者多し。而して資力欠乏するが為めに其最愛の子弟にして学に就かしむること能はざる者より甚きは無し」と、仏教本来の「慈悲の心」に基づき貧児教育を自らの責務と位置づけてゆくのである[136]。僧侶による簡易科設置の願書にも、ほぼ例外なく「慈善」事業であることに言及されている。ただしそこには、たいてい次のような文言が含まれていた。一八八七(明治二〇)年八月二四日

付の慈善小学校（浅草）設置申請の書類には、

我東京府下の如き人口繁密随て貧富の等差最も甚敷、貧者は益窮し富者は益饒なるの勢に推移候。然るに貧者の子弟たる目前の活計に困苦致し候より自然入校就学候事能はす、其智識の昏昧なると生活の窮困なるとにより、不知不識法令に背き懲罰に罹る者往々これあり。是所謂不教の民をして駆て法坑に陥らしむる者にして、国家文明の缺典誠に憐れむべく傷むへきの至に存候。[137]

とある。先に見たように、庵地保が僧侶による簡易科設置の必要性を説いた際の文言と、何ら違いはない。設置許可を得るための文書という性格を差し引いても、貧民層を犯罪者予備軍と見なす行政の立場に沿ったものになっている。そこでの「慈善」は、国家的見地からなされ、救うべき対象として貧民層が設定されるのである。一八八八年五月、東京府学務課では「近来極めて不完全なる小学校を設置するもの往々有之」状況に鑑みて、私立小学校の新設にあたって、校舎や教員、器具、体操場などで一定の条件を満たさないものは不認可とする内規を定めている。そこには「但慈善主義を以て設置する貧民学校の如きは此限りにあらす」という例外が付されていたのである。[138]東京府においては「慈善主義」が簡易科の代名詞であり、そして教育の内実を問われない護符となりうるものでもあった。「慈善」という語は、仏教的な慈悲を謳う場合と、右のような国家主義的教育における意味あいで、簡易科設置許可に必要な枕詞となった場合とがあり、二つの意味を包括していたと言えるだろう。

もちろん、それを単に偽善的な美辞麗句として把握することもまた、正確ではあるまい。おそらく実態としては、「慈善」の名の下に、宗派の違いを越えて貧児教育活動へと向かう場合も、個々の有志僧侶が簡易科設置に踏み出すことを励ました場合もあったろう。ただ、ここではそれらの個別事例を吟味し、「慈善」なるものの内実の善し悪しを云々するつもりはない。むしろ、多様な思いを包摂するキーワードとして、当時この「慈善」という語が頻繁に用いられ、結果的に僧侶の貧児教育の高揚へとつながっていったことにこそ、注目すべきだと考えられるのである。

一八八〇年代末ごろから、仏教雑誌においては、「慈善」を仏教本来の責務として語る言説が急増する。特に、一八九〇年に『明教新誌』に掲載された社説「貧民救恤原論」は、その最たるものと言えよう。六月二〇日から九月六日にかけて二三回にわたるという、同誌上では類を見ない長大な連載となったことからも、仏教界でいかに大きな話題となっていたかがうかがえよう。[139] 最初にその目的として、「法務的慈善の観念」から、貧民及び「可憐」児童の苦境救出について討究することが挙げられ、[140] 全三六章に及ぶ議論が展開される。非常に長いこの論説を大雑把にまとめれば、「菩薩慈悲の行願を満足して、抜苦与楽する」ことが仏教本来の務めであると定義し、[141] 政府が杓子定規に行うのとは異なった、仏教の教理に基づいた「慈善」という考え方を貧民の現状分析を踏まえて説いたもの、と言える。

このような社説が掲載される背景には、磐梯山噴火[142]（一八八八年）や西日本・東海を中心とした暴風雨[143]（一八八九年）、そして一八九〇年の恐慌をめぐって、被災者救恤および貧民への施与が盛んになされるようになってきていたことと並んで、[144] やはり貧民を対象とした簡易科設置という「慈善」実践の広まりがあったと見るべきだろう。その第四章「貧民を救恤し又たは其の救恤を勧奨するは宗教家の本務の一分とす」では、資力ある信徒に救恤せしめて財施の功徳を積ませることで、僧侶も徳を積むというのが本来の姿（檀那波羅密）だが、今日では一定の財力を持つ僧侶も多いので僧侶自身が財施し、布教の好便宜とすべきである、としている。[145]

「貧民救恤原論」では具体的に学校教育について述べている部分はないものの、右の基本的な考えに照らせば、簡易科設置がそれに一致することは明らかであろう。すなわち簡易科設置は「慈善」であることによって、被災者や貧民への救恤とともに、仏教の社会的存在意義を示す重要な事業として展開してゆく、はずであった。

ところが、僧侶による貧児教育活動は一八九〇（明治二三）年後半以降、縮小の道をたどる。たとえば、京都の洪済会では、一八九二年初頭に事業不振により教員養成所の廃止が決定され[146]、また洪済学校も四校のうち、一八九二年末には二校に縮小されている[147]。

直接のきっかけは、一八九〇年一〇月七日に公布された、第二次小学校令である（勅令第二一五号）。この全面改正で、簡易科の制度自体が消滅する。この消滅の理由はいくつか考えられる。当初期待していた就学率向上に大きな進歩が見られなかったこと。簡易科設置によって、区域全体が貧困であるかのような印象を外に与えることへの忌避。市町村における財政面での困難、などである。そうした簡易科の制度的喪失をうけて、僧侶の俗人教育参入そのものへの関心も薄らいでゆく。

制度の消滅だけが問題なのではなかった。翌一八九一年四月に開催された各宗管長会議の臨時会議において、窮民救助活動の強化が決議された[148]。このとき、前年の同会議で提起されていた教育に関する項目は立ち消えになっている。仏教界の関心事から、俗人教育が後退しつつあったことがうかがえる。その動向を決定づけたのは、同年一〇月に発生した濃尾震災であった[149]。これに対する被災者救恤の記事を、『明教新誌』をはじめとする仏教雑誌は連日掲載していった。このとき寺田福寿は、今こそ仏教の学校教育参入の好機である、と捉えた論説を発表する。すなわち、被災地域における寺院を小学校に利用し、簡易科のような体制でもってしのぐこと、被災した僧侶はその間上京して教員養成機関での学習に従事し、終了後に寺院に戻り教員として学校教育にも携わること、を主張したのである[150]。寺田は僧侶による俗人教育参入をここでも主張したわけだが、もはや少数意見でしかなかった。むしろ有力な各宗僧侶によって展開されたのは、貧民救恤という「慈善」事業の功を争うことであった。濃尾震災発生直後から、仏教雑誌にはかつてないほど被災者救助に関する記事であふれかえり、義捐金の額や追弔会の実施などが美談と共に連日報道されてゆくのである。(151)

言うまでもないことだが、ここで被災者への救恤活動を場当たり的だと非難するつもりはない。ただ、俗人とりわけ貧児を対象にした学校教育よりも、目の前で「慈善」を示せる、また社会的にも認知される他の事業に容易に転化してしまったことの問題性は指摘すべきであろう。貧児教育を「慈善」と捉える認識が、高揚していた俗人教育参入を簡易科設置という形で実現する合い言葉の役割を果たしたのは確かである。だが、制度面での保証を失ったとき、仏教界全体に広がりつつあった俗人教育の自律的展開を阻んだのも、この「慈善」意識であったのではないだろうか。一八八九年に各宗寺院共同で設置された普善学校（青森県八戸）について述べた雑誌記事には、同盟寺院のなかに維持費を出さないものが少なくないことを問題視し、「陸奥地方に限らず東京市下なる同主義の学校賛成員の中にも其初めに慈善者の一分に加はりながら今日に至り月費も納めざるものありといふ」事態を批判するものがあった。(152)最初だけ「慈善」に加わってあとは無関心、というこの「流行」への警鐘は、すでにその後の展開を十分に予告していたのである。(153)

## おわりに

本章で得られた成果について、三つの節で論じた諸相を脈絡づければ、少なくとも次の三点が指摘できるだろう。

第一に、徳育論争と並んで（あるいはそれ以前に）、僧侶教員兼務を含めた俗人教育への参入が論じられていたことである。これが理念先行の徳育論争とともに当時の言説状況を構成していた点は、僧侶の小学簡易科設置を促した要因としても重要であろう。

第二に、にもかかわらず、僧侶が俗人教育を行うとは具体的に何を指すのか、その議論が成熟せぬままに教育活動が展開されたことである。簡易科のような学校を設置して事足れりとするか、僧侶を教員とすればよいのか、あるいは礼拝や読経といった儀式を導入するのか、教理の内容まで深く入り込むべきなのか。大植仙太が簡易科の現場で見出したように、この問題が現場では必ず生起していたはずである。それは高等普通学校や大谷派経営の尋常中学校においてはともかく(154)、簡易科については、まずは学校と教員さえ自前で作ればよいという程度の考えに落ち着いていた。そうした性急さは、島地黙雷が僧侶の学校教員兼務を唱えたときの口吻にも、ぴたりとあてはまるものであった。

そして第三に、当該期の僧侶の俗人教育参入を促したのが、「慈善」という言葉であったことである。貧児を対象とする簡易科設置は、それが仏教本来の慈悲に基づくものであるとする理念と、国家的見地および社会秩序維持の立場から必要であるという認識、そして仏教の社会的な存在意義をアピールしたいという思惑とを、「慈善」の名の下に包み込んで実行された。ゆえに、それらを充足する他の事業（たとえば震災後の救助・復興）が登場すれば、そちらへと容易に転換することになる。教育をすぐに結果が出ないものと捉えるならば、結果がわかりやすい形で表れる別のものへと流れていったのだ、と表現することも可能だろう。他方で大谷派の尋常中学校経営も、一八九三（明治二六）年には京都・金沢とも府県の経営に復し、翌年には名古屋普通学校も含め、各校は真宗中学寮として再出発する(155)。もちろん、その後女子教育や障害児教育、あるいは少年保護の場に僧侶が活躍することはあった。だがそれらは概して一部の僧侶の個人的な努力によるものにとどまり、簡易科設置のような大きな波を作り出すには至らなかったのである。

特に最後の点は決定的に重要である。貧児教育の退潮と、教育勅語の発布（一八九〇年一〇月）から「教育と宗教の衝突」論争（一八九二～九三年）にかけての時期とが、見事なまでに符合するからである。これは果たして単なる偶然であろうか。宗教教育とは何か、あるいは教育の場での仏教の役割は何か、といった問題を具体的に考える契機にあふれていたはずの一八八〇年代後半。その時代を「慈善」のかけ声のなかで慌ただしく過ごした仏教界のありようにこそ、「教育と宗教の衝突」を自らに突きつけられた問題としえなかった、大きな理由が内在していたのではなかったか。それは、近代日本の学校教育における「非宗教」性の形成過程を論じる上で、決して看過できない重大な局面であり、キリスト教や神道だけでは明かし得ない地平を指し示しているようにも考えられるのである。

（1）平松理英「会員諸君に告く」（『令知会雑誌』一二号、一八八五年三月）。
（2）同志社の大学校設置構想の推移については、『同志社百年史』通史編一、一九七九、第八章。
（3）当該期の排耶演説については、大濱徹也『明治キリスト教会史の研究』吉川弘文館、一九七九、坂口満宏「一八八〇年代・仏教の反キリスト教運動――排耶論の普及と結社・講談会活動」（同志社大学人文科学研究所編『排耶論の研究』教文館、一九八九）、福井純子「排耶というトレンド――一八八〇年代京都の宗教事情――」（『立命館大学人文科学研究所紀要』八〇、二〇〇二）、など。
（4）山口輝臣前掲書、第四章。
（5）大濱前掲書、第二章第二節。
（6）「僧侶教育の方法を論す」（『奇日新報』二八四・二八五号、一八八四年一〇月三・五日付）。
（7）「仏蘭西の普通学校」（『明教新誌』二一二三号、一八八六年一二月一〇日付）。

(8)『令知会雑誌』一三号、一八八五年四月付。

(9)たとえば、無為窟吉川円従「浄土宗代議員諸師に望む」(『明教新誌』二〇八五・二〇八六号、一八八六年九月二四・二六日付)、桐蔭居士石村貞一「問答」(『令知会雑誌』三六号、一八八七年三月付)。また、僧侶養成学校が俗人教育に乗り出す事例や、俗人対象の私塾が設置される記事も増加していった(「雑誌及学熟《ママ》」(『令知会雑誌』二四号、一八八六年三月付)、「教海波瀾　新潟上越後の実況」(同三三号、一八八六年一二月付)、など)。

(10)『明教新誌』一九五九号、一八八六年一月四日付。

(11)『東洋大学百年史』資料編Ⅰ・上、一九九三、一〇頁。

(12)同前、八三〜八四頁。初出は『教学論集』第四五編、一八八七年九月五日。

(13)木戸若雄『明治の教育ジャーナリズム』近代日本社、一九六二、二九頁。

(14)村尾懐太郎「僧侶に教員を兼子しむべからず」(『教育時論』五五号、一八八六年一〇月二五日付)。

(15)『教育報知』五六号、一八八七年二月二六日付。

(16)木戸若雄前掲書、五九頁。

(17)下谷・村岡生「日本教育に宗教を適用するの利害」(『教育報知』六三号、一八八七年四月一六日付)。

(18)若狭・江口盛徳「仝」同前。

(19)米沢・咬菜生「道徳を論して教育に宗教を適用するの問に答ふ」(『教育報知』七三号、一八八七年七月二日付)。

(20)江刺・本多澄雲「日本教育に宗教を適用するの可否」(『教育時論』八五・八六号、一八八七年八月二五日・九月五日付)。

(21)石蓮子「教育の根原(埼玉私立教育会演説)」(『明教新誌』一九八七・一九八九〜一九九一号、一八八六年三月四・八〜一四日付)。なお、同二一五二号(一八八七年二月一四日付)には、「石蓮子　蘆津実全」と署名した漢詩が掲載されているが、この「石蓮子」は一般名詞でもあり、必ずしも蘆津実全と同一人物とは断定できない。後考を期す。

(22)同前一九八七号、一八八六年三月四日付。

(23)小野は、条約改正問題への傾倒をきっかけとして、「概我帝国真成之歴史而伝於海外者少、為未厚本邦之信用」との認識から日本史の研究・叙述に踏み出していった(「留客斎日記」一八八三年七月二九日条、『小野梓全集』第五巻、早稲田大学出版部、一九七二)。

(24) 『明教新誌』一九八九号、一八八六年三月八日付。
(25) 同前一九九〇号、一八八六年三月一二日付。
(26) 同前一九九一号、一八八六年三月一四日付。
(27) 同前。
(28) 元田永孚「森文相に対する教育意見書」(大久保利謙編『森有礼全集』第二巻、宣文堂書店、一九七二)、四六三頁。
(29) 『大日本教育会雑誌』六八号、一八八七年一一月付。
(30) 久木幸男「徳育論争」(前掲『日本教育論争史録』第一巻近代編上)、六九頁。
(31) 中西前掲論文、一四〜一三頁。
(32) 内藤耻叟『国体発揮』博文館、一八八九。
(33) 菊池熊太郎「理学宗」(『大日本教育会雑誌』七二〜七四号、一八八八年二〜四月付)。
(34) 西村茂樹『日本道徳論』訂二版、哲学書院、一八八八。
(35) 「徳教の主義は各その独立に任す可し」(『時事新報』一八八九年二月九日付、『福沢諭吉全集』第一一巻、四三六〜四三九頁。
(36) 『森有礼全集』第一巻、宣文堂書店、一九七二、六五九〜六六〇頁。
(37) 「小学校の徳育」(『教育報知』二二二号、一八九〇年六月二一日付)。および『徳育鎮定論』興文社、一八九〇。
(38) ただし、信教の自由を根拠とした③の論者もいた。『教育時論』の記者である西村正三郎は、「徳育のことは教師次第」として、特定宗教に基軸を決定する必要はなく、信教の自由を侵さない限りでの宗教教育も容認していた(西村「徳育の話」(『教育時論』一一三号、一八八九年六月五日付)。教師次第という認識は先の「石蓮子」とも共通する部分があり、あるいは西村のような考えが教育雑誌における仏教論不在のもう一つの要因であったかもしれない。
(39) 「宗教論(一〜五)」(『教育報知』九五〜九七・一〇二・一〇三号、一八八七年一二月三日〜一八八八年一月二八日付)。
(40) 中西前掲論文、二二頁。
(41) 『教育報知』一〇三号、一八八八年一月二八日付。
(42) たとえば『教育時論』九六号(一八八七年一二月一五日付)では、さっそく河野於菟麿「加藤弘之君の徳育方案を読む」が掲載され、一〇一号（一八八八年二月五日付）には「徳育に関する諸論説」と題し、市村竹馬「徳育に耶蘇教を用ふべきを論ず」、山城・荒木真「道徳を修練するに宗教主義に由るの可否」、宇治山田・瀬尾吉重「徳育上加藤弘之君の意見を読で感あり」、福島・木村知治「日本教育に宗教を適用せんとする論者に告ぐ」、福地復一「加藤弘之氏の徳育方法案を駁す」の四編が、同一〇二号（同月一五日付）「徳育上の諸論説」には甲斐・土屋夏堂「学校教育には宗教を用ふるの要なし」、蜻蛉生「西村先生の問に答ふ」、隠酉生「徳育と宗教との関係併せて国民之友の評者に答ふ」の三編が一挙に掲載された。

(43) 前掲『森有礼全集』第一巻、四二〇〜四五六頁。

(44) 『教育報知』一三〇・一三一号、一八八八年八月四・一一日付。

(45) 『令知会雑誌』五四号、一八八八年九月付。

(46) 『教育報知』一三一号、一八八八年八月一一日付。

(47) 注(44)に同じ。

(48) 岡無外「明治二十二年を迎ふ」（『法之雨』一三号、一八八九年一月付）。同誌は、名古屋の真宗大谷派有志によって刊行されていた雑誌である。

(49) 一例のみ挙げれば、一八八八年七月二二日付の『明教新誌』によると、北越曹洞宗専門支校において数学・物理・論理学などの普通教育を九月から導入するという（二四〇一号、蔵六居士「新潟県曹洞宗寺院諸子に望む」）。

(50) たとえば一八八六年、原坦山（曹洞宗）は俗人も入塾できる仏教私塾を東京・牛込の万昌院に設けている（「雑誌及学熟」（『令知会雑誌』二四号、一八八六年三月付））。翌一八八七年の大阪では、禅僧有沢香庵が中学校初歩程度の私立学校を設け、豪商・鴻池の出資を得て四〇〇名ほどの生徒を集めている（「教海波瀾」同前四〇号、一八八七年七月付）。また同年九月一一日、福井県の大谷派各寺院が福井宝永上町に「学場」を開場、教義と一般の教育内容（普通学科）とを俗人子弟にも門戸を広げて教育する計画であることが、報じられている（「福井県通信」（『教育時論』八八号、一八八七年九月二五日付））。

(51) やや時期を遡って紹介したものに、中西直樹・阿部純宏ほか三名「明治前期の仏教少年教会」（『研究紀要（京都女子大学宗教・文化研究所）』七、一九九四）、がある。また当時の仏教雑誌を探れば、一八八七年一月に大阪府堺で大谷派少年教会が設置され、毎日曜日に少年八〇〜九〇名を集めて仏教説話を行っている、との記事が見える（『令知会雑誌』三七号、一八八七年四月付）。

（52）もともと一八八三年に北総英漢義塾として発足していたものを、成田山新勝寺が継承して新たに設けた学校。英漢義塾については『成田市史』近現代編、一九八六、一一九頁、同近代編史料集二（教育二）、二一七頁、など参照。

（53）仏教系女学校の設立については、中西直樹『日本近代の仏教女子教育』法蔵館、二〇〇〇。

（54）「興学私案」（『明教新誌』二二三四〜二二三七・二二四三号、一八八七年一月六〜一二・二四日付）。

（55）前掲『森有礼全集』第一巻、五三七頁。

（56）『明教新誌』二二三七号、一八八七年一月一二日付。

（57）石村貞一「学校設立策」（『令知会雑誌』三四号、一八八七年一月付）。

（58）「各宗協同大学校設立」同前。なお、同誌では日野ではなく福田行誡の名を挙げていたが、当時福田は東京深川・本誓寺に隠棲中であり、「各宗協同普通学校」（『明教新誌』二二四三号、一八八七年一月二四日付）に挙げられていた日野と誤って記されていたものと考えられる。

（59）「四大僧正書翰」（同前二二四六号、一八八七年二月二日付）。

（60）「各宗協同高等中学校」（同前二二五三号、一八八七年二月一六日付）。

（61）たとえば「中学校創立の必用」（同前二二七二号、一八八七年三月二八日付）、「和敬会員某氏の手簡」（同前二一七四号、一八八七年四月二日付）、など。

（62）「高等普通学校設立（其二）」（同前二三四九号、一八八七年九月四日付）。

（63）東京都公文書館所蔵の行政文書では、当初の申請時には西洋建築二階建ての校舎を八三番地に設置すると申告していたが（『明治二十年　願伺届録・各種学校・九冊ノ内六』）、九月二六日に入学申し込み者多数のため仮教場として八四番地（長谷寺本堂内）に設置したいと届け出ている（『明治二十年　願伺届録・各種学校・九冊ノ内七』）。

（64）同前二三四六〜二三四九号、一八八七年八月二八日〜九月四日付。

（65）「教員雇入の儀開申」（『明治二十年　願伺届録・各種学校教員・全』、東京都公文書館所蔵）。

（66）注（62）に同じ。

(67)「高等普通学校」（『明教新誌』二二六〇号、一八八七年九月二六日付）。
(68)「高等普通学校開校式」（同前二三一一号、一八八八年一月一二日付）。
(69)「高等普通学校寄付」（同前二二九一号、一八八七年一一月二八日付）。
(70)進藤祖梁「私立高等普通学校開業式を聞き感あり書して黄檗宗内の諸大徳に質す」（同前二三一四号、一八八八年一月一八日付）。
(71)同前二三三七号、一八八八年三月八日付。
(72)『明治二十一年　添申録』東京都公文書館所蔵。
(73)『明教新誌』二四八七号、一八八九年一月二〇日付、広告欄。
(74)「普通学講義録発行広告」（同前二七六三号、一八九〇年八月二二日付、など）。
(75)「高等普通学校」（同前二七四九号、一八九〇年七月二四日付）。
(76)「高等普通学校の開校《ママ》」（同前二七六五号、一八九〇年八月二六日付）。
(77)『曹洞扶宗会雑誌』一七号、一八八九年六月二九日付。
(78)一八八八年夏、新潟県曹洞宗務支局は、高等普通学校への就学勧奨を同県末寺へ諭達している（『明教新誌』二三九六号、一八八八年七月一二日付）。曹洞宗の動向を考察する際、このような東京以外の地方で高等普通学校がどう捉えられたのか、という側面も一つの切り口として有効であろう。
(79)以上の制度的変遷については、『大谷大学百年史』通史編、二〇〇一、八二～八七頁。
(80)『大谷中・高等学校九十年史』一九六四、二〇～二三頁。
(81)同前、二八頁。
(82)同前、三〇頁。
(83)『京一中洛北高校百年史』一九七二、荒井明夫「明治中期府県管理中学校における「官」と「民」――京都府尋常中学校を事例として――」（『日本教育史研究』八、一九八九）、小林嘉宏「京都府会における中学校論議」（本山幸彦編『京都府会と教育政策』思文閣出版、一九九〇）、など。
(84)荒井明夫前掲論文、五〇頁。なお荒井は、大谷派が一貫して巨額の負債にあえいでいたことを強調しているが（たとえば同前四八頁)、渥美契縁の尽力によってその負債を明治二〇年代に一気に償却してゆくという指摘もあり(前掲『大谷中高等学校九〇年史』、三二頁)、残る負債を重視するか、着実に償却してゆく面に力点を置くかは、論者によって異なる。

(85) 前掲『京一中洛北高校百年史』、一二五頁。

(86) 金沢での事例については、石川県教育会金沢支会編『金沢市教育史稿』一九一九、二七〇~二七一頁、および『金沢一中・泉丘高校百年史』前編、一九九三、二〇~二三頁、を参照。

(87) 『本山報告』四二号、一八八八年一二月一五日付。

(88) 同前四九号、一八八九年七月二〇日付。

(89) 前掲『金沢市教育史稿』、二七一頁。

(90) 『本山報告』四五号、一八八九年三月二五日付。

(91) 同前五五号、一八九〇年一月一五日付。

(92) 前掲『京一中洛北高校百年史』、一二二頁。

(93) 大谷派普通学校については『尾張学園百六十年史』学校法人尾張学園、一九八八、五三~八四頁、参照。

(94) 『本山報告』四九号、一八八九年七月二〇日付。正確には、普通学校に移管された生徒が一八八九年七月に卒業した時点で、尾張教校は正式に包摂されることとなった。

(95) 同前三六号、一八八八年六月一五日付。

(96) 同前三〇号、一八八七年一二月一五日付。

(97) 「宗学校」(『法之雨』六三号、一八九三年二月付)。ちなみにそれよりやや程度の低い(尋常中学校三年修了程度)ものとして、大谷・米北・米南・越中・美濃・三河・越前の各教校が挙げられている。

(98) 尾張教校の前身・尾張小教校は、地元末寺と信徒の寄付などによって自立採算で経営されていた。前掲『大谷中・高等学校九十年史』、一八頁。

(99) 小山静子「高等女学校教育」(前掲本山幸彦編『京都府会と教育政策』)、三一四~三一五頁。なお一八八八年八月一四日付の『日出新聞』は「女学校費の負担お断」と題した記事で、本願寺派が大谷派の尋常中学校経営にならって、高等女学校の資金提供を申し出たものの、府はそれを断ったと報じている。

(100) 一八八七年一一月一三日、大阪府尋常師範学校における演説。『森有礼全集』第一巻、五七九頁。
(101) 小学簡易科についての主な先行研究としては、田中勝文「明治中期の貧民学校——小学簡易科制度の実態分析——」(『日本の教育史学』八、一九六五)、川向秀武「小学簡易科論」(『人文学報(東京都立大学人文学部)』八二、一九七一)、前掲『近代日本教育百年史』第四巻、一〇一〜一一二頁、久木幸男「慈善洛東学院とその周辺」(『横浜国立大学教育紀要』二二、一九八二)、中西前掲論文、土方苑子『東京の近代小学校』東京大学出版会、二〇〇二、第三章第一節、軽部勝一郎「岩手県における小学簡易科の研究」(『地方教育史研究』二三、二〇〇二)などがある。
(102) 田中勝文前掲論文、四一頁。
(103) 土方苑子前掲『東京の近代小学校』、第三章第一節。
(104) 中西前掲論文、三〜一四頁。
(105) 吉田久一前掲『改訂増補版　日本近代仏教社会史研究(上)』、三九二頁。なお中西前掲論文九頁には、一八八六年二月の山梨県西山梨郡に設立された福田学校の名が挙がっているが、小学校令以前の設置のため【表22】からは除外した。
(106) 「寺田福寿氏の意見書」(『明教新誌』二一五八号、一八八七年二月二六日付)。寺田福寿については、三宅守常「明治仏教と教育勅語(四)真宗僧寺田福寿の衍義書の場合」(『大倉山論集』二六、一九八九)、藤原正信「真宗僧侶寺田福寿と福沢諭吉——『教育勅語説教』の周辺——」(『龍谷史壇』一二一、二〇〇四)、など。
(107) 「寺門改革茶話」(『明教新誌』二一六七号、一八八七年三月一八日付)。
(108) 「寺門改革茶話追白」(『明教新誌』二一六六号、一八八七年三月一六日付)。
(109) 『教育報知』六四・六五号、一八八七年四月二三日・五月七日付、および「貧児教育法」(『明教新誌』二二一一〜二二一三号、一八八七年六月二〇・二二日付)。
(110) 以上の引用は同前二二一三号、一八八七年六月二二日付。
(111) 「貧困児童の教育を僧侶に依頼するの説」(『明教新誌』二二三〇号、一八八七年七月二六日付)。
(112) 中西前掲論文、八〜九頁。
(113) 『明教新誌』二二〇二号、一八八七年五月三〇日付。
(114) 『教育報知』六八号、一八八七年五月二八日付。

(115) 「各宗共立貧民学校の批評」(『浄土教報』一一・一二・一四号、一八八九年七月一〇日~八月二五日付)。
(116) 以上の引用は同前一二号、一八八九年七月二五日付。
(117) 同前一四号、一八八九年八月二五日付。次の段落の引用も同じ。
(118) ただし、一八八九年七月一日の文部省訓令第三号によって、小学簡易科への修身科設置を認めるという改正が行われている。
(119) ここからさらに透けて見えるのは、各宗共同であるがゆえに積極的に教理に基づいた徳育を行えないのではないか、という点である。各宗共同という形で間口を広くとれば、運営資金たる寄付金が集めやすいというメリットはあるものの、俗人に仏教的徳育をほどこす方法も一定しがたく、結局仏教側の目的であった布教手段としては効果が薄くなる、という意識がそこにはあったように思われる。
(120) 「仏教会」(『令知会雑誌』三九号、一八八七年六月付)。
(121) 曹洞扶宗会については、前掲池田英俊『明治仏教教会・結社史の研究』、二一六~二六六頁。
(122) 『曹洞扶宗会雑誌』四号、一八八七年五月二九日付。
(123) この計画は地方へも波及し、神奈川県第一号曹洞宗務支局の扶宗会員はさっそく、簡易師範学校開設につき協議している。『明教新誌』二四三二号、一八八八年九月二六日付。
(124) 「簡易師範科伝習」(『曹洞扶宗会雑誌』七号、一八八八年八月二九日付)。
(125) 「東京府布達」(『明教新誌』二四四一号、一八八八年一〇月一四日付)。
(126) 「伝習所開業」(同前二四五一号、一八八八年一一月四日付)。
(127) 東京都立教育研究所『東京教育史資料大系』第六巻、一九七三、一八六~一九二頁。
(128) 「伝習所開業」「又」(ともに『曹洞扶宗会雑誌』一九号、一八八九年九月二九日付)。
(129) 「簡易小学開校」(『浄土教報』二三号、一八九〇年一月一五日付)。
(130) 「簡易校」(『曹洞扶宗会雑誌』二二号、一八九〇年一月二四日付)。
(131) 「学校設立」(『日出新聞』一八八九年一二月一五日付)。
(132) 「各宗会議議案要領」(『浄土教報』四一号、一八九〇年七月五日付)。

(133) 前掲『牧野伸顕文書』二三七。次の二段落での引用も全て同文書からのものである。なお当時の宗教教育管理に関しては、飯山義子「訓令一二号の性格とその史的背景」(『(東北大学教育学部)研究集録』九、一九七四)、堀内守「私立学校および学習院」(前掲海後宗臣編『井上毅の教育政策』第九章)に詳しい。
(134) この点に関しては、序章でとりあげた久木幸男「公教育と宗教教育」でも、「ほぼたしかなのは、当時の文部省が確固とした宗教教育方針をもっていなかったということです」と述べられている(八二頁)。
(135) なお、仏教と慈善(事業)については古代から近世まで膨大な研究がなされているが、近代に関しても池田英俊・芹川博通・長谷川匡俊編『日本仏教福祉概論――近代仏教を中心に』雄山閣出版、一九九九、吉田久一『社会福祉と日本の宗教思想』勁草書房、二〇〇三、など概説的論考は蓄積されている。
(136) 注(126)に同じ。
(137) 「慈善学校設置願」『明治二十年　願伺届録　私立小学校　四冊ノ内三』東京都公文書館蔵。
(138) 「私立小学校新設不認可処分内規」『明治二十一年　本庁定規録』東京都公文書館蔵。
(139) 「貧民救恤原論」(『明教新誌』二七三一〜二七七〇号)。なおこの史料については、吉田久一前掲『改訂増補版　日本近代仏教社会史研究(上)』第二部前編第五章、にもとりあげられている。吉田は当時の仏教者における貧民認識として、「封建的倫理的怠惰観」に基づく惰民観が最も多いとする(同書、二五三頁)。
(140) 「貧民救恤原論　第一章　緒論」(『明教新誌』二七三二号、一八九〇年六月二〇日付)。
(141) 「貧民救恤原論(接前)第三章　本論の大意」(同前二七三四号、一八九〇年六月二四日付)。
(142) この事件が義捐金活動という新しい「社会空間」を形成した点については、北原糸子『磐梯山噴火』吉川弘文館、一九九八、を参照。
(143) 「慈善家の注意を望む」(『明教新誌』二五九九号、一八八九年九月一四日付)。
(144) なお市制町村制の施行に伴い、従来の名望家に多くを望むのではなく自治体による貧民救恤を推進する「窮民救助法案」が、第一回帝国議会の第一法案として提出されている(稲葉光彦『窮民救助制度の研究』慶応通信、一九九二、古田愛「明治二三年窮民救助法案に関する一考察」(『日本史研究』三九四、一九九五)、参照)。「慈善」事業の高まりをめぐっては、政府と自治体、宗教団体、名望家、そして「窮民」という複眼的な分析が必要なのは言うまでもないが、小学簡易科においては親や教員という要素も絡み、問題の位置づけや評価が一層困難である。

(145) 「貧民救恤原論(接前)第四章　貧民を救恤し又たは其の救恤を勧奨するは宗教家の本務の一分とす」(『明教新誌』二七三五号、一八九〇年六月二六日付)。

(146) 『浄土教報』九六号、一八九二年一月一五日付。

(147) 同前一三二号、一八九三年一月一五日付。

(148) 「各宗管長臨時会議々決」(『明教新誌』二九七六号、一八九一年四月一六日付)。

(149) 濃尾震災における仏教教団および仏教者の救恤については、吉田久一前掲『改訂増補版　日本近代仏教社会史研究(上)』、三二七〜三三二頁。また同震災の死者追悼の問題については、羽賀祥二「一八九一年濃尾震災と死者追悼――供養塔・記念碑・紀念堂の建立をめぐって――」(『名古屋大学文学部研究論集』一三四・史学四五、一九九九)。

(150) 寺田福寿「震災地教法上并に教育上の善後策第二」(『法之雨』四八号、一八九一年一二月付)。

(151) 『明教新誌』でも、「地方の震災に就き特に僧侶諸氏に望む」(二九七三号、一八九一年一一月二日付)以降、連日記事が掲載された。たとえば慈育小学校児童の義捐について称賛した「貧児の義挙」(二九八五号、同月二八日付)など。また本願寺派の『令知会雑誌』では同派が二万円余の醵金をしたことや、同派共保会において新しく救恤についての規則を追加したことなど、自宗派への称賛が示されている(「震災救恤の例証」「本願寺派共保会」ともに九三号、一八九一年一二月付)。

(152) 「晋《ママ》善学校」(『明教新誌』二六三二号、一八八九年一一月二〇日付)。

(153) 「流行的の救済」(『明教新誌』二七九〇号、一八九〇年一〇月二〇日付)。

(154) なお京都府尋常中学校での仏教教育に触れておくと、兼学部からの移管組を含めた大谷派僧侶子弟に対してのみ行われ、毎日放課後一時間の別科として宗乗・余乗・哲学の講義があった。そして朝夕の勤行は寄宿舎内ではなく近隣の寺院に赴いて行い、普段は俗服で過ごしていたという。また学校の休日として親鸞および前法主命日たる四・二八日を設定していたが、俗人生徒からは反発もあった、と回顧されている。前掲『京一中洛北高校百年史』一三二〜一三三頁。

(155) 前掲『京一中洛北高校百年史』一三九頁、『金沢一中・泉丘高校百年史』前編一三三頁、『尾張学園百六十年史』八五頁。中学寮は「寺院住職たらんとする者に適当の教育を施す」機関と位置づけられていた。

# 終章

本書では、明治前期において学校教育と宗教とがどう関わっていたのか、その具体相を明治初年の民衆教化政策、および明治一〇～二〇年代前半（一八七〇年代後半～九〇年頃）の仏教の動向に焦点を当てて見てきた。その際、近代学校教育の歴史を「世俗化」に軸足を置いて単線的にみる従来の視点でなく、教育―教化―仏教の重なり合いと分離の歴史、すなわち「教」の時代に蓄積された葛藤を照射することを一つの眼目とした。終章では、ここまで述べてきた内容を要約するとともに、その後の展開について本書の視点から補足・展望し、結論を述べたい。

第一部では、「学制」発布と同じ一八七二（明治五）年に開始された、教部省の民衆教化政策に焦点を当てた。この政策は、全国の神官・僧侶を総動員して「教導職」に任じ、「敬神愛国」などの神道や儒教を軸とした徳目を説教させて、キリスト教を抑えつつ天皇を主軸に戴いた新政府の支持を取り付けようとしたものであった。そこでは東京に教化の本拠・大教院を置き、各府県に中教院、全国の寺社を小教院とした神仏合同の教化体制（大教院体制）の構築が目指された。その本格的な推進は、東京府参事・三島通庸の教部入省を契機とし、三島の発案で学校教育のカリキュラムへも組み込まれることになった。その際、三島にとって学校と説教所は区別すべきものとは考えられていなかったのである。そこに重要な転回をもたらしたのが、岩倉使節団での教育事情調査から帰国した文部省の田中不二麿、および木戸孝允である。田中らは欧米での見聞から「教育と宗教の分離」理念を学びとり、教導職の教化活動をキリスト教同様の「宗教」であると見なして、教導職の教員兼務禁止や「学制」からの排除を決定する。これによって学校教育への教化活動組み込みは頓挫し、教化路線も民衆に対して法令や「開化」的知識を解説するものへと変容してゆく。だがその転回は、さらに真宗僧・島地黙雷によって、政治権力による信教の自由への介入だとの激しい批判にさらされる。一八七五年、大教院体制は結局実質三年で瓦解するに至った。しかしその批判の過程で、島地は僧侶が初等教育を担当すべきだという自説を放棄し、「分離」理念を受容することになる。三島、田中・木戸、島地らの姿に即せば、この時期に近代日本における「教育と宗教の分離」という枠組の出発点があったと言える。そして公立学校での教育に、宗教勢力がほとんど関与しない（カリキュラム上、厳密な意味での宗教教育が必修科目にならない）という、近代日本の特質が形成されるおそらく最初の大きな契機であった、と位置づけられる。

しかしこうした認識は、中央で政策決定に関与する者たちのものにすぎず、各地の教化活動の現場においてはまた別のかたちで問題が浮上していた。当時随一の「教育県」とされた筑摩県も、その舞台の一つであった。一八七三（明治六）年五月、大教院から、教導職黒川益清らが同県へ派遣された。黒川らは同県内で巡回説教や教化体制形成に取り組み、松本小教院を設立する。だがその直後に県庁と摩擦を起こし、結局同年九月、教導職を更迭されるに至ったのである。この事件は、表向きには教区変更をめぐる認識の相違と強引な教化活動費調達が、県庁の不興を買ったために発生したものであった。だがその裏には、黒川らによる県政批判、とりわけ学校設置推進のあり方に対する不満表明に、県庁が強く反発したというもうひとつの事情があった。学校の設置・維持費用に苦しむ地域住民が、県下寺社の資金のみで運営される松本小教院の存在を知ることで学校行政へ不満を持つようになり、ひいては寺子屋への回帰をも望むようになるのではないか、との危惧であった。県庁は教化活動が学校教育に対立しうる存在と認識したが、筑摩県の民衆は、両者を全く別次元のものとは考えていなかったのである。

県下の神官・僧侶、そして県庁において、教化活動に寄せる思惑は三者三様であった。たとえば僧侶・安達達淳の場合、活動の主眼は廃仏毀釈で弱体化した仏教の復興、具体的には仏葬の回復に置いており、説教はそれに付随するものでしかなかった。三条教則やそれに基づく説教法を学習するとしても、それは教導職試験に合格して住職身分を保障することを目的としたものであった。また神官・岩本尚賢は、地域住民の信仰を得て給与を得るための一手段として教化活動を捉えていた。そして県庁は、説教と法令・布告の解説とをセットで実施するという新しい教化方法を採用し、教導職に説教実施を促す。その一方で、一八七四（明治七）年に県下を巡回した県権令永山盛輝は、学校教育推進を称賛しつつ寺院を時代遅れとして非難するというパフォーマンスを行う。ここにおいて、県庁にとっての「教化」とは県政を賛助する「セット説教」を県民に施すことにほかならず、「教化」に従事しない僧侶は学校「教育」との対比のもとで愚昧視された。しかも学校と説教所という「場」をはっきり峻別し、後者に前者の補助的役割を担わせることによって、「教育」の地位を高め、喧伝することになった。

かくして教部省による民衆教化政策は、そこに関わる人々に対して「教化」とは、また「教育」とは何なのかを知らずしらず考えさせる機会を与えることとなった。そして各地で生じたであろう松本小教院事件のような摩擦が克服されることで、いまだ不安定であった学校教育の社会的位置が、徐々に確固たるものとなってゆく。すなわち、近代日本の学校教育は、明治初期の教化活動との葛藤、それに対する非難を通じて、それまで「宗教」が果たしてきた役割と人的・物的資源とを吸収することで——いわば〈踏み台〉として——振興がはかられ、社会的に受容されていったと見ることができよう。いうなれば、近世期における寺子屋の広がり、そして僧侶と寺院という全国津々浦々の「人」と「場」の存在が、近代学校教育に教員と校舎の確保を可能にしたのである。この意味で、民衆教化政策の展開と挫折の過程は、その確保を促す一つの要因であり、（仏教側にとっては不本意ながら）避けて通れぬプロセスであった。

その後この構図は各地でいかに浸透してゆくのか。教育と宗教の関係は具体的にどう推移するのか。それらを念頭に置きつつ、第二部では両者が現場で取り結んでいた多様な関係を、とりわけ明治一〇年代から二〇年代にかけての仏教界の動向に注目して論じた。まず、「人」の問題、つまり僧侶の教員兼務という事態についてである。教導職の教員兼務は一八七三年八月に法令上禁止されていたが、全国的な教員不足もあって事実上黙認されており、一八七九（明治一二）年にはなしくずし的に解禁に至る。すなわちこの当時、人的な側面では決して「教育と宗教の分離」はなされていなかったのである。仏教雑誌『明教新誌』によれば、この解禁は一部の僧侶からは布教の場の拡大、仏教復興の絶好の機会として注目され、好意的に受け止められていたことがわかる。しかしそれは少数意見でしかなく、教団上層にある僧侶たちには全く顧みられなかった。一八八〇年前後における彼らの教育的関心は専ら僧侶養成にあり、一般の学校教育は排仏的な存在として忌避さえされていた。

実際、大教院体制の崩壊後、各宗教団においては僧侶養成学校の制度的整備が推進されてゆく。真宗本願寺派でも、京都に大教校、各地方に三〇校以上にのぼる小教校を設ける。後者においては宗乗に加え、一般学校で行われている普通学（算術・習字・歴史など）も盛り込んだカリキュラムが作成された。それゆえ文部省も、教校を小学校の代替物として容認する方向で扱っている。しかし一八八〇年の復古的改革によって、小教校での教育内容は宗乗偏重へと一変した。大教校でのエリート僧侶養成に直結させるべく行われた制度改革であったが、それへ反発する形で、教校内外での俗人教育要求が有志僧侶・信徒から各地で噴出するようになる。そうした情勢の下、一八八四年の本山集会において、僧俗問わず教育を行うことを標榜した「普通教校」の設置が決定される。だがこれも、俗人教育要求に応えたものではなく、あくまで俗人をエリート僧侶候補生として囲い込むための学校でしかなかった。俗人教育によって信者を確保し教線を拡大するといった活動に、教団中央は依然として関心を示さなかったのである。それが試みられるのは、教団の中枢ではなく、その〈外〉においてであった。具体的には、一八八五（明治一八）年の顕道学校設置や仏教修身教科書の制作構想などの事例が挙げられるが、それらも教団の動向に左右され、頓挫を余儀なくされる。

しかしその後、僧侶による俗人教育参入の動きは俄然高揚してゆく。一八八〇年代後半、仏教雑誌のみならず一般紙や教育雑誌においても、僧侶の教員兼務を含めた俗人教育への参入が論じられるようになった。数年前には乏しかった議論が、各地の俗人教育要求を背景に盛んになっていったと言えるだろう。そこでは、教員は生徒の前では仏教を蔑視せず、せめて形だけでも尊崇するふりをせよ（「石蓮子」）という主張や、住職でない僧侶は還俗した上で教員となり仏教的徳育を行うべきだ（戸城伝七郎）といった、一歩踏み込んだ興味深い意見が交わされた。これが、理念に偏する傾向のあった一八八七年末以降の徳育論争とともに、当時の教育と宗教についての言説空間を構成していたのである。そのなかで、各宗共立の私立高等普通学校設置、真宗大谷派の尋常中学校経営、そして最大の活動であった小学簡易科設置が、次々と実現してゆく。

もっともこの簡易科設置は、きわめて性急に進められていった。僧侶が俗人教育を行うとは具体的に何を指すのか、すなわち学校設置、僧侶の教員化、仏教的儀式の導入、教理の直接的教授といった諸次元をどう考えるのか、といった議論は不十分なまま、「慈善」という言葉のもとで実行されていったのである。貧児を対象とする簡易科設置は、仏教本来の慈悲に基づくものとする理念、就学率向上・社会秩序維持に必要との認識、そして仏教の社会的意義をアピールしたいという思惑とがはたらいていた。それを包み込んだのが、「慈善」という語であったと思われる。ゆえに、それらを充足する他の「慈善」事業が登場すれば、そちらへと容易に転換しうる可能性をも抱えていた。実際、一八九〇（明治二三）年の小学校令改正によって簡易科制度が廃止され、濃尾震災（一八九一年）後の被災者救恤・追悼法要など他の事業に力を注いだ仏教界は、俗人教育自体への関心を失っていったのである。

この退潮は、教育勅語の制定から「教育と宗教の衝突」論争に至る時期と、見事に符合する。一八八〇年代後半という時期は、宗教教育とは何か、あるいは教育の場での仏教の役割は何か、といった問題を具体的に考える契機にあふれていた。だが仏教界はその時代を、「慈善」のかけ声のもとで慌ただしく過ごす。その結果、「教育と宗教の衝突」論争を自らにも突きつけられた問題と感得しえないまま、キリスト教を非難する姿勢を強めていった。言い換えれば、近代日本の学校教育における「非宗教」性の形成に、この時期の仏教界は結果的にきわめて大きな役割を担うことになったのである。

筑摩県における教導職の教化活動との摩擦、それを介した仏教批判と学校教育の称揚。仏教教団における俗人教育への無関心、つかの間の参入、そして撤退。明治前期のこうした局面における蓄積を経て、近代日本の学校教育は、ある意味実態よりも理念が先行する形で「非宗教」性を帯びてゆく。それは同時に、類似的な機能を担っていた教化活動を退け、徳育をめぐって対峙しうる宗教を抑圧・懐柔・利用することで、学校教育が「国民」形成の最も重要な装置として確固たる地位を築いてゆく過程でもあった。本書での考察から、以上のように言えるのではないだろうか。

次に、本論の考察をすすめるなかで浮かび上がってきた、いくつかの方法的視座について確認しておこう。

第一部においては、教化活動を「受容する」対象としての地方官、地元神官・僧侶を描くことに焦点をあてた。従来の研究では概して、教化する側／される側という二項での把握がなされ、地方官や神官・僧侶は前者の側にのみ振り分けられていた観がある。しかし、大教院体制はそれまでにない新しい全国的教化プロジェクトであり、三条教則や十一・十七兼題という徳目の学習が求められた点では、神官・僧侶は教化政策をまず受容する存在にほかならなかった。地方官も、教部省の民衆教化政策を受け止め、自分たちの都合にあわせてそれを解釈した。とすれば、単純に「教化する側」として扱うわけにはいかないだろう。むしろ両者を教化する側／される側のあいだにあって、「教化」なるものの何たるかを肌で感じ取りうる両義的な存在であったのである。本書ではそうした実態を念頭に置き、政府・中央からの派遣教導職・地方官・地元の教導職、といった重層的関係を重視した分析を行った。当たり前のことではあるが、教部省の民衆教化政策を論じる場合、右の二項対立的把握をこえた重層性は十分意識されねばならない。これは同様に、教員や教導職を単なる「国民」形成の末端機構として、イデオロギー鼓吹の面でのみ捉えることにも、慎重さを要請するであろう。

そして、地方の側に分析の光を照射することにより、必ずしも中央での「教育と宗教の分離」路線が地方で自然と受け入れられたわけではなかったことが見えてくる。中央と地方のズレは、やはり文教政策とその社会的浸透を考えるうえでも重要な視座であると言えるわけだが、さらに翻って中央の動向に注目すれば、「分離」路線が定まるにはいまだ時間を要したことがうかがえる。

一八七九（明治一二）年五月から六月にかけて行われた教育令制定をめぐる元老院での議論を見ると、「教育」「宗教」の語について多様な意見が表出されている。議官の一人であった佐野常民は、「全国の教育事務は文部卿之を統摂す」という第一条の条文案に違和を訴え、「教育事務」を「学制（政）」と修正するよう求めたが、[1]それに関わって「学制を改めて教育令と為すも不可なり。蓋し教とは西洋にても法教宗旨に関する字にして日本にも教部省ありて神官僧徒を治めたるもの、如く決して学事に相当せさるなり」[2]と述べ、「教」という語が「宗教」に関わる言葉であるとの見解を示している。逆に福羽美静は「学」の語を「人々学ふ所を云ふものにて之を教育と云ふの意味広きに如かさる」[3]とし、「教育」の下位概念として捉えて「教育令」の語の妥当性を説いたが、齋藤利行は「畢竟教育と云へは宗教と云ふに近し。故に学政と為すを可とす」[4]と佐野に近い意見を呈した。その佐野がまた「教育の教字は西洋にては宗教道徳智識と並称するの字なるを以て之を嫌ふなり」と繰り返すと、[5]楠田英世は「学と云ひ教と云ふは素是一物を取て表裏より云ふものなるのみ」[6]と述べ、また柳原前光は「教育と云へは宗教の意味ありやと云ふに、夫の英才を教育すと云ひ、又教は学の半なりと云ふと同一の解を下さは、宗教に泥むの字にあらさるを知る可し」[7]と佐野の見解を一蹴した。

これら一連の応酬を経て、結局佐野の修正提案は多数決により却下された。ただ、三割程度の賛同は得ており、[8]その支持理由は必ずしも明確でないものの、佐野の理解が全く特異なものでもなかったとは言える。「教育」と「宗教」がどちらも「教」の字を含むために、「学」の語の理解とも絡んで、截然と分けがたいものとして認識されていたのである。「教」の時代の混沌状況は、リズムを異にしながらも中央でも地方でも妥当するのであり、本書もそれを含み込んだ往還的な視座の重要性を示したつもりである（もっともその点では、本書のタイトルでもある三つの「教」の規定、つまり「教育」＝主として公立の小学校を念頭においた学校教育、「教化」＝大教院体制期の民衆教化政策、「仏教」＝同体制期およびその崩壊後の仏教者・教団の動向、というさしあたりの用法は、きわめて限定的であるのみならず、予め「分離」されたタームであるという矛盾をはらんでいる点は自覚さるべきではあろう）。

　第二部では、次のような点を念頭においた。ひとくちに仏教、あるいは僧侶といっても、宗派の違いはもちろん、教団の上層にある僧侶とそうでない末寺僧侶とでは、おそらく現実問題に対する思考の立脚点は異なるはずである。第四章で述べた浅野義順と、浄土宗の大徳・福田行誡の言説が正反対であったことなどは、それを端的に示しているであろう。したがってその異同を踏まえた「仏教界」の把握を、まず不可欠な視点として意識した。それに関して、第五章では教団の〈内〉と〈外〉という語を用いた。特定の教団主導で行われる諸事業や、教団上層僧侶によって生み出される言説を〈内〉とし、在家仏教者や教団主導でない場で活動する僧侶、その言動を〈外〉とさしあたり措定し、前者がいかに地域の実情から乖離した自閉的なものであったかを論じた。もっとも第六章では、一八八四年頃までは〈外〉でのみ見られた俗人教育志向が、一八八〇年代末には〈内〉でも目指されるようになり（大谷派の尋常中学校経営）、〈内〉にある僧侶が〈外〉で他宗派僧侶と連携してそこに参入するという事態も生じた（高等普通学校、あるいは小学簡易科の設置）。その点に限って見れば、教団の〈内〉か〈外〉かと、截然と分けられなくなってゆく時期であるとも言える。明治仏教の特徴として、大内青巒ら在家仏教者（居士）の活躍が挙げられることが多いが[9]、たとえば大内とともに仏教修身教科書の刊行を企図した加藤恵証（真宗本願寺派）や、尊皇奉仏大同団の結成と雑誌『大同新報』の刊行（一八八九年）で大内・加藤とともに活動した蘆津実全（臨済宗）など、教団内にありながらも宗派を超えて連携する僧侶も少なくなかったのである。

　こうした視点で近代仏教史を見つめ直すと、さまざまな問いが生起してくる。たとえば、大教院体制崩壊後、各宗教団は組織再編に乗り出した結果、個々の末寺僧侶や信徒の動向をどれだけ規定・拘束するようになったのであろうか。従来の研究はその点を具体的に追究してこないまま、教団内の発展史を描くか、国家権力へ追従しがちな教団のあり方を非難するかといった方向に偏しがちであった。もちろん、戦争協力を含め、仏教教団が国家に「すり寄った」という歴史に対して批判的な眼を持つことは大切である。ただそれと同時に、教団が末寺僧侶に対して及ぼした影響力・拘束力を単純に評価せず、歴史的変遷を冷静に考察することも必要であろう。明治前期には、たとえば第五章で見たように、本願寺派の地方教校において教団が用意した模範的カリキュラムを峻拒し、信徒と有志僧侶が協力して新しい教育施設が設置されるという事態も生じていた。そうした明治前期の状況が、後にどう変容してゆくのか。その点を吟味してはじめて、近代仏教教団の「力量」とその性質を把握することができるはずである。それは、二〇世紀初頭における清沢満之らの精神主義運動など、教団改革を訴えた人々の歴史的位置をより明確にすることにもつながるのではないだろうか。

さて、序章(4)でも述べたとおり、従来の教育と宗教の関係史で主に注目されてきたのは、一八九一(明治二四)年の内村鑑三「不敬」事件、翌年高揚した「教育と宗教の衝突」論争と、官公私全ての普通学校での宗教教育禁止をうたった一八九九(明治三二)年の文部省訓令第一二号の公布であった。最後にこれらの局面をつなぐべく、本書の視点から一九世紀末の展開についてわずかながら考察しておきたい。

内村「不敬」事件につづき、一八九二年七月に熊本県山鹿高等小学校でのキリスト教徒退学処分事件が発生する。これに植村正久、横井時雄、原田助らのキリスト者が抗議の「公開状」を公表し、また文相河野敏鎌のもとを訪れ直接問い質した。この一件から、教育関係者の全国組織で政府の諮問機関的団体である大日本教育会では、同年一〇月三日に教育と宗教の関係についての取調委員が九名選出されている(10)。同委員選出の提唱者である日下部三之介は、同一二月に「小学校教育の本旨と信教自由の権利との関係調査案」を発表した。日下部は学校教育からの徹底した宗教排除論者であった。彼の見解では、人間の内面は教員という職務／自己の内面、教授することと／信仰すること、と截然と分けられるわけでない以上、宗教者を教員として任用することが即宗教の教育への侵入、と捉えられる。また、内務省社寺局で管長を監督下においている宗派は帝国憲法による信教の自由の保護下にあるが、それ以外はその保護の外とし、キリスト教に関しては公的に認められるか否かは国家学者・公法学者の判断に任せるべき、とした[11]。日下部の意見に対して、戸城伝七郎は日下部と同じ雑誌で反論している[12]。戸城曰く、教員が生徒に宗教的感化を与えることは信教の自由の奪却ではなく、勧善の道を説く点で有用であり、教員採用の裁量がある程度町村に存する以上「衝突」に至ることもないだろう。むしろ教員には一定の信仰が必要で、知識伝授に偏した効果の薄い徳育ではなく模範者として感化する方策をとるしかない。戸城はこのように日下部の意見を反転させて、普通教育に努力する宗教者を現場から排除することこそ信教の自由の抑圧である、と主張したのである。

しかし一八九二年一一月、ドイツ帰りの帝国大学教授・井上哲次郎の談話[13]から始まった「教育と宗教の衝突」論争では、こうした宗教者・教員という「人」に即した議論がキリスト教側・仏教側どちらからも、ほとんど提示されることがなかった[14]。井上は非国家主義、道徳の非世俗性、「忠孝」の不在、無差別の愛、といった点をキリスト教の特徴として挙げ、その教育勅語との不適合に批判の目を向けた。論争の真の問題は国家の支配体制に関わるものではあったが[15]、仏教側の主たる論調は、いかに国家主義的であるか、いかに忠孝を含み世俗道徳を説くものであるかを強調し、日本の国体および教育勅語に適合するのは仏教であってキリスト教は不適合である、と非難するものであった[16]。中には、教育現場のみならず日本において布教されるべきものでない、とまで排撃するものもあり、かなり感情的な論難に走る傾向が強かったと言える。確かに、中西牛郎など、それらが学校教育の現場から仏教を含めた宗教全般の排除を招きかねないと危惧する視点から、具体的に宗教が学校教育に寄与すべき方策を論じた仏教者もいた。[17] とはいえ、一時大きく高揚した俗人教育への関心が急速に減退していった状況で、彼らの議論は、少なくとも論争に関与した僧侶たちの中では、支配的な見解とはならなかった。

大日本教育会の取調委員については、一八九三年六月に日下部ら約半数が辞任・改選され、新たなメンバーを加えたようであるが、[18] その後同会の会誌に委員会の記事は掲載されなくなる。おそらく、実質的な活動はなく自然消滅したのではないかと思われる。委員の一人である杉浦重剛からは、寺院・僧侶を小学校教育に積極的に利用すべきであるとの意見も出されてはいるが、[19] 教育界でも注目されることはなく、やがて「衝突」論争も終息してゆく。この論争は、教育勅語の権威上昇と、それに抗し得なくなってゆくキリスト教の守勢、という構図の形成に結果した。[20] そこでの仏教界は、僧侶の教員兼務という事例（経験）の蓄積を生かした具体的な議論に乗り出すことはなく、小学簡易科の廃止に伴って学校教育への関与自体から退いてゆくなかで、ただ教育勅語への遵守と適合性をアピールすることに終始した。

こうした状況のもと、政府は教育行政において宗教と「交錯」する点につき、その「分離」に向けて着手しはじめた。一八九三（明治二六）年三月、文相に就任したばかりの井上毅は教育雑誌記者の質問に対して、「宗教と教育との関係」は「是れ実に国家の一大問題たり、未た軽々敷弁すへからす」と答えた。[21] 井上は一八八四年の段階で、当時の内務卿山県有朋の諮問に応えて作成した「教導職廃止意見案」の「第三書」（四月一九日付）において、政府は維新以後仏教を「相談相手」「政略之重大器械」とするようにつとめてきた、それを排斥すれば「意外之禍」を惹起する危険性がある、と述べている。[22] 社会秩序の維持という点で、仏教はキリスト教同様に警戒すべき存在であり、政府への反抗を籠絡することで未然に防いでおかねばならない。井上は以前からこうした考えを持っており[23]、それが教育勅語の起草の際にも発揮されたわけである。そして文相となっても、記者には慎重な言い回しで対応しつつ、私立学校での宗教教育について徐々に調査をすすめてゆく[24]。

他方、公立学校の宗教者による教員兼務についても、禁止方針が打ち出されてゆくようになる。第四章で示したように、一八九四年七月の和歌山県の伺に対して文部省は神職・僧侶の教員兼務不可の方針を「聞置く」と返答するのみで、兼務禁止を全国的に徹底させることはなかった。だが、一八九五年八月二七日付の福岡県伺「神職と小学校訓導と交互兼務の件」に対しては、今後はやむを得ない場合のみ許可し、氏名・事由を示しその都度伺い出よ、と返答した。引き続いて同年一〇月一〇日、内相・文相から各地方長官に宛てて、神職だけでなく「寺院住職等」もその対象に加えた同趣旨の内訓を発した。さらに、翌一八九六年三月一一日付の文部省普通学務局・内務省社寺局通牒では、より踏み込んで「右〔内訓〕は已むを得さる場合の外は可成兼務せしめさる旨趣」と、兼務を好ましくないものとする判断を出すに至る[25]。一九世紀末、政府は「教育と宗教の関係」の扱いは各府県の判断に任せる、という姿勢から、「分離」の方針を示すようになってきたのである。そうした変化の背景にはもちろん、来るべき条約改正、内地雑居によって学校教育と宗教の問題が再燃しないように、との認識があった[26]。しかし本書の議論に関わって注目すべきは、その際「人」に関してもはっきりと線を引くべきという公式見解が出されたことである。

その後も、僧侶の教員兼務は現実には消滅したわけではなかった。一九世紀末、かねてからの教員不足問題は解消されておらず、全国の学級数に対する本科正教員の不足が三万人を大きく超えていた。また、教員の低い給与水準も問題となっており、一八九八年三月には市町村立小学校教員年功加俸国庫補助法を制定するなど待遇改善策も行ったが、その成果も挙がらない状況であった。にもかかわらず、僧侶の教員兼務は原則禁止という通牒が改めて出されている。一九〇〇（明治三三）年の小学校令施行規則第一三八条第二項には、「府県知事の認可を受くるにあらされは小学教師は営利を目的とする業務を為す事を得す」とある。さらに翌一九〇一年一一月二五日には文部省普通学務局・内務省宗教局・同神社局の三局合同で、前述の一八九六年三月一一日付通牒の趣旨にのっとること、そして兼務の伺い出を文部省まで上申する必要なきこと、を道府県へ通牒しているのである。[27]後段に関しては、これに先立つ一八九八年五月二〇日付の普通学務局・社寺局通牒によって、兼務を伺い出る場合は兼務者在職学校の生徒・学級・教員数なども具申せよと道府県に申し渡しており、[28]おそらく伺い出のたびに、地方官から文部省へ申告がなされ煩瑣であったのだろう。つまり、それだけ兼務の事例はあとを絶たなかったということになる。

時代下って一九一一（明治四四）年刊行の、小学校教員の権利・義務について解説した書籍にも、「小学校教師の職を奉ずるものにして同時に神官僧侶の職にあるものあり。独逸にて教師にして僧侶の身分を有する事を禁ぜざるは国情の同じからざる為なり。日本に於て神官僧侶の職にある者を小学教師に任ずる事は、人なく已むを得ざる為めにして、元より一身上二個の職業を有する事は国家の欲せざる処なり。故に可成其数を減じ、如斯き別に職を有する人を教育界より除かざる可らず[29]」と記されている。日本においては兼務をできるだけ禁止する、という先の通牒の「分離」方針が繰り返し解説されているのである。宗教者を教育へ関わらせない原則がありながら、待遇の低さから教員のなり手がなかった場合、低廉な給料でも生計に困らない僧侶が教員を兼務する事例が、明治末年にも依然少なくなかったことは明らかであろう。

しかし、そうした実態は「教育と宗教の衝突」論争においては後景に退いており、文部省訓令第一二号の制定過程においても度外視されていた。そうした現場での実態を問わない「教育と宗教の関係」の語り方が定式化するのは、教育勅語発布前に高揚した僧侶教員兼務論が十分に熟さなかったところにも、その要因を求められるのではないだろうか。その点で本書での検討は、これまで近代日本の「教育と宗教の分離」や学校教育の「非宗教」性が、「人」や「場」という実情を措いたままで論じられてきた、そのことを照射する営みであったと言ってよい。

最後に、本書でのささやかな結論を一言でいうなら、《近代日本の学校「教育」は宗教者の民衆「教化」と「仏教」とを〈踏み台〉にすることで定着した》、となるだろう。ここでの〈踏み台〉とは、単なる政府権力による抑圧ではない。非開化的なものとして非難しつつ、場所や人材という資源を活用する。俗人教育への参与を一時的には許容しつつ、制度的に不要と見れば排除して、諸宗教を超越する存在としての教育勅語─国家主義的教育に従順たらしめる。こうした構図が明治中期までに醸成されていった。そして、宗教にかわって「非宗教」たる教育こそが国民統合の核として、国家の中枢に確固として据えられてゆく。山口輝臣が指摘するように、神社界は「非宗教」の路線をとることで、教育勅語を介して他の宗教との関係において有利な立場にたち(30)、他方仏教界は「教育と宗教の衝突」論争で、教育との親和性を説きつつも、結果的にいわば「非教育」と自己規定することになるのである。

国家に対する仏教の位置取りという点では右のような構図となるが、そのもとでも、教員と僧侶とをともに生きる人々は少なくなかった。決して「教育」と「仏教」とを截然と分けるのではなく、二つの職務を果たすなかで境界を自分なりに了解し、使い分けてゆくこともあったであろうし、あるいは貧児教育の高揚期に見られたように、仏教者であることが教育への意欲・使命感につながる例もあったのではないかと思われる。

教育史家の海原徹は明治期の教員の一つの特徴として、顕著な「社会的モビリティ」を挙げている。自由意思による異動、そして政界・実業界・文壇への進出が多い点を指摘し、それを「将来の成功、栄達を夢みる客気の青年、いわば野心うつ勃たる腰掛教師」ゆえに「すぐれた教育者でありえたのではないだろうか。自らの理想、あるいは憧れを通して、つねに一途な向上を求めてやまなかった」と好意的に評価するのである。[31] この指摘を敷衍すると、教員を兼務する僧侶は、近隣の学校に勤務するというモビリティのなさ(在地性)に現実的基盤を置く場合が多かったと思われる以上、海原が見いだす野心うつ勃たる側面は相対的に低かったということになる。逆に、第三章で見た村井泰健や北条県の事例のように、還俗し教員となる者たちは、むしろそうした側面が強かったと見ることも可能ではある。ただ、先ほども述べたが、僧侶であったこと自体が教育に向かわせる要因であったかもしれず、その点では両者に共通した心性を見いだすこともできるのではなかろうか。近代学校教育の揺籃期において、僧籍を脱して教員になる者、あるいは兼務していた者、彼らの心性や動機を探り、教員としてタイプ分けすることは現段階では困難である。だが、そうした作業は前近代からの僧侶および寺院の教育・教化機能、社会的位置を改めて問うという大きな課題へ連なることは確かであろう。

近代日本形成期の人々が送った「教」の時代は、前近代の混淆した状況をすっぱり断ち切ったわけではなく、また教育・教化・宗教(ないし仏教)を単にそれぞれ固有の領域に切り分けたわけでもなかった。そして「教育と宗教の衝突」論争は、おそらくそのような時代の「終焉」を象徴的に示す、一つの事件であった。その論争内容の空虚さは、個々の分離されざる諸相を、歴史の表舞台から消し去っていったように思えてならない。

(1) 明治法制経済史研究所編『元老院会議筆記』前期第六巻、元老院会議筆記刊行会、一九六三、一一〇頁。

（2）同前一二四頁。
（3）同前一二二頁。
（4）同前一二八頁。
（5）同前一二九頁。
（6）同前。
（7）同前。
（8）同前一三〇頁。出席議員二〇名中六名の賛成。
（9）たとえば、最もスタンダードな近代仏教通史の一つである柏原祐泉『日本仏教史　近代』（吉川弘文館、一九九〇）でも、「在家仏教者の活動」の節が設けられている（九五～一一二頁）。
（10）「教育と信教との関係取調委員」（『教育報知』三三九号、一八九二年一〇月一五日付）。選ばれた九名は杉浦重剛、日下部三之介、元良勇二郎、能勢栄、西村貞、三宅米吉、村岡範為馳、山県悌三郎、国府寺新作。
（11）『宗教』一四号、一八九二年一二月五日付。
（12）戸城「宗教と学校教育との関係を論ず」（『宗教』一六号、一八九三年二月五日付）。
（13）「宗教と教育との関係につき井上哲次郎の談話」（『教育時論』二七二号、一八九二年一一月五日付）。
（14）例外として、わずかにキリスト者の横井時雄が日下部の意見に対して批判を述べた程度である。横井「徳育に関する時論と基督教」（『六合雑誌』一二五号、一八九二年一二月一五日付）。
（15）前掲久木幸男他編『日本教育論争史録』第一巻近代編上、八九頁。
（16）論争における仏教側の論調について述べたものとして、吉田久一前掲『日本近代仏教史研究』第三章、山本哲生「「教育と宗教の衝突」論争をめぐる仏教側の対応――仏教関係雑誌を中心に――」（『教育学雑誌』一一、一九七七）など。
（17）「中西牛郎氏の建言書」『明教新誌』二九三八号、一八九一年八月二二日付。また『浄土教報』一二五号（一八九二年一一月五日付）の社説「教育上宗教を排斥するの非を論す」では、西洋主義的教育とキリスト教をただ放逐し代替案も示さず、教育勅語があるから宗教の「分子」は不要、とする潮流に違和感を表明し、実際の「人情」に通じた徳育を可能にするためにも宗教が必須であると主張した。仏教系雑誌ではあるが、単なるキリスト教批判に終始しない点で特異と言える。

(18)「評議員半数退職者」(『大日本教育会雑誌』一二九号、一八九三年六月)。

(19)杉浦重剛「寺子屋の再興は如何」(『東京朝日新聞』一八九三年一〇月五日付)。また、伊沢修二が北陸における仏教への帰依を目の当たりにして、兼務の推進を希望したとの記事もある(「教育上僧侶の責任」(『明教新誌』三三一四号、一八九三年一〇月二〇日))。

(20)前掲久木他編『日本教育論争史録』第一巻、八六～九四頁。

(21)「井上新文相閣下に望む」(『教育報知』三六五号、一八九三年三月二五日付)。

(22)『井上毅伝史料篇』第一、三九二頁。

(23)この点、齊藤智朗『井上毅と宗教』弘文堂、二〇〇六、六三頁、参照。

(24)同前二一三～二一五頁。

(25)『文部省例規類纂』第二巻、一二一〇～一二一二頁。

(26)なお仏教界からの内地雑居に関する見解・言論については、稲生典太郎「仏教徒側の内地雑居反対運動とその資料について」(『条約改正論の歴史的展開』小峯書店、一九七六。初出は『中央大学文学部紀要』九、一九五七)を参照。

(27)『文部省例規類纂』第三巻、三五四頁。

(28)同前一五七頁。

(29)小山令之『小学教師之権利義務』巌松堂書店、一九一一、一二八～一二九頁。

(30)山口輝臣前掲『明治国家と宗教』、三三九～三四〇頁。

(31)海原徹『明治教員史の研究』ミネルヴァ書房、一九七三、一五一～一五二頁。

# あとがき

どなたであったか、こう諭されたことがある。最初に世に問う書物は研究者としてその後の評価に大いに関わるものであるから、じっくり書きため、しばらく寝かせ、周囲に慫慂されたのち、満を持して出すものだ、と。著書の出版など異次元の話と思っていたころは、そういうものかと納得していた。だがいざその立場にたってみれば、満を持して出すどころか、性急との誹りを免れない走り書きではないか、という不安が押し寄せてくる。「序説」や「若書き」といった免罪符にすがりたくもなるが、出すと意を決した以上、そうはいかない。検討しきれなかった課題、新たに浮き彫りとなった論点が、眼前に群れなして聳え立っている。ただ、研究者としての第一歩をようやく踏み出すのだ、という思いだけはある。

近代日本における学校教育の社会的定着、それを宗教との関わりから問う。日本にとどまらず、近代社会一般に通じるような主題に、ごく限られた地域・時期のインサイドストーリーに光を当てたところで、全貌を明らかにするにはほど遠い。「国家神道」研究やキリスト教史、宗教教育論など、結果的に少し距離をおくことになった分野はもちろん、明治前期の政治史、思想史、教育史、あるいは仏教史と、重なり合うどの専門領域から見ても、おそらく一定の不満は残るであろう。それを百も承知で、専門分化が加速するただなかに身を置いてみた一つの結果が、本書である。基本的には、明治前期における「教育と宗教の分離」過程の様相を照射したことになる。だが逆に、分離されざる様相に切り込むための論点もいささか提示したつもりではある。そのため、いくつもの筋道や視座が腑分けされずに行きつ戻りつ、甚だ読みにくい代物となった感は拭いがたい。それは私の文章の拙劣さを示すと同時に、「世俗化」「近代性《モダニティ》」などの語に押し込めることがためらわれるような、具体的に解明さるべき事象がまだまだ数多くあることも示唆している。このテーマから近代日本全体を見渡すための道のりは遠く険しいが、切り拓くに足る高嶺であると確信している。

本書のもととなったのは、二〇〇五年一月に京都大学大学院文学研究科に提出した博士学位請求論文「明治前期における教育／教化／宗教――その関係史的研究――」である。刊行に際して、史料の補充や事実誤認の修正ほか大幅な加筆をほどこし、不要と思われた部分を削除したうえ、表現や論旨の整序、章や節のタイトル変更なども行っている。以下、その初出を示す。なお、序章・終章は書き下ろしである。

第一章　教部省教化政策の転回と挫折――「教育と宗教の分離」を中心として――
『史林』第八三巻第六号、史学研究会、二〇〇〇年一一月

第二章　明治六年松本小教院事件――教部省教化政策の地方的展開、あるいは「教化」と「教育」のはざま――
『日本史研究』第四九二号、日本史研究会、二〇〇三年八月

第三章　説教の位相――筑摩県における教導職――
佐々木克編『明治維新期の政治文化』思文閣出版、二〇〇五年九月

第四章　明治一〇年代における僧侶の学校教員兼務――教育と仏教の近代史にむけての一視角――
『仏教史学研究』第四九巻第一号、仏教史学会、二〇〇六年一〇月

第五章　明治前期における僧侶養成学校と「俗人教育」——真宗本願寺派普通教校の設置をめぐって——
『日本の教育史学』第四六集、教育史学会、二〇〇三年一〇月

第六章　明治中期における仏教者の俗人教育
『人文学報』第九四号、京都大学人文科学研究所、二〇〇七年三月

博士論文の審査の労をとって下さったのは、日本史学専修の藤井譲治先生、勝山清次先生、現代史学専修の永井和先生である。拙い内容に呆れもされたであろうが、多くのアドバイスを下さった。それらを本書で十分生かせたかと言えば甚だ心許ないが、今後も重要な指針として、研究に取り組む所存である。

本来ならば、主査は髙橋秀直先生が務められるはずであった。しかし、結局ご講評を頂戴することはできなかった。学部三回生から大学院博士後期課程退学まで、髙橋先生には指導教員として七年間ご指導いただいた。時に非礼も働いた私を辛抱強く見守っていて下さった、その「放任主義」のありがたみを今にして思う。もっとも、厳密な史料実証に裏付けられた自信と旺盛な執筆ぶり、まさに満を持して浩瀚な処女作を世に問われた先生のことだから、ご存命なら「出版なんてまだ早い」とお叱りになったかもしれない。直接にお渡ししてご叱正いただくことはもはや叶わないが、不肖の教え子なりに、本書を捧げたい。

そうした京大文学部の諸先生方との出会いをはじめ、刊行に至る歩みは、ただただ僥倖の連続であった。一九九三年、第二次ベビーブーム世代に合わせた定員の臨時増（翌年からまた元に戻った）によって、私は大学に一浪の末滑り込むことができた。阪神大震災とオウム真理教事件に騒然としていた一九九五年春、

三回生になって日本史（当時はまだ「国史」）へ進んだ強い理由は、特にはなかった。いくつかの候補のうち、最も自分に合わなさそうだ、と天の邪鬼に選んだだけである。幸いにもそこは包容力に富み、また自主性を尊ぶ場所であった。院生主催の研究会では、田中智子氏、大石一男氏ら数少ない近代史の先輩に接することができ、その後も多くを教わった。とりわけ、先生や先輩に頼らずに独立独歩で研鑽につとめるという当たり前の姿勢を、寡黙に取り組まれる両氏の姿から学び取ったように思う。そして黒岩康博氏、吉江崇氏、吉田信也氏、鍛治宏介氏ら、研究室の同輩たちとの（概して非学問的な）交流のなかで得た、有形無形の示唆や刺激も、内にこもりがちな自分の研究を実は支えている。

卒業論文を書き終えた頃から、「国民」形成回路としての近代学校教育に研究関心を寄せるようになった。そこで修士課程では、その揺籃期を民衆教化政策とともに把握する、という課題を設定した。近代社会を生きる人びと（自分自身も含めて）に、学校教育はいかなる影響を与えたのか、また与えなかったのか。それを単に学校教育の側のみ見ていても到底理解できない、併存する回路との相互関係を視野におさめることが不可欠ではないか。そんなナイーヴに過ぎる問題関心と史料への沈潜とを優先させ、本書第一章につながる生煮えの修士論文を仕上げることに腐心した。もちろん、国民国家論（批判）の研究潮流を知らないではなかった。だがそうした議論を援用し脈絡づける整理能力に、私は幸か不幸か乏しかった。

博士課程に進むと、新たに教育学部と人文科学研究所でも学ぶ場を得た。教育学部の辻本雅史先生には、教育史の演習に参加させていただくとともに、学会発表の機会をご紹介いただいた。同じく駒込武先生にも、ご着任前の集中講義以来、演習などでお世話になった。故久木幸男氏、高橋陽一氏ら研究対象の重なる先学に教えを乞うことができたのも、先生のご紹介によるものである。一方、人文研には羽賀祥二氏のご紹介により、佐々木克先生を班長とする共同研究「明治維新期の社会と情報」班へ参加を許された。最も若年の私は気圧されるばかりだったが、酒席も含め、研究者のエネルギーと個性というものを体感できる貴重な場であった。こうした場を与えて下さった佐々木先生に、感謝申し上げる。

その佐々木先生と同じ職場に勤務することになろうとは、夢にも思わなかった。一年間のオーバードクター生活の後、私は幸運にも人文研の助手に採用された。恵まれた研究環境のもと、さすがの鈍牛もようやく博士論文を完成させ、本書の刊行にもこぎつけられた。その過程においては、高木博志氏に特にお気遣いいただいた。感謝申し上げたい。そして高木氏や山室信一氏、丸山宏氏、菊地暁氏を班長とする各共同研究班に出席するなかで、実に多様な刺激を受けることができた。率直に言って、本書の研究にそのまま役立つような、綺麗な形で得た知識や情報はそう多くはなかった。むしろ、自分に大きな迷いを生じさせる何か〈ざらざらしたもの〉が、ようやく喉を通って、そのまま沈殿してゆく、大抵はそんな感じである。むろん自分の知的容積が狭小であるせいなのだが、「空間」「身体」「京都」など、自分にとって消化困難な宿題を抱え続けることになった。今後の道行きにおいて、それらはじわじわと存在感を増して、宿題から財産へと姿を変えるのかもしれない。得がたい学問的経験と、それを許す人文研の環境に感謝する。

文献史学という手法をとる以上、図書館・公文書館などの史料所蔵機関、あるいは寺院・神社・個人宅などでの史料調査なくして、本書は存在し得ない。特に、熊野神社（東京都板橋区）の中島敬史氏、長野県立歴史館（当時）の青木歳幸氏、大町市文化財審議委員長の篠崎健一郎氏には、史料閲覧のみならず、その後も若輩者を気にかけて下さった。改めて、感謝申し上げる。本文中に註記した調査先以外にも、数多くの施設を訪れ、貴重な史料を閲覧させていただく機会も得た。

調査においては、意にそった史料に出会えぬ「空振り」以外に、少なからず失敗もした。たとえば院生時代に行った長野県での調査では、無計画なことに宿賃にも事欠く窮状のため、野宿して寒さに震える羽目に陥ったことがある。ただあまりの身なりの汚さゆえか、翌日訪れた某寺では即刻の入浴を促され、さらには一晩の宿まで提供して下さった。その晩には、まだ若い副住職から、同寺および宗派による社会活動の現況を熱心に教えていただいたのも記憶に残っている。単に春の信州はまだまだ寒いという常識の欠如が成せる業であって、決して褒められたことではないのだが、調査先で文字通り温かさに接し得たわけである。

また、学会や研究会においても、貴重なご意見を賜った。本書の研究に関わって日本史研究会、京都民科歴史部会、教育史学会、教育史フォーラム・京都、「教育と歴史」研究会、仏教史学会などの場で報告の機会を得、多くの方からご教示を頂戴してきた。最近では二〇〇七年九月、日本宗教学会第六六回学術大会のパネル「近代性と〈仏教〉―越境する近代仏教研究―」にて、本書の概略を報告させていただいた。パネラーの諸氏、とりわけ報告にお誘い下さった大谷栄一氏に御礼申し上げる。教育史フォーラムで知り合った鈴木敦史氏にも、本書作成の過程で何かとご助力いただいた。

そして学会以外の場所では、中西直樹氏にお会いする機会を得たことが大きな励みになった。博士課程三回生の夏、龍谷大学大宮図書館にて初めてお目にかかったが、氏は当時大学の事務職員としてお勤めであり、その勤務の合間を縫って研究されていた。そうした制約のもとで、本書第二部に関わる重要な論考を公表されていたのである。氏は貴重な時間を割いて拙い研究構想に耳を傾けて下さり、恵まれた環境にありながら怠慢を重ねる我が身を恥じ入るとともに、自分の研究の方向性が決して独善的でないと諭される思いがして、とてもありがたく感じた。心から感謝申し上げたい。

そのほかにも、お名前を挙げきれぬほどの数多くの方々より、暖かいご支援と励ましを頂戴してきた。その幸運な出会いの連続によってはじめて今の自分があることは、疑う余地がない。今までの歩みを振り返ってみて、素直に思う。

本書の刊行に際しては、独立行政法人日本学術振興会平成一九年度科学研究費補助金（研究成果公開促進費）の交付を受けた。最後になったが、刊行を引き受けて下さった思文閣出版、および編集担当の立入明子さんに厚く御礼申し上げる。立入さんには、初めての単著で勝手が分からぬ私を、こうしてひとまずのゴールまで誘導していただいた。ありがとうございました。

二〇〇七年一二月二六日

師走の洛北、ようやくの夜明けをのぞみつつ

谷川　穣

# 索　　引

## 【人　名】

### あ



### い

## し



## す



## せ



## そ



## た

## 【事　項】

## く



## け



## こ

さ



し

ち



つ



て



と



な



に

◆著者略歴◆

谷川　穣（たにがわ・ゆたか）

〔略歴〕
1973年京都市生まれ．
2002年京都大学大学院文学研究科博士後期課程学修認定退学．
2003年同人文科学研究所助手，2007年度より助教．博士（文学）．

〔主要論文〕
本書所収の初出論文以外に「〈奇人〉佐田介石の近代」（『人文学報』84，2002年）「周旋・建白・転宗」（明治維新史学会編『明治維新と文化』吉川弘文館，2005年）「北垣府政期の東本願寺」（丸山宏ほか編『近代京都研究』思文閣出版，近刊）など



明治前期《めいじぜんき》の教育《きょういく》・教化《きょうか》・仏教《ぶっきょう》

平成20（2008）年１月22日発行

著　者　谷川　穣
発行者　田中周二

発行所　株式会社　思文閣出版
606-8203　京都市左京区田中関田町2-7
電話075（751）1781（代）

印刷・製本　株式会社　図書印刷　同朋舎




ISBN978-4-7842-1386-3 C3021

谷川　穣（たにがわ　ゆたか）…京都大学大学院文学研究科准教授

明《めい》治《じ》前《ぜん》期《き》の教育《きょういく》・教化《きょうか》・仏教《ぶっきょう》
（オンデマンド版）

2016年5月31日　発行

| | |
|---|---|
| 著　者 | 谷川　穣 |
| 発行者 | 田中　大 |
| 発行所 | 株式会社 思文閣出版<br>〒605-0089　京都市東山区元町355<br>TEL　075-533-6860　FAX　075-531-0009<br>URL　http://www.shibunkaku.co.jp/ |
| 装　幀 | 上野かおる（鷺草デザイン事務所） |
| 印刷・製本 | 株式会社 デジタルパブリッシングサービス<br>URL　http://www.d-pub.co.jp/ |



AJ562

ISBN978-4-7842-7015-6　C3021　Printed in Japan